U0549143

会计名家培养工程学术成果库——**研究报告**系列丛书

基于资产组的中国企业管理会计创新

Managerial Accounting Based on Assets Group: Innovation of Chinese Enterprises

杨雄胜　陈启忠 ◎ 著

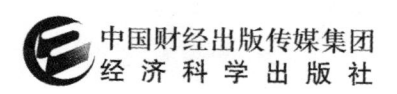

中国财经出版传媒集团
经济科学出版社

图书在版编目（CIP）数据

基于资产组的中国企业管理会计创新／杨雄胜，陈启忠著 .—北京：经济科学出版社，2019.5
（会计名家培养工程学术成果库. 研究报告系列丛书）
ISBN 978-7-5218-0609-0

Ⅰ.①基⋯ Ⅱ.①杨⋯ ②陈⋯ Ⅲ.①企业管理—管理会计—研究—中国 Ⅵ.①F275.2

中国版本图书馆 CIP 数据核字（2019）第 105444 号

责任编辑：黎子民
责任校对：杨　海
封面设计：秦聪聪
责任印制：邱　天

基于资产组的中国企业管理会计创新
杨雄胜　陈启忠　著
经济科学出版社出版、发行　新华书店经销
社址：北京市海淀区阜成路甲 28 号　邮编：100142
总编部电话：010-88191217　发行部电话：010-88191522
网址：www.cfeac.com
电子邮箱：cfeac@cfemg.cn
天猫网店：经济科学出版社旗舰店
网址：http://jjkxcbs.tmall.com
固安华明印业有限公司印装
710×1000　16 开　18 印张　300000 字
2019 年 5 月第 1 版　2019 年 5 月第 1 次印刷
ISBN 978-7-5218-0609-0　定价：65.00 元
(图书出现印装问题，本社负责调换。电话：010-88191510)
(版权所有　侵权必究　举报电话：010-88191661
QQ：2242791300　营销中心电话：010-88191537
电子邮箱：dbts@esp.com.cn)

会计名家培养工程学术成果库编委会成员

主　任：程丽华
副主任：朱光耀
委　员：高一斌　杨　敏　王　鹏　郭道扬
　　　　孙　铮　顾惠忠　刘永泽　骆家駹
　　　　汪林平　王世定　周守华　王　华
　　　　樊行健　曲晓辉　荆　新　孟　焰
　　　　王立彦　陈　晓

出版说明

为贯彻国家人才战略,根据《会计行业中长期人才发展规划(2010~2020年)》(财会〔2010〕19号),财政部于2013年启动"会计名家培养工程",着力打造一批造诣精深、成就突出,在国内外享有较高声誉的会计名家,推动我国会计人才队伍整体发展。按照财政部《关于印发会计名家培养工程实施方案的通知》(财会〔2013〕14号)要求,受财政部委托,中国会计学会负责会计名家培养工程的具体组织实施。

会计人才特别是以会计名家为代表的会计领军人才是我国人才队伍的重要组成部分,是维护市场经济秩序、推动科学发展、促进社会和谐的重要力量。习近平总书记强调,"人才是衡量一个国家综合国力的重要指标""要把人才工作抓好,让人才事业兴旺起来,国家发展靠人才,民族振兴靠人才""发展是第一要务,人才是第一资源,创新是第一动力"。在财政部党组正确领导、有关各方的大力支持下,中国会计学会根据《会计名家培养工程实施方案》,组织会计名家培养工程入选者开展持续的学术研究,进行学术思想梳理,组建研究团队,参与国际交流合作,以实际行动引领会计科研教育和人才培养,取得了显著成绩,也形成了系列研究成果。

为了更好地整理和宣传会计名家的专项科研成果和学术思想,

中国会计学会组织编委会出版《会计名家培养工程学术成果库》，包括两个系列丛书和一个数字支持平台：研究报告系列丛书和学术总结系列丛书及名家讲座等音像资料数字支持平台。

1. 研究报告系列丛书，主要为会计名家专项课题研究成果，反映了会计名家对当前会计改革与发展中的重大理论问题和现实问题的研究成果，旨在为改进我国会计实务提供政策参考，为后续会计理论研究提供有益借鉴。

2. 学术总结系列丛书，主要包括会计名家学术思想梳理，教学、科研及社会服务情况总结，旨在展示会计名家的学术思想、主要观点和学术贡献，总结会计行业的优良传统，培育良好的会计文化，发挥会计名家的引领作用。

3. 数字支持平台，即将会计名家讲座等影音资料以二维码形式嵌入学术总结系列丛书中，读者可通过手机扫码收看。

《会计名家培养工程学术成果库》的出版，得到了中国财经出版传媒集团的大力支持。希望本书在宣传会计名家理论与思想的同时，能够促进学术理念在传承中创新、在创新中发展，产出更多扎根中国、面向世界、融通中外、拥抱未来的研究，推动我国会计理论和会计教育持续繁荣发展。

会计名家培养工程学术成果库编委会
2018 年 7 月

前言

首批入选财政部会计名家培养工程后,我一直为应该向社会公开展示什么样的研究成果而焦虑。作为理论工作者,即使没有财政部的培养工程,我也会很努力地进行会计理论研究;作为高校教师,为了满足本科、硕士、博士各层次会计人才培养的需要,我必须不断推出各种学术成果,以便在课堂上拥有足够的自信;作为一名会计学教授,我更应该写出具有相当思想性的会计学术论文,以展现自己的会计造诣,从而证明自己不是浪得虚名。财政部会计名家培养工程,试图凝聚中国会计学术界一批已有相当学术成果和一定学术声誉的年富力强学者,立足中国会计发展现实,紧随国际会计发展前沿,密切服务于中国会计"从大国向强国"发展的战略目标,推出一系列体现中国会计学者独特贡献并具有国际学术交流价值的理论成果。正是本着这样的精神,我基于与国家电网江苏省电力公司在财务管理创新探索方面数年紧密合作的经历,以"立足中国企业现实,管理会计如何创新"为议题,作为个人提交财政部会计名家培养工程的代表性成果。

管理会计研究,虽然一直为中国经济与社会发展所必需,但学术成果却并不显著。流行的做法是比较热衷于西方发达国家管理会计理论实务尤其是先进工具方法的介绍与借鉴,真正体现中国原创的内容不是很多;加上研究管理会计所需资料的获取比较困难,即使能获取有关资料但其可验证性较差,与财务会计相比其学术论文发表的难度较大,从而使管理会计研究就学术而言在我国相当长一段时间里一直处于嘴热手冷状态。不过,最近几年,财政部强力推动管理会计发展:2014 年《财政部关于全面推进管理会计体系建设的指导意见》，对中国管理会计从制度建设到理论研究、人才队伍、信息系统作出了顶层设计层面的整体规划；2016年《财政部关于印发〈管理会计基本指引〉的通知》，就管理会计具体实务作出了基本规范；2017年《财政部关于印发〈管理会计应用指引第100号——战略管理〉等22项管理会计应用指引的通知》，围绕中国管理会计实践的主要技术、方法、手段以及基本环节与职能作用领域，出台了22项应用指引。于是，管理会计问题在当今中国俨然已成了学界、政界、商界共同关注的热门话题。不过，本人有关管理会计的研究，并非来自对本轮中国管理会计热潮的追捧，纯粹是对会计基本问题一贯兴趣之使然。

对会计是一项什么性质的工作，会计界一直颇有分歧。虽然这样的话题对会计界而言，难免有点自恋成分。因为对社会而言，会计就是会计，根本不会在意而且没有必要在意会计是什么性质的工作。但是，会计是什么性质的工作，对会计而言，不只是停留在会计是管理、工具还是技术方法这一点上，更重要的是涉及会计对象的正确定位。我对这一基本问题的兴趣，也仅仅在于其对会计对象问题会形成一种全新的认识。关于这个问题，马克思"过程的控制和观念总结"的会计概念，曾深深影响我们这一代会计人。按此说法，会计对象无疑就是"过程"。但这一过程具体含义是什么？学界的理解、说法不一。比较流行的看法是"资金或资本运动"。这样的认识，容易使会计陷于理论与实践的巨大困境中：在理论上，会计与财务学科的区别就说不清楚；在实践中，会计行业与财政、金融行业是什么关系？因此，我觉得把会计对象定义为"资金运动"，不利于会计学科建设，无助于正确把握会计职业功能作用的边界与尺度，当然就难以在实践中有效完善会计法制与具体准则。于是，在1985年前后，我就会计性质与对象问题作了专门研究，发表了多篇论文，公开提出：会计对象是"经济活动的综合信息"。在基本范式上，我与流行认识形成了实质性分歧：流行认识以"经济活动分为价值与使用价值两大领域"为前提，会计对象无疑是在经济活动的价值领域，即资金运动；我的分析以"经济活动分为实体活动与信息反映两个基本世界"为前提，会计对象只能存在于经济活动的信息反映世界，是经济活动的综合信息反映。其后我对会计一系列问题的进一步研究，某种意义上都是本人"会计是对综合经济信息的系统管理"观点的展开和深化。

今天，面对势不可挡的信息化浪潮，作为会计学者，我对自己的会计观更是信心倍增。从整个人类发展史看，会计充其量只是提供了人类认知客观经济活动的标准框架或基本范式。这样的认知框架，本质上表达了人类社会的最大善意，影响、引导、规范了管理行为，甚至持续优化着人类的绩效观和人生观。哲学意义上，只有正确认识了客观世界，我们才有可能去尊重、适应以至于积极影响客观世界。会计创造的世界，提供了信息平台，使人类行为与客观经济活动的有效良性互动成为可能。如果我们从这种意义上来认识会计，会计知识、会计制度、会计职业就变得特别的崇高和神圣，研究会计的激情和豪气油然而生。我对会计研究的那份热情以及强烈的责任感和使命感，完全来自自己对会计这种本质的深信不疑。

因此，投身会计研究以来，令我梦牵魂绕而日夜痴迷以致寝食难安的问题，正是会计应该提供什么样的信息？目前会计提供的信息是否充分履行了其对社会的承诺或满足了社会的基本需要？这些问题贯穿会计理论、制度与行为各个层面，需要来自会计学界、政界、商界的有识之士协同贡献聪明才智。目前这本有关基于资产组的中国企业管理会计创新专项研究的书籍，正是自己在这一领域苦苦探索后部分理论成果的初始展现。本书试图回答，现阶段管理会计提供创造价值信息应该搭建什么样的框架？按此说法，我们探索的框架，与目前大家认同的以"成本"为基础的管理会计信息框架有着实质性的差别。这意味着，按我们的认识，目前公认权威的管理会计理论指导下的实务，与时代发展对管理会计在公司创造价值中发挥作用的现实要求严重不适应！我们这方面的探索，是试图为管理会计摆脱现实困境贡献中国智慧。我们希望，这样的研究成果，不仅对中国管理会计具有推广应用价值，而且放眼国际管理会计层面在基本原理上也有真正的原创性意义。

资产组管理会计实践探索的动因，完全来自对企业价值创造客观过程中各要素的关系作用现实结构的深化认识，也由于展现这种创造价值真实场景拥有了充分有效的技术环境。在会计要素理论中，资产公认定义的核心是"为会计主体提供未来经济利益的资源"。显而易见，这种资源在现实中必然是各种要素的组合，不是也不可能是各种以自然物理形态分散存在的要素。在没有成为资产之前，这些要素必然以物理状态分别自然存在着，它们有各自的功能，但它们之间在功能上互不相关。一旦成为资产，这些要素的物理状态虽然还是分别自然存在着，但在功能上必然存在着一体化关系，它们共同服务并作用于企业创造价值过程，纳入资产的任何要素都将成为企业创造价值必不可少的组成部分。因此，会计上的资产是一个"要素组合作用"的概念。各种自然状态要素若能成为会计资产要素单独确认，除非它具有独自能满足创造公司价值的要求。否则，任何单独存在的自然物理形态要素，不可以作为会计资产要素予以单独确认。但是，会计资产要素这种理论定义，在迄今为止的会计实务中并没有真正落地。现实会计实务中，作为会计确认计量的对象，无论是固定资产还是流动资产，往往还是以各种物理形态自然存在物体为标准，如此反映出来有关资产方面碎片化的会计信息，与会计要素定义要求的完整功能意义上的资产信息并不完全是一个概念。会计在资产要素反映能力方面的这种严重缺失，完全由于各种要素物理存在的空间自然分隔，从而一体化的要素组合作用即创造价值意义的资产概念，在现实会计世界难以真正呈现为信息表达。现代会计之所以在企业创造价值领域，难以真正发挥理论上已有充分论证的那种基础性作用，主要原因就在于会计实务"肢解或碎片化反映"了资产概念。当然，会计在资产要素反映能力上的这种实质性缺陷，与现实中各要素物理存在的自然空间分立紧密相关。这种要素自然分隔存在，决定了创造价值各要素一体化作用的关系与过程，变成了一个只能定义而无法观察从而难以计量的对象。按此分析，我们可把会计在资产要素反映能力上的这种实质性缺陷，看作现代会计计量无可避免的"先天不足"。这种"先天不足"，完全是因为：企业各种要素一体化作用创造价值的过程，往往是一个无法观察到从而难以计量的场景。柳暗花明，信息网络技术的成熟与普及，在计算机应用平台上，企业价值创造各要素一体化作用过程，拥有了一个真实、完整呈现的场景，从而使企业价值创造过程不仅能定义而且可以观察和计量，最终为会计克服其资产要素确认与计量方面的先天不足提供了充分的可能性。我们对资产组管理会计的探索，正是适应信息化新环境，克服会计计量企业价值创造过程能力先天不足的积极尝试。

  本书分理论与实务两部分，反映了我与江苏省电力公司财务同行从 2013 年至 2016 年历经四年的探索成果。这样的成果，完全是个人理论探索与电力企业实践创新紧密结合的结果。没有我以及我指导的博士生与硕士生的共同努力，没有江苏省电力公司财务同行的积极配合和创造性实践，我们的成果也许只能停留于"纸上谈兵"或"画饼充饥"式的学术论文，而不可能形成现在这样在原理上具有普适性、实务上具有可复制性的成果。因此，在本书的署名上，我把对本项创新实践作出关键性贡献的南通供电公司陈启忠总会计师一并署上。这既反映了本项创新成果形成的真实背景，又强调本项研究是学术探索与实务创新实践有机结合的成果。这种寓学术研究与实务创新于一体的研究，我相信是当今中国会计研究需要并倡导的，也是财政部会计名家培养工程力图体现的研究风格。就我们掌握的资料，这样的管理会计创新探索，无论是在国际范围内的管理会计研究，还是对公司价值创造的管理创新，都具有原创性贡献。另外，在本项研究的整个过程中，财政部会计司、中国会计学会、中国总会计师协会的领导、专家，亲临创新探索现场，听汇报，看现实场景，提改进建议，给予我们指导和鼓励。谨此，我们要向中国会计学会金莲淑名誉会长、中国总会计师协会刘红薇会长、中国会计学会管理会计专业委员会顾惠忠主任、财政部会计司高一斌司长、中国会计学会周守华常务副秘书长、财政部会计司高大平处长、中国会计学会田志心副秘书长、厦门国家会计学院院长黄世忠教授、北京工商大学副校长谢志华教授、复旦大学管理学院吕长江教授、东北财经大学刘明辉教授表示衷心的感谢。正是这些领导与专家们的关心、鼓励、支持和鞭策，才使我有信心在管理会计创新探索的道路上百折不挠、勇往直前！

作者

2019 年 5 月

目 录

理论篇

第 1 章　基于资产组的管理会计研究意义及框架 / 3
　1.1　信息化的时代背景，对会计改革提出了新要求 / 3
　1.2　以"三流合一"为导向，探索会计职能创新与转型 / 11
　1.3　以资产组为突破口，实现管理会计制度创新 / 17
　1.4　企业的先进实践，为深化研究提供有益借鉴 / 17
　1.5　研究目的 / 18
　1.6　研究内容与框架 / 19
　1.7　研究的创新点 / 21
　1.8　本书研究的不足 / 23

第 2 章　资产组的由来与内涵 / 25
　2.1　信息化下的会计职能转型 / 25
　2.2　资产的定义及其演变 / 29
　2.3　资产组的内涵 / 37
　2.4　引入资产组改善现有资产相关会计实务的设想 / 43

第 3 章　企业资产组识别及价值创造过程分析 / 47
　3.1　企业资产组的划分：组织维和业务维 / 47

3.2 企业资产组的构成 / 52

3.3 基于资产组的价值创造体系 / 55

3.4 价值提升导向的业务运行与资源配置 / 58

3.5 管理尽职导向的经营能力与可持续性 / 60

3.6 以价值提升与管理尽职为导向的资产组评价体系 / 62

第 4 章 基于资产组的会计信息体系及会计职能提升 / 64

4.1 基于资产组的会计信息生成及使用 / 64

4.2 价值创造过程及会计信息反映的质量管控 / 69

4.3 预期功能及成效 / 77

4.4 基于资产组的会计信息体系与价值创造过程分析与评价的辨析 / 80

第 5 章 基于资产组的价值管理体系的构建 / 81

5.1 资产组的价值贡献管理体系（Contribution）/ 82

5.2 资产组的价值资源管理体系（Capital）/ 83

5.3 资产组的价值能力管控体系（Control）/ 83

5.4 资产组的业财融合体系（Convergence）/ 84

5.5 资产组的推动组织转型体系（Change）/ 84

实践篇

第 6 章 江苏电力开展资产组的管理会计创新的背景 / 89

6.1 公司简介 / 89

6.2 管理模式 / 90

6.3 业务特点 / 90

6.4 财务领域已有探索及成果 / 91

6.5 本次创新的背景和目标 / 93

第 7 章 江苏电力的资产组识别与分级分类 / 95

7.1 电网企业资产组识别的基本思路 / 95

7.2　电网资产组识别 / 97

7.3　资产组分级结果 / 100

7.4　辅助资产与电网核心资产的匹配 / 104

第8章　基于资产组的电网企业价值创造能力评价 / 107

8.1　评价体系的设计 / 107

8.2　构成 / 108

8.3　电网企业价值创造指数 / 109

8.4　电网企业管理能力指数 / 124

8.5　资产组各层级指标的内涵 / 139

8.6　资产组各层级指标的逻辑关系 / 144

第9章　基于资产组的报告与应用体系（目标模式）/ 152

9.1　报告制度建立 / 152

9.2　报告制度分类（定期＋专项）/ 155

9.3　定期报告制度 / 156

9.4　评估结果的分析与改进 / 176

第10章　基于资产组的价值管理体系（试运行）/ 178

10.1　资产组的价值贡献管理体系（Contribution）/ 179

10.2　资产组的价值资源管理体系（Capital）/ 181

10.3　资产组的价值能力管控体系（Control）/ 185

10.4　资产组的业财融合体系（Convergence）/ 194

10.5　资产组的推动组织转型体系（Change）/ 196

10.6　拓展与展望 / 197

附录1　南通电力公司资产分类表 / 201

附录2　指标的时间属性说明 / 205

附录3　企业探索：前沿公司案例 / 207

3－1　SDG&E 的资产分析法 / 207

3－2　万豪集团的数据分析竞争法 / 209

3－3　西南能矿集团的 EPM 战略 / 211

3－4　优化资本管理，追求盈利性增长——澳洲联邦银行案例 / 214

附录4　信息系统的建设 / 221

4－1　资产组框架体系建立 / 221

4－2　需求功能分析 / 221

4－3　可行性分析 / 221

4－4　数据整理阶段 / 222

4－5　项目前期阶段 / 222

4－6　一期项目深化设计和具体数据验证阶段 / 223

4－7　持续改进和完善提升阶段 / 224

附录5　资产组价值贡献体系案例 / 225

5－1　投资前期分析：海门电力公司 10kV 线路修理储备项目案例 / 225

5－2　投资前期分析：最佳现场施工日选择 / 226

5－3　投资后期分析：海门新投台区效能分析 / 228

附录6　价值持续创造体系案例 / 230

6－1　日报告：故障停电和检修停电损失日分析 / 230

6－2　月报告：故障停电和检修停电损失月分析 / 232

6－3　周报告：预算执行情况分析 / 234

6－4　年报告：资产组单位资产售电量分析 / 240

附录7　公开发表的研究成果 / 251

参考文献 / 265

理论篇

社会环境与会计在深层关系上是相互依赖、相互促进的。经济发展、科学技术进步、生产方式改进等社会环境的变迁，都会推动会计理论与方法框架的变革、发展与完善；同时，会计的发展与变革一定程度上也会对社会环境产生反作用。正如查特菲尔德所言，会计发展是反应性的。会计演进的历史，充分印证了这样的互动关系。

21世纪人类正从已取得辉煌成就的工业社会快速迈向信息化时代。以计算机及其网络软件为主体特征的企业与社会信息化，带给人类从未有过的以虚拟现实为主要内容的崭新图景，彻底颠覆了沿袭数千年的传统生活与沟通方式，也直接改变了社会、经济、文化、科技发展进步的机制与具体路径。对于会计而言，这种环境赋予改革创新的挑战恰似凤凰涅槃。大家知道，传统会计理论与实务成型于"三流分立、时空分隔"的工业经济与管理现实背景，形成了以"货币计量、历史成本、复式记账、权责发生制"为主要特征和核心内容的现代会计制度模式。信息时代的到来，"三流分立，时空分隔"的局面将彻底改变，"三流合一、时空一体"的格局正逐步形成，会计现实环境的根本性变化，必然要求现行会计从理论到实务与时俱进，作出革命性的改变。对于会计理论与实务工作者而言，当务之急，是认清并把握环境变化对会计发展已经产生的各种挑战和新需求，认真总结会计信息化至今国内外已取得的经验教训，对当代企业会计发展从基本框架和主要路径方面作出整体规划，从而使会计制度进步与社会政治经济文明的进步保持协调一致，并对社会、政治、经济、文明进步发挥保障与促进作用。为此，一方面会计应积极拥抱信息化，利用会计与生俱来的同信息的血缘关系，借助信息化社会潮流加速会计发展的步伐；另一方面应积极探索信息化条件下，会计理论和实务体系创新的基本框架和实现模式，有效发挥会计理论对会计实务的指导作用，使会计制度真正嵌入到社会政治经济进步与发展过程中，从而更好地凸显会计对整个社会从宏观到微观的基础性保障功能，实现现代会计职能真正融入企业战略到业务的所有层次、组织的全部岗位与行为、经营的所有过程、管理决策与控制的所有环节。会计实践进步，需要理论与实务大胆探索。本书的研究，正是适应了会计理论与实践发展的现实需要，立足信息化背景和国内外会计信息化大量实践探索的经验教训，试图对现代管理会计如何重振雄风在实现机制方面作出路径设计。

第1章
基于资产组的管理会计研究意义及框架

1.1 信息化的时代背景,对会计改革提出了新要求

1.1.1 信息化时代的来临

人类进入21世纪,信息技术取得了突飞猛进的发展,信息化成为实现现代化的关键环节。在2014年中央网络安全和信息化领导小组第一次会议上,习近平总书记明确指出:"没有信息化就没有现代化。"信息化技术的发展对企业组织的发展模式产生了革命性影响,从商务生态、产业组织到企业内在结构都面临着重大变革。

面对此形势,我国逐步推进了信息化过程。第一步为面向事务的信息化,这是信息化的起点,以计算机代替人工行为为主要目的;第二步为面向部门或职能的信息化,这标志着信息化跨入到管理层面;第三步为企业管理信息化,是在企业管理的各个环节建立信息网络系统,整合企业的物流、资金流与信息流的过程;第四步为面向企业整体信息化,这形成了国民经济信息化的基础;第五步为国民经济与社会信息化,这是信息化的最高形式,意味着真正进入信息社会。

1.1.2 传统环境下的会计模式

逐步递进的信息化发展对会计理论和实务产生了直接而深刻的影响。在人类发展史上,会计是应人类对从事经济活动主要情况有所了解、从而有的放矢管理财富和经营过程的需要,而产生的一种具有普世需要的记录报告制度。会

计制度是一种人造的制度,适应并满足人类了解并管理经济活动的需要,并且一般由具有专门技术的人员从事。会计对于存在经济活动的社会几乎是一种共有知识,在市场经济条件下,严密可靠的会计制度更是实现社会范围内经济资源配置与运用效率效益最大化的基础工程。会计制度的日益完善,一定程度上反映着科学技术水平,也体现了一个社会文明的程度,有利于实现社会和谐和经济健康发展。从手工簿记到计算机信息自动处理,从口头报告到书面报告以至电子网络报告,从流水账汇总到系统会计报表以及电子财务信息公开,会计技术手段伴随着人类科学技术进步而日益完善,其自身也综合反映着科学技术发达的水平和所处时代文明进步程度。会计发展与经济和科技的血缘关系,使会计制度演化内含了复杂的内生性关系,从而增加了会计研究的复杂性和会计实务的艰难性。长期以来,会计信息对所反映的经济必然具有的滞后性,使会计在实践中更多地履行了成效考核和成果分配的职责,会计制度的建立完善在长期实践中主要以解决财富分配问题为核心目标。尽管决策相关论与服务企业创造价值一直是会计向往的目标境界,但现实中会计更多是在财富分配领域发挥作用;而在满足决策需要和反映控制企业价值方面,无论是提供信息的会计方,还是使用会计信息的各方,都不是充满信心。囿于反映信息对象的物理性缺陷与提供信息手段的工具性缺陷,会计为决策和创造价值提供有效支持,始终只能是一句装饰门面的口号。服务决策与创造价值的能力不济,成了一代又一代会计人挥之不去的心理阴影。改革完善会计制度模式,成了一种社会与会计自身发展的共同呼声。这样的期盼,梦牵魂绕着数代会计人(尤其是国际化已成为潮流的当代会计人)。会计学术界对此研究不断,从会计拓展为财务会计与管理会计,成本会计从实际成本计算发展为标准成本计算,损益信息从单一数值到结构化数据,甚至记账从单式到复式以及尝试多式,成本计量从项目计算到作业驱动,会计虽然在整体模式与具体计量方法上不遗余力追求进步,但一直不能真正完全达到并满足决策相关和反映控制企业创造价值的要求。信息化时代的来临,为会计切实地树立起决策相关和服务企业价值创造的目标,提供了充要的技术环境。

1.1.2.1 传统会计模式的演化

会计发展是反应性的。随着人类社会与经济的发展,会计的理论与方法框架也在随之发展与完善。通过总结会计史上的重大事件及其影响,发掘会计发展的社会、经济、文化、技术动因，有助于更好地理解传统会计的由来、特质、合理性及潜在的缺点。历史蕴含着共性，是共性与个性的统一，会计史的总结将有助于启发新时期的会计理论发展和实务探索。

（1）复式簿记系统的形成与完善。

十字军战争（1096～1291年）促成了长达300年的商业革命，热那亚和威尼斯凭借得天独厚的地理位置，积极开展国际贸易。当他们以前所未有的规模进行交易时，开始通过代理人网络开展贸易往来，继续采用原来的簿记系统显然不能适应，企业规模扩大导致所有者不能很好地考察、约束代理人的行为。新的需求呼唤新的会计模式，复式簿记应运而生。复式簿记大大缓解了代理问题，企业组织因此快速发展，意大利人不仅成为最优秀的商人，而且垄断了当时几乎所有的国际金融业。

复式簿记对各种业务往来的记录方式加以规定，并提供了以货币计量的某一交易活动或特定时期内获取的利润以及企业所拥有的财产及财产所有权，而这些构成了较完善的财务报表体系。复式簿记的这种特征使其在企业几百年间经营活动飞速发展与交易活动日趋复杂的情况下，仍然保持着适用性。

（2）产业革命导致成本会计的产生。

18世纪中叶，以瓦特改良蒸汽机为标志，英国首先爆发了产业革命，促成了商品生产由手工劳动飞跃到机器大生产的革命性转变，机器的发明与运用带来了生产的大规模化与工厂化。随着产业革命的推进与深化，企业的生产规模不断扩大，经营活动中所涉及的原材料品种与数量越来越多，制造费用在不同产品间的分配变得日益复杂，企业所面临的外部竞争压力也在不断增加。此时，精确地计量与分配产品成本，明确生产利润，提高企业的竞争力，成为迫切的需求。这种需求促使了成本会计的出现。

（3）公司制的出现扩大了会计信息的服务范围。

产业革命促成了商品生产的大规模化，这就需要添置更多的新机器以及扩展新的生产场所，实现这些就必须要能够聚集大量的资金，对资金的需求促使了公司制组织形式的出现与发展。公司由各投资股东参股合作，实现了公司的资本所有者与经营者的相互分离。所有权与经营权的分离，使会计不仅需要向公司管理者提供信息，以帮助管理者指导日常经营所用，还需要向公司的股东们提供信息，以帮助他们了解公司的运营情况、评价管理者工作绩效。除了这两者之外，与公司利益相关的还有公司员工、政府、社区、顾客等，他们也需要会计提供相关信息，以判断公司的发展前景、经营稳定性、纳税情况等。可见，公司制组织形式的出现，对会计的功能以及服务对象范围提出了新的要求，即不仅需要满足企业所有者的信息需求，还需要满足企业管理者以及内外部利益相关者的需求。

1.1.2.2 传统会计的特点

传统会计是与其存在的环境密不可分的。在信息化之前，企业所处的外部环境相对稳定，企业竞争没那么激烈，实物资产是企业创造价值的主要来源，会计"四大假设"是被广泛接受的。以会计目标和"四大假设"为基础，会计建立了相对完整、内在逻辑一致的会计理论体系。此时的会计系统是相对静态的信息系统，具有很大的滞后性。由于会计数据及时性的制约，会计对企业管控发挥作用有限，企业更多采用技术指标进行管控。

（1）以货币单位为基本量度对经济活动进行反映，形成一套较为完整的方法体系。

货币量度、实物量度与劳动量度是对经济活动的三种单位量度。其中，货币量度则可以用同一度量单位来反映不同性质的事物，将其进行分类与汇总，切合了现实经济业务中事物的多样性而又需要集中反映的需求。这使货币度量成为会计基本度量单位。而实物量度和劳动量度由于只能用来量度一类或某几类事项，适用的范围较窄，因此只能作为辅助量度。

会计的方法体系包括了核算、分析、监督、预测、控制与决策。会计核算是以货币单位为主要度量标准，以反映会计对象，是最基本、最主要的会计方法；会计分析是在会计核算提供的信息基础上，用分析法来对经济业务过程及结果进行定量与定性的分析，这种分析为会计质量提供了一定的保证；会计监督是根据会计核算与分析提供的资料来审查经济业务的真实性、合理性以及合法性；会计预测是根据会计资料来对经济活动的发展变化规律进行定量或定性的判断与推测；会计控制就是利用会计信息对资金运动进行的督促和约束，以确保会计目标的实现；会计决策是为了解决企业资金运动过程中所出现的问题和把握机会而制定和选择活动方案的过程。这几种方法共同组成了会计的方法体系，保证了会计职能的顺利履行并实现会计目标。

(2) 基于会计假设。

基于外部环境的不确定性以及所面临的一些不确定因素，需要对会计核算所处的时间、空间环境等做出合理的设定，即会计假设，一般包括会计主体、持续经营、会计分期和货币计量四大假设。这四大假设是进行会计实务的必要条件，也是进行会计核算必须明确的基本前提。会计主体指的是会计工作所服务的特定对象，其确认、计量和报告工作都紧密围绕这一特定对象而进行，以集中反映它的经济活动，这一假设划定了会计核算的空间范围。持续经营是指假定会计主体将按照现有的经营状态继续进行下去，在可预见的未来时间里不会倒闭。会计分期是指将会计主体持续进行的经营活动划分成连续、相等的期间，以便于结算并及时提供相关财务状况、经营成果和现金流量信息。货币计量是指会计主体统一以货币为基本计量单位来计量和反映生产经营活动。这四大假设共同构成了会计假设体系，并且随着外部经济环境的变化而不断地被修正。

(3) 重点关注会计要素的确认与计量。

会计确认是指将某一经济事项作为资产、负债等会计要素正式列入会计主体的会计信息系统中，并进行记录的过程。会计计量是指对各会计要素的金额与数量进行确定的过程，其过程涉及计量单位的选择与计量属性的确定。资产是企业价值的物质基础，也是企业价值的主要创造者。会计的职能在于反映和控制，其对象归根到底是企业的价值运动。以资产为确认计量核心体现了对企业创造价值和实现价值的关注。在资产负债观的大背景下，资产负债表已上升为第一大表，企业的收益可以由资产负债的变动确定。相比于负债业务的相对简单，企业的资产种类庞大，持有目的各异，资产的确认和计价成为计价的难点和焦点。

1.1.2.3 传统会计的缺点与不足

与传统企业经营环境和企业组织、业务特点相适应，传统会计致力于形成一套尽可能功能完整、经济节约的会计模式，然而企业业务特点的复杂性和多样性决定了这套理论体系不可能面面俱到，且随着环境的变迁和业务创新，这些缺点带来的缺陷日益明显和严重。

(1) 传统的会计职能反映和控制职能有待进一步深化。

核算与控制是传统的两大会计职能。但相应的会计实务提供的会计信息往往不能很好地满足现代企业管理的要求。如事后核算使传统会计不可避免地具有滞后性，而激烈的市场竞争需要会计能够提供实时、迅速的数据信息，传统会计提供的信息与这种需求有着较大的差距，导致企业所做出的决策跟不上市场的变化。会计货币计量假设很大程度上限制了会计的反映范围，无形资产、人力资源等决定企业核心竞争力、事关其企业存亡的隐形资产很难被准确计量，尤其对于高新技术企业更是如此。若会计不能主动拓展计量空间，发挥辅助管理决策的作用，会计在这类企业将会被进一步边缘化。

（2）传统的会计流程独立于业务流程之外。

传统的会计流程是会计人员在经济业务发生之后，再根据原始凭证编制记账凭证、登记账簿登记、编制报表。即传统会计流程是在业务流程发生之后进行的，而不能干涉业务流程，会计人员只是负责业务流程单据的流转和记录，所以，传统的会计流程是与业务流程相互分离的。这种相互分离与独立，很大程度上制约了会计人员在成本管理、固定资产管理等方面发挥应有的作用。

（3）会计信息只能满足一部分人的需要。

会计本质为信息系统论已被广泛接受，会计的使命在于提供有价值的信息，帮助信息需求者做出有差别的决策，即所谓的信息含量。会计信息作为一项公共产品，其使用者却不需要付出代价，这项成本只能由企业负担。传统会计由于收益成本的约束，只能满足会计信息消费者的共同需要。但是，由于现代社会的发展，越来越多的人成为会计主体的利益相关者，信息需求变得多样化，这就要求会计能够提供尽可能多的生产经营情况信息，以便他们根据自己的需要进行取舍做出决策。传统会计信息却不能满足现代社会发展对会计信息多样化的需求。

（4）传统的会计时效性差。

会计目标的顺利实现，要求会计必须具有时效性，如此才能够保证决策的有用性。相反，若是不能够及时提供相关会计信息，对决策者而言，这种信息的有用性就会大大降低，即使这种信息十分可靠、相关，也是无济于事的。可见，某种程度上而言，时效性比可靠性、相关性更为重要。以下原因导致了会计信息的时效性较差：①经济业务与事项发生后，没有及时进行确认、计量和报告；②各种原始单据或者凭证没有及时被收集与整理；③受到传递媒介的制约，无法将财务报告及时地传递给信息使用者。以上三种局限使传统的会计不可避免地带有滞后性，时效性较差。然而，随着内外部经营环境的不断变化，竞争压力的增大，越来越需要会计提供及时的数据信息，以便会计主体以及利益相关者完善管理、改善决策。传统会计较差的时效性与这种要求产生了矛盾。

1.1.3 信息时代的要求与传统会计的矛盾

人类社会进入21世纪以来，网络信息技术得到了突飞猛进的发展，给企业的经营方式与组织结构都带来了巨大的变化，也对传统的会计理论体系提出了空前的挑战。例如，在新的网络信息环境下，企业间的联合很多都是通过网络实现的，这些网络公司使传统的会计主体概念变得模糊；再如，现代网络公司往往都是为了完成一个特定的目标而结合起来的，当完成这个目标后，就会立刻被解散，这对传统的会计持续经营假设提出了新的挑战……具体而言，信息化时代的要求与传统会计之间的不相适应性具体表现为：

（1）传统会计方法与现代化要求不适应。

一是，历史成本计价原则。在传统会计中，历史成本计价原则长期处于主导地位，只关注了经济业务发生时实际支付的价格，而不考虑其以后的价值变动。但在网络信息时代，外部市场环境瞬息万变，资产与劳务的价值也呈现多变的趋势，若是仍然坚持历史成本计价，就会使形成的会计信息变得过时，对投资者而言，会计信息不再具有决策相关性。二是，收入确认原则。收益分为两种：一种是营业收益，指的是出售资产后获得的收益；另一种是资产置存收益，指的是企业持有资产期间，由于现时价格变动而使企业获得价值增值的收益。传统会计收入的确认秉持"已实现"的标准，只承认营业收益，即只有在出售资产直接取得现金，或收取现金的要求条件已经满足后，才能确认收入，而不承认未实现的资产置存收益。在网络信息时代，产品多为知识密集型的，显著提高了资产置存收益实现的可能性，若是收入的确认还秉持单一的"已实现"标准就会影响到投资者对企业的整体评价。三是，权责发生制。权责发生制是传统会计的主要原则之一，它以当期已经实现的收入和应当负担的费用确认本期的收入与费用，而不论该款项是否收到或付出，同样，若是不属于当期的收入或费用，即使款项已经收到或付出，也不确认当期的收入与费用。在网络信息时代，知识创新与推广的非常快，市场风险也呈现极大化趋势，在这种情况下，现金流量信息是十分重要的。但传统会计下的权责发生制并不利于反映企业当期的现金流量信息。

（2）传统会计信息供给不能满足现代使用者对会计信息的需求。

首先，传统会计无法满足用户对详细信息的需求。传统会计的信息大多是在手工环境下完成的，即使会有一些计算机技术的应用，也只是停留在简单的人工劳动的替代上，仍然是手工核算环境的再现。局限于高成本手工处理，传统会计所提供的信息只能是归纳总结式的，更偏向于通用性，而非能够针对不同的使用对象以及其特定的决策，提供更广泛、更详细的信息。从而，传统会计所提供的信息不能满足信息使用者做出不同决策的需求。其次，传统会计不能满足用户对多元化信息的要求。传统会计对货币为基本计量单位的坚持，使企业提供的会计信息主要是企业的财务信息，而忽视了一些诸如客户满意度、市场占有率等非财务信息。在网络信息时代下，这些非财务信息变得越来越重要，更能反映出企业的未来盈利能力与全面经营状况，从而对信息使用者的决策更有指导意义。但传统会计却无法满足信息使用者对这种多元化信息的需求。最后，传统会计无法满足信息使用者对信息及时性的需求。传统会计主要以历史成本来计量资产劳务，而无视外界环境对该资产与劳务价值的判断。网络信息时代下，企业所面临的外部环境快速变化，也带来了更多的不确定性，因此，对于信息使用者来说，更为有用的是那些实时信息而非是历史性的信息，以便于其能够做出更好的预测与决策，但传统会计的历史成本计量则无法满足信息使用者对及时性的要求。

（3）传统会计系统与全过程管理要求之间的不协调。

传统会计是一种相对封闭的信息系统，表现在：①会计核算内容的封闭性，传统会计下，会计核算的只是企业内部的经营活动，内部与外部环境是相对分割开的，核算反映出来的会计信息在全面性、有用性等方面将大打折扣；②会计管理系统的封闭性，传统会计管理面临的对象主要是内部管理，而很难做到对会计系统的整体进行全面管理。随着网络信息时代的到来，需要会计立足于管理环节，进行全过程管理，针对不同的管理条件而形成不同的会计管理体系。

可见，传统会计受其方法、信息供给、效益原则等方面的制约，难以适应现代网络信息环境。在网络信息环境下，如何构建与信息时代相适应的会计，是当代会计研究人员与从业人员面临的重大课题。

1.2 以"三流合一"为导向，探索会计职能创新与转型

1.2.1 会计信息化概述

在现代信息技术条件下，信息的生产、加工、搜集、处理、传输速度等都得到了极大的提高，相应的成本却在急速下降。这种社会环境的变迁，必然要求会计发生相应的演进，成为以信息化为基础的系统，即会计信息化。这是一个逐步推进演化的过程，从一开始到可预期的未来，需要经历三个阶段：

（1）第一阶段：会计电算化阶段。

会计电算化是在会计工作中应用信息技术，以提高会计工作管理水平与经济效益的过程。在这一阶段，手工记账的工作被计算机代替，由计算机对数据进行处理，并打印出会计报表。尽管在处理信息时，会计电算化可以做到批量处理，提高了处理效率，但是仍然摆脱不了传统会计的局限性：其一，会计电算化的工作只是传统会计的延续，信息技术并没有得到充分与深入的应用，所做的职能与手工会计无根本性差别；其二，所处理的会计数据仍然是在业务发生之后而非是发生之时，所以信息仍然具有滞后性，不能做到实时报告。会计信息与报告只有做到及时，才能对信息使用者提供更大的决策价值，因此及时性是体现会计信息的重要方面。

（2）第二阶段：ERP即业务财务一体化阶段。

ERP即企业资源计划系统，是应用信息技术，将企业的全部业务，包括业务流程、财务数据、管理理念等都集合于一体的资源管理系统。可见，在ERP系统中，企业不再存在分割开的独立系统，所有的子系统都相互高度融合，统一了资金流、物流与信息流。会计数据的获取不再是基于业务流程发生之后才能获得的，而是在业务发生时便立刻进行会计数据的采集，并自动生成凭证，记入会计数据库中。这对会计来说，有两方面的变化：其一，会计数据实现了实时获取、实时处理；其二，财务与业务实现了数据共享。这些大大减少了数据输入与审核的重复工作，既提高了会计工作效率，也提高了会计工作的准确性。

（3）第三阶段：事件驱动会计阶段。

早期的会计信息系统，大多局限于提供财务报表数据，几乎无法涉及业务执行系统，在集成会计信息与业务执行信息方面较弱，财务与业务处于相对隔离的状态。这种状态的存在，容易导致数据的重复收集与整理，效率低下，还容易出现业务与财务数据的不一致，影响决策的可靠性。此外，由于会计只能被动地等待业务执行完毕后才能获得凭证与数据，导致会计只能发挥事后反映与分析的职能，而非事前计划与事中控制。业务事件驱动型的会计信息系统的出现为这种问题提供了解决方案。

业务事件驱动来源于计算机术语，是指当某一业务事件发生时，就会驱动信息系统进行信息处理，与该业务相关的数据都会被记录、统计，包括所有财务信息数据与非财务信息数据，集成为一个储存数据库。而数据的报告过程则根据不同信息用户的需求进行报告，如某信息用户决策时需要某项特定数据，此时只要驱动相关的信息代码，就可以得出该项特定数据。业务事件驱动型会计信息系统既能够储存、提供各种业务相关的全部信息而避免了数据重复、不一致的问题，又能根据信息使用者的需求制定出个性化的特定数据，是一种数据更丰富、功能更强大的会计信息系统。

面对信息时代带来的挑战与机遇，企业需要大力整合资源，推进会计信息系统与业务系统等的集成整合，建立技术与会计高度融合的现代会计信息系统。

1.2.2　会计信息化在企业中的定位

对于会计的定位，会计学界历来存在分歧，较为权威的说法认为会计是一种信息系统论，其本质就在于通过财务信息反映企业的业务信息，在整个信息系统中实现业财互动，甚至业财融合。随着时间的推移和技术的发展，整个社会都在随着信息化的进程前行，会计也不例外。会计的信息化不仅仅是因为它本身代表的就是一个信息系统，信息化会使这个信息系统运转得更有效率，这更是一种新的财务管理理念，是会计主动适应信息化的表现，具体定位主要在以下几个方面：

第一，在目标定位上，会计信息化是利用信息技术，将会计信息系统与业管系统进行有机融合，形成一个开放式的会计决策支持系统，从而强化企业的经济管理，最终提高经济效益和社会效益，维护社会市场经济秩序。

第二，在实现手段上，会计信息化主要利用计算机网络与通信等现代信息技术手段，实现了动态管理与集中决策。会计信息系统平台逐渐将原来按照要素、业务分开的系统向反映价值创造，从人工向计算机化、从信息过道向完整整合的信息系统转变。从手工记账到会计电算化，再到会计信息化，带来了人的解放，减轻了会计的核算工作量。

第三，在职能上，会计信息化不只是进行业务核算，更为强调它的分析与决策职能。届时的信息化，依然不是简单替代手工劳作的状态，而是形成了一个人机交互作用的智能型系统。

会计信息化的建设将从企业整体的层面来定位。至于它的发展方向，在纵向上，会计信息化会提供更为完备的信息以支持企业的管理和决策，而不是仅仅局限于提供核算型财务信息；在横向上，会计信息化将会大大带动财务系统与业务系统的融合，实现财务信息与业务流程一体化，从而集成了所有业务过程的数据而避免数据的重复与不一致等问题，从而可以极大地提高管理效率。

会计信息化将成为企业整体信息化的核心和基础部分。与以处理事务为主的会计电算化相比较，会计信息化已上升到管理决策层面。ERP 的运用，是企业适应组织规模变大，在生产工艺日趋复杂、竞争高度激烈的严峻形势下，整合企业供产销资源，结合现代运筹学知识，旨在通过提升内部管理而获得竞争优势。会计信息系统的重要性不言而喻，会计在信息化下的定位应着眼于发挥信息通道角色，而不是简单的计算机替代手工。让会计信息系统内嵌于企业管理信息系统，业财融合，才能更好地发挥会计信息系统的价值，企业管理信息系统也才能更好地发挥良好效用。

值得一提的是，会计信息系统发展已取得很大的成就，但是会计相对保守封闭的系统概念阻碍其作用的进一步发挥。这是与社会信息化普适的要求不相适应的，社会信息化要求一个开放的系统，然而会计系统的走向却愈加封闭，因此，需要改变会计系统对 ERP 的抵触思想。在这样的背景与基础上，会计亟须转变思路，拥抱互联网。开放与互联是当今组织形式发展的主流，世界是联系的，而信息扮演着重要的角色。作为对现实世界的精确复制，会计信息系统在管理信息系统中发挥着重要不可替代的作用，会计应主动向业务部门提供信息支持，在企业经营目标实现的过程中完成自身价值实现。

1.2.3　信息化条件下的会计职能转型

根据托马斯·库恩的范式理论，范式是指"特定的科学共同体从事某一类科学活动所必须遵循的公认的模式，包括共有的基础理论、方法、手段、标准等"。范式不是一成不变的，随着时间的推移，环境的变化，就要进行范式的转换，范式转换的演绎框架主要是"常态科学"和"反常危机"的交替。信息化下会计的外在需求与会计发展的内在要求相结合下，必将形成崭新背景，从而对以往既定常规科学意义上的会计理论结构提出实质性挑战。会计界积极迎接这种挑战，以革新基础性定义或重新定义会计确认计量的要素框架为抓手，带动整个会计发展进而实现会计理论革命，是当代会计与信息化新时代需要保持动态适应的不二法门。

信息化的会计是对传统会计制度的挑战，是会计传统会计制度的改进与提升，两者对比如表 1-1 所示，具体主要表现在以下几个方面：

（1）反映的信息将从滞后的综合性信息向多层次结构化信息转变。

传统会计受到技术、流程的制约，信息报告相对滞后，这极大影响了信息的相关性。信息的价值在于减少决策不确定性，如果没有及时传递到决策者手中，信息也就失去了价值。此外，反映的信息是经过逻辑加工后的结构信息，不能满足信息需求者的多样化需要，信息化条件允许企业传递更大的信息量、更多的信息细节，将数据的种类、处理逻辑选择权交给信息消费者决定。

（2）控制的焦点由业务控制向信息系统控制和流程控制转变。

传统会计管控的焦点是业务，即如何防范业务风险并提高业务的管理效率，信息化条件下的会计更多采用信息系统控制和流程控制，通过对流程的梳理、优化，并将其固化在信息系统当中。虽然信息化的控制又带来新的挑战，如系统的安全性等，但在企业组织、业务日益复杂的今天，信息系统控制无疑大大提高了控制的效率。

（3）会计的关注点由会计要素、报表向资产的价值创造转变。

传统的会计依托于会计循环，注重对资产、收入等要素的计量，最终产品是财务报告。信息化条件下的会计，从繁重的机械工作中解放，跳出报表的思维，更多考虑如何对资源进行配置，发挥资产的价值创造作用，更多从企业整体的角度去思考问题。

（4）会计人员的主要工作由业务处理、核算向分析、辅助决策转变。

传统会计人员的工作内容被称为记账、算账、报账，会计人员深陷于企业的日常核算。信息化条件下的会计工作将跳出核算的范畴，更多地从事分析、建议等管理性工作，以财务信息化带动业务信息化，进而提高整个企业的信息化水平。

值得一提的是，即使一部分企业使用了信息系统，但仅仅停留在因电脑自动化带来的核算业务量减少、人工成本降低，这仍算不上信息化，信息化绝不是将原有的核算体系搬到互联网上，它更是一种理念，即新的技术条件下如何更好地发挥会计职能作用。

（5）会计与业务的集成度。

传统上的会计是在业务发生一段时间后取得原始凭证，并据此填写记账凭证，降低了会计的及时性，也不利于会计对业务进行直接控制，信息条件下的会计财务镶嵌于业务之中，会计与业务集成，整个企业在一个统一的信息系统平台下，方便了信息传递，提高了信息的传递效率。

表 1-1　　　　　　传统会计与信息化条件下的会计对比

	传统会计	信息化条件下的会计
反映的信息	滞后性的综合性信息	多层次结构化信息
控制的焦点	业务控制	信息系统控制、流程控制
关注点	会计要素、报表	资产的价值创造
会计人员的主要工作	业务处理、核算	分析、辅助决策
会计与业务的集成度	低	高

1.2.4　新环境下会计模式的探讨

新的环境呼唤新的会计模式，本书尝试着按照理论的逻辑结构和实务发展规律，对新环境下会计模式所具备的一些特征进行描述（如表 1-2 所示）。

会计存在于一定的社会经济环境之中，环境的变化必将带来会计工作内容、重点和方法手段的变迁。人类进入信息化时代，"三流合一、时空一体"逐渐成为现实，这必然会给会计带来深刻的影响。"三流合一"下的会计带有新时期的烙印，全球经济连成一个网络，意味着企业要接受来自全球的竞争，高度的联系使风险扩散更为容易，经济尤其是金融处于高度波动的状态。

传统企业竞争追求规模方式，强调大鱼吃小鱼，甚至以垄断获得利润。三次工业革命以后，生产效率大大提升，生产普遍过剩。与此同时，人的价值被得到充分尊重，以顾客为导向强调产品的差异化，满足个性化需求。产品更新迭代使快鱼吃慢鱼成为新的主流竞争模式。信息化带来沟通便利，虚拟企业、外包等新的组织形式出现，变革了传统的组织结构，核心竞争力的概念被广泛认可。

在信息时代之前，实物（尤其是固定资产）是企业价值创造的主要来源，企业普遍重资产经营，资产管理是财务部门的重要职能之一。信息化时代，知识、无形资产愈来愈成为企业的核心资产，人力资源成为企业最宝贵的财富和价值的主要来源。这对会计提出新的挑战，如何更好地反映这些无形资产的价值，方便管理考核，是会计亟需解决的问题之一。

计算机带来核算效率的提升，会计工作人员从繁忙的核算工作中解放，将更多的精力放在服务于管理决策，这是新的时代背景下，会计在企业定位的重大改变。会计人员应主动更新知识能力结构，适应角色的转换，为企业价值创造发挥重大而不可替代的作用。

实时的报告系统建立，使会计数据的及时性大为增强，直接提高了会计数据的使用价值，这与会计工作职能转型相结合，会计数据将会更多地服务管控系统。此外，业财融合，会计的反映范围大大增加，财务指标和业务指标界限将会模糊，企业管理将会有更多的抓手、选择。

表 1－2　　　　　　　　传统会计与信息化条件下的会计对比

	三流分立	三流合一
环境	相对稳定，地区竞争	高度波动，全球竞争
组织	传统组织，大而全	虚拟组织，分工合作
价值创造来源	实物资产	人力资源
会计主要内容	核算	服务决策
管控系统指标	技术指标	会计数据和技术指标结合

1.3 以资产组为突破口,实现管理会计制度创新

会计是为企业管理决策提供服务的,会计信息质量的体现是满足信息使用者的需求。不难发现,基于可定义、可计量、相关性等判断原则计入的会计信息已不能满足信息使用者的需求。具体地,会计信息与业务发生的滞后性、与业务过程的两张皮、与资源优化配置的望洋兴叹、与企业各岗位协调改进的无能为力、与公司战略目标及方案实现的脱节、对内部控制与风险管理的支撑乏力以及守着丰富的企业历史综合信息而对公司智能化管理无所作为等种种问题渐渐显现出来。对以上企业会计现实困境的分析,表明会计在现实中对公司价值创造及其优化过程的作用十分薄弱,与现代企业发展持续提高价值创造竞争能力的要求很不适应。可以说,"三流分立、时空分隔"背景,决定了现行会计制度特征。信息技术的发展带来的"三流合一、时空一体"崭新背景,赋予了会计发展的新内涵,为现代会计创新明确了方向。构建反映企业价值创造和实现过程、体现企业生产要素发挥整合作用的会计系统,是现代会计人员的使命。要实现这一点,就必须选择有效的突破口,找到统领整个会计变革的抓手,资产组恰好提供了这样的机遇。

资产作为传统会计的最基本要素,是现代会计基本原理产生的主要基础,也是会计与其他职能管理与业务活动自然联系的纽带,更是现代会计报告与技术方法产生的基本依据。因此,资产概念与公司价值关系最直接和紧密。在迄今为止的会计实务中,我们一般以资产的自然或实物单位作为确认与计量的对象。其实,现实中资产的自然与实物单元,往往不是一个能给会计主体带来未来利益的单位,无法达到会计确认与计量资产的最低标准。如此,目前会计实务中有关资产的确认与计量通行做法,与其资产定义的基本内涵是冲突的,相应提供的财务会计报告,并没有真正地体现了现代会计概念框架的内涵。基于此,本书提出了"资产组"的概念与评价框架,在财务业务一体化的背景下,反映与发挥出会计在企业价值创造中所做的贡献,从而为带动中国管理会计制度的整体创新作出有益探索。

1.4 企业的先进实践,为深化研究提供有益借鉴

通过对国内外知名企业会计在服务于价值创造方面的一些经验做法进行综

合分析，不难发现，这些走在时代前沿的企业已经率先进行了颇多尝试，它们的努力能够为深化资产组会计研究提供诸多有益的借鉴（如表 1-3 所示）。

表 1-3　　　　　　　　　　　　　企业实践的启示

先进实践	启示
SDG&E 的资产分析法	以该方法去研究数据维护、历史读数、工程规范、运行状态和空间容量，对那些可能发生的故障进行识别与预警，从而有助于公用事业企业提高运营效率、树立牢固的公众信心
万豪集团的数据分析竞争法①	当前，对资产进行有效管理所需的数据，大多零散的分散于各个应用系统之中，并被孤立单独的储存。这使得创建统一的数据视角任重而道远。除此以外，分析报告也并非直接源自运行的第一线数据，而是来自于数据仓库中的汇总数据。导致建立在现有信息基础之上形成的专项报告也必然存在这样或那样的问题
西南能矿的 EPM 战略②	矿企可以先对各个重大项目进行单独规划，然后再考虑投资组合。这种方法对优化企业现有资产，及时掌握了解再分配与变动所带来的影响有所助益。同时，矿企将财务与运营相结合的思路也值得借鉴

总的来说，结合当前企业的管理现状和未来变革方向，此次由单项资产到资产组的资产确认方式和在此基础上的电网企业会计核算方式的变化，遵循了"三流合一、时空一体"理念，是推动公司信息整合系统集成的有益尝试，也是将财务职能由传统的核算与报告、管理与控制向更高层次的综合分析与决策支持延伸的探索，力争使财务在价值量综合计量的基础上通过业财协同和向前端业务环节不断拓展形成业务洞察力，积极发挥业务支持、变革支持和战略支持的全面作用，整合公司价值，促进财务职能提升和转型，且具有超越电力行业的普遍适用价值。

1.5　研究目的

现有对管理会计制度的各项创新探索，往往都是一种单项突破，而并未形

---

① ［美］托马斯·H. 达文波特，珍妮·G. 哈里斯著. 数据分析竞争法——企业赢之道 [M]. 北京：商务印书馆，2009.

② 资料来源：http://www.doc88.com/p-3317997412312.html.

成一个完整的框架体系。在实践中，发现一个问题就着力解决一个问题，这种零散的思路，使得管理会计制度始终停留在"头痛医头、脚痛医脚"的状态。而实际上，管理是一项系统性的工程，需要构建一个系统性的探索框架对其进行分析与梳理。此外，现今生产要素竞争力的动态化，对企业提高、优化本身要素资源的整合与配置能力以持续提高创造价值力提出了新要求，而优化要素资源配置能力的基本前提就是会计能够正确地揭示并反映现有资产对企业价值创造的具体贡献方式与贡献度。

基于这样的时代需求，我们将"资产组"作为现代会计的资产定义，以此为抓手，构建了资产组评价体系，从而形成了基于资产组的一整套现代管理会计制度。信息化时代的到来，为我们构建框架、系统性地探索管理会计服务于公司价值创造的途径提供了可能与机会：在以往"三流分立、时空分隔"的工业化时代下，会计信息不可避免地具有时滞性，从而仅仅充当了综合反映与报告的角色，无法也无力就资产对企业价值创造的具体贡献做出衡量，而现代信息化技术的突飞猛进提供了"三流合一、时空一体"的背景，这为深度融合财务与业务系统，实时集成、提供会计信息与业务信息，进而探索现代会计实时反映企业资产对价值创造的具体贡献提供了充分的技术保证。本书为探索现代会计作用于公司价值创造的具体方式及未来发展方向提供了切入点，并提出了一个系统化的管理会计创新制度，具有重大的理论与现实意义。

1.6 研究内容与框架

本书研究的框架如图1-1所示，主要研究思路如下：

一是资产的重新定义与资产组的认定。以极具代表性的资产为例，针对其理论与实务的矛盾，抛开"最小"资产组合的限制，将能够"影响企业价值的基本单元"作为资产组。从而，能够对现有资产从确认与计量、分类与特征、应用等方面进行崭新的梳理，会计因此摆脱了无法为企业价值创造服务的困境。

二是资产组评价体系的构建和会计信息体系的重塑。基于资产组的相关定义，围绕企业价值创造与实现的本源，按功能价值流（业务）与管理价值流（组织）两个视角，分析企业基本价值流程，再综合形成企业各层级资产组。按企业综合价值指标内涵，构建以公司战略及其实现为核心，以综合财务指标为统率，以企业各项业务和职能管理为支撑，以企业所有岗位（人员）行为改善为立足点，形成以资产组为基础的现代管理会计制度。

三是基于资产组的管理体系的应用。本书研究以江苏电力公司南通供电公司为落脚点，无论是信息系统等硬件的普及还是管理水平等软件的质量都为资产组的深化应用提供了条件。案例单位基于资产组的概念将原来庞大的资产从组织和技术维进行分类分级，再针对各层级资产组的特性设置与之相适应的评价体系。最后，考虑到现有制度的限制，从而设置了固定式与触发式双重报告相结合的信息输出形式，形成了现代管理会计有效服务于公司价值创造目标实现的信息功效机制。

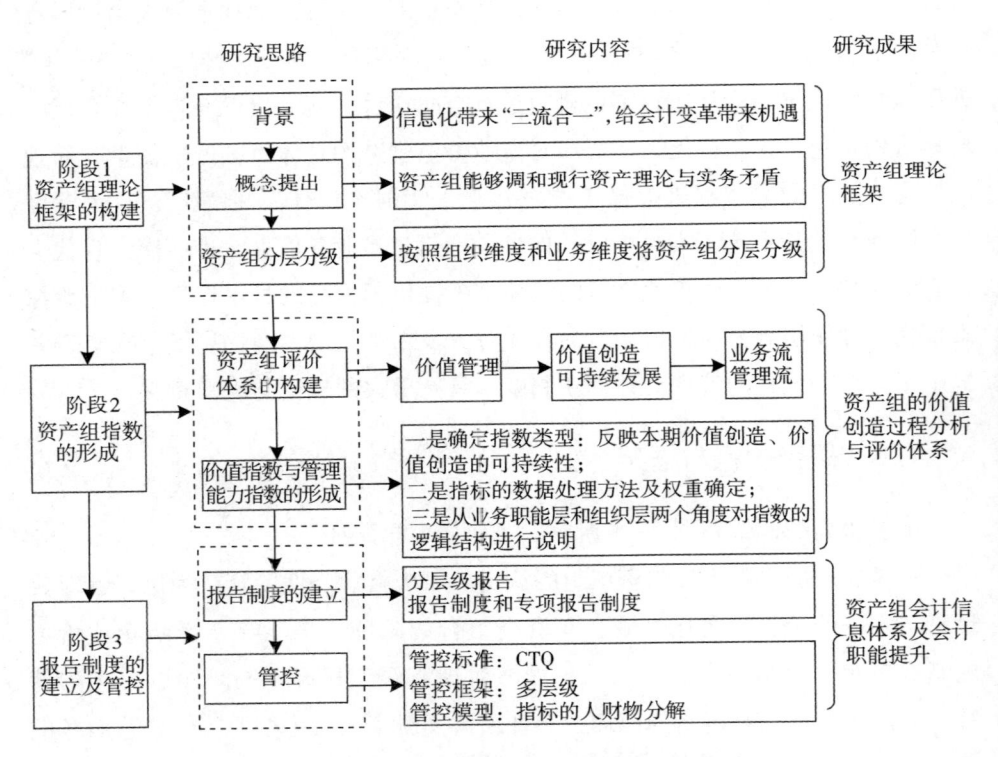

图 1-1 基于资产组的管理会计制度创新的研究框架

1.7 研究的创新点

1.7.1 理论层面

(1) 会计功能作用机制本身的转变：理论与实务从矛盾到统一。

资产组解决的第一大问题就是调和的会计实务与会计理论相脱节的问题。在实务工作中，为了计量核算的便捷，往往将单个自然实物直接算作资产，但是真正的资产是要为企业带来利益流入的，而创值功能的发挥离不开生产要素之间的协同作用，即资产组合。资产原有定义与实务不相符，难以满足现代企业对管理会计提出的要求。因此，在现有资产会计基础上，从会计核心要素——资产入手，提出"资产组"融入管理会计的概念，对会计当中的核心要素进行补充，使其能够为实务工作作出更大贡献。借鉴"资产组"概念，为探索现代会计在公司价值创造中发挥积极作用的具体方式提供有效的抓手。

(2) 会计在整个管理中职能的变化：从反映到控制职能的体现。

资产组理论上的另一重大突破是完整地体现了会计的反映与控制的职能。以往，会计的职能仍停留在反映层面，会计信息在企业管理中的作用体现的较少。而资产组的引入，为同时实现反映和控制双重功效提供了抓手。

为了方便管理，需要对资产组进行分级分层。具体落实到组织维和业务维。一方面，从组织维出发，立足于不同的管理口径，通过管理精度的提升、管理对象颗粒度的缩小，让企业管理服务于价值创造，真正实现管理过程与价值创造过程的对应。另一方面，从技术维出发，对于电力企业来说，电能量从电源端经过电网再到用户的过程，同样是价值创造的过程。从管理流和业务流角度出发，可以看出，业务流是价值创造的直接载体，反映了整个价值创造结果；而管理流为价值创造提供了保障作用，即发挥了控制作用。

(3) 会计与环境以及人类行为：从事后矫正到实时优化互动。

信息化背景下，环境与会计直接互动形成了适应环境的会计适当方式，从而对推进环境积极变化产生反哺作用。会计作为企业信息最佳的提供者，会计的发展史就是一个会计信息架构变革的演化史。在信息平台的建设过程中，会计应担负起为企业提供最为权威、综合的信息流的角色。以往的"三流分立、时空分隔"背景，直接决定了会计信息只能是事后的货币计量。滞后的会计信息只是充当了"综合的结果报告"角色,只能为已经发生了的事情做统计和分析,不能为信息使用者,尤其是外部信息使用者提供现在正在发生的事情的信息。这在"三流合一、时空一体"的条件下,是不能满足信息使用者的。在信息化发展的今天,现代会计已经拥有了反映综合信息流的技术条件,因此,需要以资产组为抓手,跟上信息化的脚步,满足现代企业对管理会计的需求,不仅仅是反映已经发生的历史,而是做到有效反映、即时反映、综合反映。借助于资产组会计功能作用机制的重新设定和有效运行,真正实现会计理论的实质性突破,也为现代会计制度变革提供一个具有普遍适用价值的崭新范式。

由此可见,资产组的提出及其相应会计制度重塑使会计恢复了其本来面貌,回归到会计与价值创造的血缘关系,找到了理论与实务的突破口和基本抓手。

1.7.2 实务层面

(1)顺应管理会计制度创新号召,建立以一套包括理论体系、指引体系、人才队伍配备和信息系统建设等内容的完整架构。

财政部 2014 年发布《关于全面推进管理会计体系建设的指导意见》,并于 2016 年发布了《管理会计应用指引》,2017 年又发布了 22 项具体指引,意在推进我国企业的管理会计制度改革进程,完善管理会计框架,细化管理会计职能,使管理会计更精确地满足现代企业的要求。本书研究以"资产组"为抓手,构建了一套包括理论体系、指引体系、人才队伍配备和信息系统建设等内容的完整架构,顺应了管理会计制度创新的号召。

(2)选取江苏电力南通供电公司为试点,将资产组管理体系如何在组织中落地进行了全面的展示,起到了很好的示范作用。

第一,随着信息化的发展,现代企业对会计的要求越来越高,也对财务职能转型提升提出了大趋势的要求,财务部门不仅仅只是记录计量的"记账先生",而是真正担当起顾问的角色,总结历史情况、反映当下问题、引导未来决策。第二,资产组在管理会计中得到运用,提升了资产效率,优化了企业的资源配置。传统的决策少有财务信息的引导和支撑,而资产组带来的是业财融合,能够为业务问题提供新的思路方法和科学有效的决策意见。第三,资产组的分级分层为企业考核资产组的运营效率和考核管理层对资产组的管控效率提供了有力的抓手,在南通供电公司的实际落地中,使管控更加精细化,具有可操作性。

(3)信息化环境下,为会计如何更好地发挥反映与控制职能进行了有益探索。

信息化对会计带来的变革是革命性的,它既对传统环境形成的会计理论与实务形成强烈冲击,又为会计的发展提供了新的手段与工具,乃至于带来观念上的更新变革。具体来说,能够显著改善预算、资源配置、财务会计科学性,信息化一方面提高了会计循环的及时性,减弱了信息在传播、加工过程的噪声干扰;另一方面,由技术手段变革升华带来的思想观念上的进步逐渐向业财融合靠拢,这都无疑大大增加了会计的反映职能和控制职能。

(4)财务部门组织结构方面的变革。

新的会计环境和会计制度呼唤新的财务部门组织结构,财务会计从制度到组织都需要根据新的形势进行适应性调整。信息革命给企业经营带来了翻天覆地的变化,通信技术发展使外包、虚拟企业成为新的商业风尚,电子商务的发展使企业的交易、营销发生了深刻的变化。"三流分立"的传统背景下,会计信息更多是对外,满足更多外部信息消费者的需求,对及时性要求相对没有那么高。而"三流合一、业财融合"的信息化背景下则提出了新的现实要求,财务要更多地服务管理决策,将更多的目光面向企业内。因此,企业财务部门组织结构在功能定位、工作重心、岗位配置,与业务部门配合等方面都需要适应性调整,本书在这个方面进行了有益尝试,希望通过财务组织主动寻求变革,从而更好地服务于企业的战略目标和业务经营。

1.8 本书研究的不足

本书研究的不足主要体现在以下方面:

(1)要基于资产组进行各项分析,资产组的识别和认定是前提,本书虽然设计了资产组分类规则,并在实践中按照该分类规则进行了分级分层,但面对各种行业仍有区别,有待进一步完善。

(2)信息是初始划分资产组及改变资产组边界的重要依据,尤其是信息的传递方向、传递半径及转换。本书虽然提出了这一观点,但是未能给出明确的判定方法和评价模型。

（3）本书给出的理论和实践部分，在实务层面推广难度较大，包括：

①核心资产要按照各个行业、各个企业不同的生产经营特点，尤其是技术规程等进行界定和识别，难度较大，超过了一般财务人员当前的胜任能力。

②非核心资产要求按照作业成本法等以工单的形式将其服务所产生的成本归集到核心资产，要求企业具有良好的管理基础和细致的日常工作，当前大部分企业还难以达到。

③对准则的修订意见的设计操作更是关系甚大，较难实践。

以上问题将在后续研究中进一步研究和探讨。

第 2 章
资产组的由来与内涵

2.1 信息化下的会计职能转型

2.1.1 会计职能的演变

在原始社会末期，随着财富的增加和阶级的分化，拥有较多财富的奴隶主遇到一个问题：如何保管私有财产、保证财产的完整性，这导致了受托责任会计的产生。封建社会像一座金字塔，不同层级的阶层拥有各自的权益，权力由上到下分散，上层封建主名义上拥有下级所有的资源，下级封建主则按照自己的动机和利益行事，这一社会所具有的会计问题就是主人和代理人之间的代理关系。十字军战争（1096～1291 年）促成了长达 300 年的商业革命，热那亚和威尼斯凭借得天独厚的地理位置，积极开展国际贸易。当他们以前所未有的规模进行交易时，开始通过代理人网络开展贸易往来，继续采用原来的簿记系统显然不能适应，企业规模扩大导致所有者不能很好地考察、约束代理人的行为。新的需求呼唤新的会计模式，复式簿记应运而生。复式簿记大大缓解了代理问题，企业组织因此快速发展，意大利人不仅成为最优秀的商人，而且垄断了当时几乎所有的国际金融业。

19 世纪是会计史的一个重要时代，公司作为经济组织形式得到了迅速发展，组织规模的扩大促进了工业生产，越来越多的公司通过资本市场筹集资金；出于管理控制生产成本的需要，逐渐产生了成本会计；公司成为上市公司，为了保护投资者的利益，审计开始发挥越来越重要的作用，并导致独立会计师行业的兴起。1929 年的美国股市"崩盘"，使人们认识到股票市价更多取决于企业未来的盈利能力。20世纪70年代西方主要国家发生了严重的通货膨胀。这场经济危机充分暴露了历史成本计量的不足，当经济环境发生剧烈变化时，会计信息的纵向可比性大为减弱。与此同时，衍生金融工具、股份支付等新事物的出现，对传统下的历史成本会计提出了严峻的挑战。在这种背景下，资产负债观开始登上历史舞台，对资产经济价值的计量变得日益重要。

综上，会计理论与方法的发展与社会环境形成了一种互动关系：会计孕育于社会环境之中，经济发展、技术进步等社会环境的变迁既为会计的发展提供了良好的支撑与指引，也对原来的会计理论与方法形成了压力，呼唤发展出新的理论框架来满足社会环境的变迁。反过来，会计服务于社会，其理论与方法的发展与完善也会进一步推动社会进步。

通过会计发展历史的回顾可以看到，核算和监督始终是会计两大基本职能，并且随着技术的进步与理论的发展，这两大职能发挥着越来越重要的作用。这是由会计的本质特征所决定的。核算和监督之间紧密联系不可分割：会计核算是会计监督的基础，若是没有会计核算，或是会计核算得不正确，那么其他职能也就从无谈起；会计监督是会计核算的保证，只有在一定的会计监督之下，才能为正确的会计核算提供保证。两者相互配合，共同服务于企业的生产经营。可以预见的是，随着经济、技术等社会环境的变迁，会计的具体职能可能也会所有变化，但变化中不变的是，核算与监督仍将是会计的两大最基本职能。

2.1.2 信息化与会计职能转型

社会环境的变迁导致人们对信息需求的转变。会计的发展始终与信息的供给紧密相连，当人类社会进入到信息技术时代，社会经济结构也随之发生了巨大的变化，这必然影响到社会对信息的具体需求。可见，信息技术给传统会计的信息供给带来了深远的影响，具体体现在以下几个方面：

（1）新兴产业的诞生对会计信息提出了新要求。

网络信息技术的进步与发展，催生了一大批新兴的产业。传统会计中强调历史成本、有形资产、货币计量的诸多"单一模式"，在新兴产业中变得不再适用。面对新兴产业提出的新要求，会计需要从"单一模式"跨越到货币计量与非货币计量并列、有形与无形资产揭示并重、历史成本与现值及公允价值多种计价并存的模式，以使自己不仅反映过去，也更面向未来。

（2）企业组织结构与竞争方式的改变对会计信息提出了新需求。

网络信息技术的发展改变了企业的组织结构与竞争方式，如虚拟企业的出现，越来越多的企业通过网络来完成兼并，并使之成为增强竞争力的主要手段。这就要求传统会计的报告做出变化，从单一报告体系转向分部及专项报告等多元报告体系。

（3）企业生产经营方式改变对会计信息提出了新需求。

网络信息技术的发展也在悄然之中改变了企业的生产方式与管理模式。这一方面需要企业创建新的生产管理信息平台以支撑改变，另一方面这种改变也产生了大量的生产管理信息需要去实时记录与报告。针对这种改变，会计需要利用好信息技术，重新定义信息结构与信息内容，来满足企业内外部的信息需求。

可见，社会经济、技术环境的变迁已经对会计提出了新要求，传统的会计必然要进行变革，以做出回应并适应新的社会环境。在这个过程中，财务职能也将发生转变。财务职能转变的内容和要点如图2-1所示：

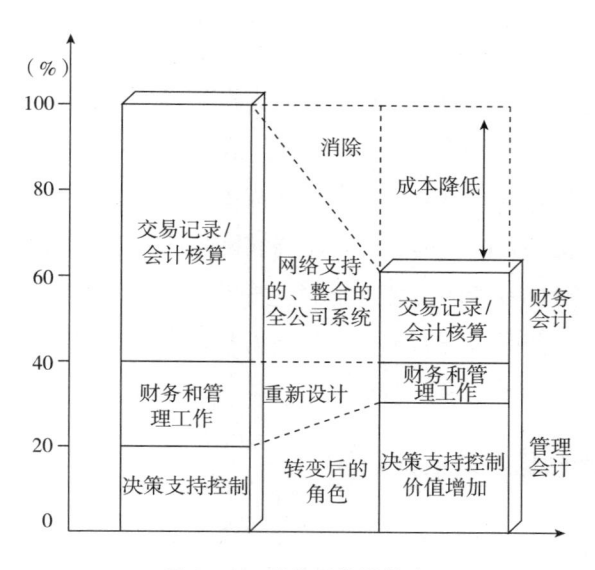

图2-1 财务职能的转变

图 2-1 揭示了转变后的会计职能所需要做的：一是，会计流程被大大缩短了，同时，成本也降低了，这得益于信息技术的深度应用。需要对企业资源计划软件作出评价，并对所制定的业务要求及全组织范围内信息战略的形成过程进行讨论。二是，财务过程，尤其是业务外包和使用分享服务中心。三是，流程再造，如企业预算与现金管理、风险管理、内部审计等。四是，随着增值工具和技术的使用，决策支持和控制活动将转向以价值增加为主，这将成为全部财务活动的主旋律。

总体看来，信息技术的应用，大大缩小了财务会计的职能领域：①在 ERP 的财务业务一体化管理模式下，记录不再需要会计人员的干涉和参与。某项业务发生时，就会立刻自动在业务系统模块中记录下来，生成相应的凭证传递给财务。②计算机能够自动完成现有的大部分基本核算工作，会计人员只需要定期、不定期地对系统中预置的基础参数和估计事项的规则进行调整与优化。③自动生成财务报告，自动化的实时报表成为常态。信息技术的应用释放了大量传统会计中那些负责机械重复工作的人员，会计领域只需要保留少数具有高超职业判断力、熟知规则的人员。问题是，被释放出来的会计人员如何实现自我价值？

在这种情形下，大力推行以决策控制与价值增值为主要职能的管理会计将是未来会计职能作用发展的必然方向。因为在财务会计领域中，规则程序较为稳定，大多工作"按部就班"就可完成，信息技术可以对其形成深度替代，而在管理会计领域，规则更为灵活多变，需要结合现实内外部环境与实际生产经营情况做出自己的判断，内外部环境与实际情况发生变化时，分析与判断也要求随之调整，对接收到的信息进行深度再加工。完成这项工作就需要大量兼具专业技能与高超判断力的人员，而判断力与洞察力的获取是要基于大量管理会计实践的。

2.1.3 信息化下的会计职能

在信息技术时代，企业会计的职能定位将逐步从传统核算型会计转变到管理型会计，这是历史发展的必然趋势。

顺利实现这种转变，需要做到：（1）注重强化会计的决策分析与评价的能力。只有具备战略与全局性的眼光，才能更好地提供决策相关信息。

（2）重视人才队伍的建设。会计人员素质的提高，可以为会计职能由"核算型"到"管理型"的转变奠定基础。

2.2 资产的定义及其演变

2.2.1 会计要素重心的转变

以其中某个会计要素为逻辑基础，其他会计要素围绕该要素而建立，就叫作会计要素的重心。在会计发展的不同历史时期，曾经出现过两个重心：一个是资产，另一个是收益。这两个要素重心相互替代呈现出"财产→资产→收益→资产"的历史变迁轨迹。14 世纪，卢卡·帕乔利要求商人记录价值高且已丢失的东西，其理念本质就是基于复式簿记"财产"为中心会计要素的雏形。20 世纪初，以斯普拉格为代表的美国学者认为，资产是提供服务的具体化，具有核心价值，其他会计要素，如负债和所有者权益等概念都是基于资产的概念逻辑延伸出来的，由此开始了以"资产"为会计要素重心的发展阶段。通过 20 世纪 40 年代的一次讨论，利特尔顿等提出"主体理论"形成配比模型，认为收益才是核心。这种观点一直持续到 80 年代。1985 年，FASB 才将重心重新理性回归至资产要素，认为资产的本质是"未来经济利益"，其他的要素都是以资产为基础得以形成。不仅是理论界，在实务界，21 世纪初连续爆发的以安然为代表的公司财务舞弊丑闻，震惊了全世界，使人们充分认识到，过度追求收益与利润所带来的不良后果。自此，会计领域从以收益为核心的损益观重新回归到资产负债观。可见，资产成为最重要的会计要素，也是会计应因社会经济发展的必然。

2.2.2 各国资产的定义演变及比较

理论上来说，会计上的资产应当是主观对客观的真实反映，但基于不同历史时期与地域中对会计目标设定的不同，所采用的会计要素定义也就有着明显差异。国外学者及有关机构对资产的定义也经历了漫长反复的演变过程（如表 2-1 所示）。

表 2-1　　　　　　　　　　　早期对资产定义的探索

研究者/研究机构	年份	定义	侧重点
斯普瑞格	1907	"以前所提供服务的聚集和将要获取的服务的贮存"	未来服务
坎宁	1929	"资产是指任何货币形态的未来劳务或任何可转换为货币的未来劳务,而其对某人或某批人的收益权是有合法保证的。这种劳务只有在对某人或某批人有用时才是资产"	未来服务
佩顿和利特尔顿	1940	"未消耗的(成本),称之为资产"	未消逝成本
美国会计师协会所属的会计名词委员会	1953	"凡是依据会计的规则或原则,而在账簿上结转到账户借方余额所代表的事物"	记账技术
美国注册会计师协会所属的会计名词委员会	1955	"资产是企业所购置的,可以在未来使用的财产或产权"	财产或产权
美国会计学会	1957	"资产是一个特定会计主体从事经营所需的经济资源,是可以用于或有益于未来经营的服务潜能总量"	资源
美国会计原则委员会	1970	"资产是企业按照公认会计原则所确认和计量的经济资源"	资源
美国财务会计准则委员会	1982	"资产是指可能的未来经济利益,它是特定个体从已经发生的交易或事项所取得或加以控制的"	经济利益
联合国经济与社会理事会跨国公司委员会	1988	"资产是报告公司由于过去事项而控制的资源(有形和或无形的),公司可望从这些资源中获得未来利益"	资源
国际会计准则委员会	1989	"资产是企业因过去的交易或事项而控制的资源,这种资源可以为企业带来未来经济利益"	资源
加拿大特许会计师协会	1988	"资产是由于过去的交易或事项发生的结果而被一个主体控制的经济资源,从这些经济资源,主体将可能获得未来的经济利益"	资源
澳大利亚会计准则委员会	1995	"资产是主体由于过去的交易或其过去事项的结果所能控制的未来经济利益"	经济利益
英国会计准则委员会	1999	"资产是由于过去交易或事项的结果而使一个主体能够控制的未来经济利益的权利或使用权"	权利或使用权

2.2.2.1　美国对资产的定义

美国历史上多位会计学和经济学等领域的学者及相关规则制定机构在较长的历史时期内提出了众多资产定义和对其的论述，并开展了长期探讨或者争论，对全球范围内各国形成资产定义和相关准则起到了重要作用。其中较有代表性的观点包括：

（1）佩顿在其1922年的代表作《会计理论》中，尽管没有对资产进行定义，但将特定企业与主体的财产、资源视同为资产，他指出，虽然资产有物质的或非物质的，呈现出不同的面貌，但其共同之处在于，它们是对特定主体有价值的。

（2）1929年，坎宁在其所著《会计工作中的经济学》一书中，将资产定义为："资产是指任何货币形态的未来劳务或任何可转换为货币的未来劳务（那些由合同所产生的未来劳务，而合同双方彼此都未履行的除外），而其对某人或某些人的收益权是有合法保证的。这种劳务只有在对某人或某些人有用时才是资产。"他指出，尽管其他文献并没有专门的对资产进行定义，但这些文献对资产的描述其实已经表达了相同的含义，并认为这一定义也是职业会计师公认的。

（3）1940年，佩顿和利特尔顿在《公司会计准则导论》一书中提出了"未耗成本说"："成本可以划分为两部分，一部分是已消耗的，称之为费用；另一部分是未消耗的，称之为资产。"这一观点侧重于从成本的角度对资产进行定义，这种定义方式有助于会计人员划清资产与费用，但却没有揭示资产的本质特征，即资产具有为企业带来经济利益的能力。

（4）1953年，美国会计程序委员会（CAP）提出了"借方余额说"："凡根据会计标准正确地结转下期的借方余额或理所当然地应该结转的借方余额是资产，因为它们反映了已取得的财产权或财产价值；或者相当于取得财产权和支出或应分摊于未来时期的支出。"这一观点单纯地从账户余额的角度来定义资产，缺点是同样没有揭示资产的本质特征，此外概念的定义偏专业化，非会计专业人士难以理解。

（5）1970年，美国会计原则委员会（APB）提出了"经济资源说"："资产是公认会计原则确认和计量的企业经济资源，资产也包括某些虽不是资源但按公认会计原则确认和计量的递延借项。"这一观点仍没有明确资产是具有能够为企业带来未来经济利益的能力这一本质特征。

（6）1985年，美国财务会计准则委员会（FASB）给出了一个颇具争议的资产定义："资产是特定主体由于已发生的交易和事项的结果而取得或能控制的可能的未来经济利益。"尽管这一定义自提出后，争议不断，但仍然被大多数国家所效仿。FASB还强调指出，"未来的经济利益"代表资产的本质，这一界定虽然指出了资产的内容，并为后续的相关准则延续，但其本身的含义的模糊不清和难以在实际操作中把握，也为后续对其的争论和质疑留下了空间。

（7）1993年，曾任美国SEC首席会计师的舒尔茨激烈的抨击了FASB对资产的定义，认为该定义过于空洞和概括，难以准确地理解与操作，认为资产应具有交换能力。舒尔茨进一步提出了自己对资产的定义："现金，取得现金或服务的合同性（契约性）权利以及能够单独销售变现的项目。"尽管这种定义采取了半列举式，没有反映出资产的本质，但他当时对资产的批判很具有启发性。

同年，国际会计准则委员会也提出了一个定义："资产是一项作为过去活动的结果而为企业所控制的资源，由此所产生的经济利益预计在未来将流入该企业。"这是最早提出"企业所控制的"和"经济流入"两项特点的资产定义，已经初步回归了资产定义的本质。但在这个定义中，仍然没有明确提出资产定义的本质是什么，没有强调经济利益流入对企业价值的影响。

（8）1996年，萨缪尔森教授在《会计理论中的资产概念》中也对FASB的资产定义进行了批判，指出FASB对资产的定义仍然延续了佩顿和利特尔顿的收入/费用观。他将资产定义为"财产权"（property rights）或"财产未来服务的权利"（rights to the future service of wealth）。

2.2.2.2 英国对资产的定义

1999年英国会计准则理事会（ASB）颁布的财务会计概念框架——"财务报告原则公告"（statement of principles for financial reporting）将资产定义为："资产是由于过去交易或事项的结果而使一个主体能够控制未来经济利益的权利或使用权"，是一种"权利和其他收入。"与美国FASB对资产的定义相比，ASB对资产的定义存在以下不同之处：（1）ASB认为资产的本质不是未来能产生经济利益的财产项目本身，而是由财产产生经济利益的权利或使用权。（2）在论述主体与产生未来经济利益的权利或使用权的关系时，ASB强调是"能够控制的",而不是"所取得的",这是较为正确的观点。

2.2.2.3 澳大利亚对资产的定义

在澳大利亚 1995 年颁布的财务报表概念（SAC4）中，将资产定义为："资产是主体由于过去的交易或其他过去事项的结果所能控制的未来经济利益，'资产的控制'意味着资产为寻求主体的目标而具有对主体的获利能力，并且不允许或控制其他人对此项利益的接近（SAC 4，Par. 14）。"该定义与美国 FASB 的资产定义非常相似，指出了资产所必须拥有的两个特征：（1）强调了带来的经济利益是未来的经济利益，（2）这种未来的经济利益必须为主体能够控制。

2.2.2.4 加拿大对资产的定义

在加拿大 1992 年的会计准则推荐书手册中，资产被定义为："资产是由于过去的交易或事项发生的结果而被一个主体控制的经济资源，从这些经济资源，主体将可能获得未来的经济利益。"该资产的定义类似于 IASB 对资产的定义（见下文）。

2.2.2.5 国际会计准则理事会对资产的定义

国际会计准则理事会（IASB）在 IASC 1989 年颁布的《财务报表编制和报告的框架》基础之上，于 2001 年形成了"IASB Framework"，在该框架中，对资产定义为："一项资产是企业控制的一项资源，它是过去事项的结果，从所控制的资源中预期有未来经济利益流入企业。"

2.2.2.6 我国的资产定义

我国经历了从计划经济向市场经济的转变，所以在 20 世纪 80 年代之前，会计核心要素资产的描述中没有交易的概念，而是资金占用的概念。因为是计划经济，当时国内市场中只有分配没有交易，因此在资产的概念中，只有资金占用和分布的解释，没有反映资源可以被企业运用的性质和特点，也不考虑资金可以带来未来经济利益的本质，因为在计划经济时代，企业没有做大做强的需求，只需要完成国家下达的指标就可以了，所以企业不仅很难有效地配置资源，而且也不在乎未来经济利益的流入。这个时候的资产定义，具有很浓重的计划经济色彩。

1992 年，我国的会计制度开始向以欧美为代表的国际会计制度学习靠拢。在 1992 年颁布的《企业会计准则》中，对资产这一概念进行了大幅度的修改,明确提出了资产是企业拥有或者控制的经济资源,并列举了财产、债权和其他权利。资产是企业拥有或者控制的能以货币计量的经济资源,包括各种财产、债权和其他权利。在这个定义中实际上强调了三点:一是企业必须拥有或控制,即强调了企业对资产的使用权;二是强调这种资产必须能够以货币计量,人力资源等不能以货币计量的,则不能确认为资产;三是强调了资产的范围,包括财产、债权和其他权利。相比于20世纪80年代,资产的定义指出了现有的资产可以被企业拥有或控制,虽然这个拥有和控制具体范围是什么,这里并没有给出明确界定,但是至少可以看出,在1992年,国内市场的氛围开始逐渐有了市场经济的特征,企业的需求开始着重于未来的经济利益流入,企业也可以拥有和配置自身的经济资源。虽然在这个定义中,仍然强调货币计量和经济资源,但是这个定义综合运用逻辑定义法和列举法对资产的概念进行界定,逻辑严密易操作,已经有了很大的进步。这个进步与当时的环境和改革开放等政治社会因素是分不开的。

在2000年的时候,资产的定义又有了一定的变化。与1992年的会计准则相比,就资产定义而言,新定义从两个方面对旧定义做了补充完善。一是新定义指出资产必须是资源,但没有规定是经济资源,也就是说,新的资产定义也包括人力资源、信息技术、自然资源等非经济资源,资产定义的外延得到了扩大;二是强调了未来经济流入,旧定义中强调的是"能以货币计量",但随着时代发展,不是所有的资产都拥有实物形态或者可以用货币计量,因此,可计量属性不是资产的本质特性。新定义的变化主要与外部环境有关,没有强调经济资源,因为在现代企业中,经济资源不是最重要的因素,在新兴行业、轻资产行业,经济资源相对来说在企业中的比重在下降,诸如信息资源、人力资源等在过去不受重视甚至从未出现过的资源,在现代社会中对企业的影响愈加重要,因此在资产定义中,此处需要调整;没有强调货币计量,也是因为现代企业对一手交钱一手交货的交易方式已经越来越不感兴趣,现代企业的业务也很难做到每一笔都用货币去计量。现代社会中越来越丰富的支付手段和交易方式都在不断地推陈出新,以满足交易双方的需要,使利益相关者的利益可以得到最大化,因此,此处对货币计量进行调整是会计制度紧随时代脚步的一个体现。

2006年2月新颁布的《企业会计准则——基本准则》中对资产的定义是:

"资产是指企业过去的交易或者事项形成的,由企业拥有或控制的,预期会给企业带来经济利益的资源。"这一定义从理论上与国际会计准则保持了内在的一致。

通过对世界各国以及学者对资产定义的回顾,有助于我们明确资产的确认与计量的依据。随着全球化进程的加深,对于资产的定义,IASB 与 FASB 出现趋同态势,在最近两者发布的概念框架联合项目中,摒弃了传统的资产成本观、未来经济利益观和权利观,强调了资产是主体的现时经济资源,这一定义实际上是对 IASB 经济资源观的发展与完善。

各国对资产的经典定义及核心观点如表 2-2 所示。

表 2-2　　　各国(国际组织)对资产的经典定义及核心观点

国家 (国际组织)	经典资产定义	核心	共同点
美国 FASB	资产是由特定主体由于过去的交易或事项而拥有或控制的可能的未来的经济利益	未来经济利益观	没有将客体落实在"资源"上,有混淆孳息与原物之嫌,从而会引起误解
英国	资产是由过去交易或事项形成的、由主体控制的未来经济利益的权利	权利观	没有揭示资产具有的为企业带来经济利益的能力这一本质特征
澳大利亚	资产是主体由于过去的交易或其他过去事项所能控制的可能的未来经济利益	未来经济利益观	没有将客体落实在"资源"上,有混淆孳息与原物之嫌,从而会引起误解
加拿大	资产是由于过去的交易或事项发生的结果而被一个主体控制的经济资源,通过这些经济资源,主体将可能获得未来的经济利益	资源观	没有明确资产能够为会计主体带来未来经济利益这一特征
国际会计准则理事会(IASB)	资产是主体因过去的事项而控制的资源,这种资源预期可以为该主体带来未来的经济利益	资源观	没有明确资产能够为会计主体带来未来经济利益这一特征
中国	过去交易或者事项形成的,由企业拥有或者控制的,预期会给企业带来经济利益的资源	资源观	没有明确资产能够为会计主体带来未来经济利益这一特征

无论是国内还是国外,对资产定义的方式方法和侧重点都有所不同。这种

对资产定义的分歧是由很多影响因素造成的。有各国经济体制的原因，对拥有或控制的理解不统一，有观察资产的角度不同（从专业会计的角度和从普通大众的角度）等等，这些影响因素导致了国内外的资产定义发展方向有所区别，有未来经济利益观和资源观的分歧，有借方余额观这种专业性很强、完全是从会计账簿的角度来看资产、难以向大众推广的观点。就目前来看，国际上比较认同的资产观点包含两个关键点：一是企业拥有或控制的资源；二是能够为企业带来未来的经济利益。这两点体现了资产的归属性和有效性，承认了资产就是价值反映的核心，因此被广泛认可。

总体而言，这些定义均带有浓厚的工业经济时代生产模式的烙印，认为资产是以单体设备或机器等形式存在并发挥作用的。即使在对资产的内涵是否是"（可能的）未来经济利益"等关键问题上进行了长期争论，但学者和准则制定机构似乎并未注意到这种脱胎于工业经济时代、强调机器设备等生产资料的资产定义与相关实践、日益复杂的生产模式的不适应和矛盾，也未有尝试对资产是以组合形态发挥作用创造价值这一运行过程中的本质属性进行分析。事实上，在很多情况下，被确认为资产的单项机器设备本身是不能独立运作并带来经济利益的，必须通过不同的设备等生产要素之间的协作进行。"资产组"呼之欲出。

2.2.3 资产的核心定义价值和实务的矛盾

在传统会计中，一直都是以实物形态为计量主体。对于会计的基本职能——反映核算和监督，传统会计的特点是：针对长期资产的反映，以自然实物形态为准；针对实物损耗，以使用时间为单位计提折旧；针对投资活动，以原始或账面价值进行反映。在对资产进行价值计量时，传统会计往往是对形成单个资产为特征的会计反映。

传统会计对资产的计量实际上是存在一定漏洞的。在实务中，单个资产很难产生价值流量，只有多个资产进行组合才可以形成一个完整的价值创造体系。并且，熊彼特也曾经指出，创造价值的必然环节就是创新，而创新就是内部打破均衡，通过不同的资产组合，创造新的价值，从而持续发展。因此，从会计实务到经济理论，都可以发现，企业的价值创造依靠的不是单一资产的运转，而是资产的组合，只有资产的组合才可以形成一个完整的价值链条，这才是会计要素予以计量的资产存在。

现今，价值的创造过程呈现出组合化、系统化、协同化的特点。单一个体的资产很难形成一个完整的价值创造过程，也就很难单独地获取未来的经济收益。只有通过若干资产进行组合，完成一个价值创造的链条，从而作为一个整体系统或循环，才有可能获取未来的经济收益。但传统会计中，对资产的计量仍然采用单一化、实体化的模式，从资产到价值创造之间的逻辑关系被模糊化。经济与社会的发展迫切需要会计对资产计量方式的转变。

在过去的"三流分立、时空分隔"环境下，企业很难控制自身的资源配置，不是说难以掌控其资源配置的过程，而是难以准确预测资源配置的结果。虽然在资源配置的过程中，企业已经同时处于创造价值的阶段，但是在"三流分离、时空分隔"的环境下，企业很难观测与把握到资产进行价值创造的过程与结果，从而使资产的作用定义与实践需要产生矛盾。信息技术的进步与发展使"三流合一、时空一体"成为了可预见的未来环境，信息技术逐渐填平了资产的理论与实务中间的这条沟壑。信息技术使企业在配置资源的时候，可以通过财务信息直接透视业务信息，也可以直接把握资源配置当中的环境与最终配置的效果。这种信息技术带来的是实务对资产这一会计要素的充分尊重，使资产这一理论概念在现实实务中没有被曲解，能够真正发挥其定义在会计理论界中的作用。

2.3 资产组的内涵

2.3.1 传统实物资产计量的困境

会计理论中对资产的定义与现行会计实务中对资产尤其是固定资产的确认与计量，存在冲突之处。在财务会计概念框架中，资产是能给会计主体带来未来利益（现金流入）的经济资源。但在迄今为止的会计实务中，我们一般以资产的自然或实物单位作为确认与计量的对象。其实，现实中资产的自然与实物单元，往往不是一个能给会计主体带来未来利益的单位，无法达到会计确认与计量资产的最低标准，从而无法反映企业价值创造的过程。因此，目前会计实务中有关资产的确认与计量的通行做法，与其资产定义的基本内涵是冲突的，相应提供的财务会计报告，并没有真正地体现现代会计概念框架的内涵。

资产理论与实务的典型悖论产生于传统会计只能在二维世界里展示企业过去的经营状况和成果。现行的资产定义强调资产是能够带来未来现金流入的资源,而在确认计量中,却以历史成本为主,与它的定义相违背。资产会计实务与其基本原理的内在冲突,也导致了现代会计对公司价值创造过程的作用,虽然一再为会计理论界充分肯定,但在现实经济中却找不到多少事实证据。道理十分简单,某种资源为企业所需,必然表现为与企业现有某些资源实现组合,从而形成对价值创造的不可或缺的作用或贡献。企业是资源配置的基本单元,作为市场竞争主体,它以提供满足市场特定需要的产品或劳务为主要手段而谋取利润,企业利润最本质意义上是市场对其提供的产品与劳务的有效性和质量的评判结论。现实中企业作为经济组织,通常是借助于生产要素的整合来提供满足市场特定需要的产品与劳务。生产要素的整合,形成了企业创造价值的能力,这种能力正是现代财务会计对资产定义的基础。可知,只有能够影响到企业价值创造能力才能被确认为资产,而现实中,只有生产要素的组合而非单个要素才能对价值创造能力产生影响。因此,对于资产的确认与计量,必须以生产要素整合为基本标准,而不是如目前以资产自然或实物单位为会计处理对象。

按目前会计做法,以资产自然或实物单位进行会计处理,其结果是对某种实物形态的资产而言,根本无法衡量其对公司价值创造的具体贡献,从而对企业当前会计的每一项资产而言,其对公司价值创造而言根本无法确定其贡献份额。能够断言,当前会计资产处理的通行做法,割裂了资产与公司价值创造的内在联系,不利于会计在控制并促进企业效益过程中发挥应有的积极作用。在以往"三流分立、时空分隔"的背景下,时滞的会计信息只是充当了"综合的结果报告"角色,对资产于企业价值创造作用并不存在"反映与控制"奢望。但是,现在资本的国际化与要素竞争力的动态化,在客观上对企业不断提高自身整合资源的能力提出了要求,必须拥有动态生产要素优化配置的能力。而获得这种能力的前提就是会计能够对资产贡献企业价值创造的方式与程度做出正确的揭示与反映。信息技术的发展与进步,为现代会计实时反映企业资产对价值创造的具体贡献提供了充分的技术保证。本书在现有资产会计基础上,以"资产组"的概念替代传统会计中对资产的定义,以探索资产在企业价值创造中的具体贡献,并在此基础上构建一系列的要素评价体系,从而为现代管理会计制度的创新提供了可能的方向与指引。

2.3.2 资产组的定义

"资产组"并不是新鲜的词汇，学术界对资产组早有明确的界定。为了确认资产减值损失，在国际会计准则（IASB）与我国2006年会计准则中，将资产组定义为"当单项资产的收益（主要是未来现金流）无法确认时而引入的可独立确认未来收益的最小资产组合"。在实务工作中，将资产组运用到企业管理中也早有先例。2007年，资产组第一次被运用到银行业中就取得了卓越的成果，不仅大大简化了资产的评估工作，而且提高了资产减值处理的准确性。

在《国际财务报告准则》第5号中，资产组被定义为"现金产出单元"（cash generating unit），即从持续使用中产生的，可辨认的最小资产组合，该组合的现金流入是基本可以清晰界定和衡量的，与其他资产或资产组的现金流无关。在结合我国资产减值会计实践的基础上，我国借鉴了国际会计准则IAS36中对资产组的界定，在2006年发布的会计准则体系中引入"资产组"的概念，并将其界定为"企业可认定的最小资产组合"。《企业会计准则第8号——资产减值》中提出，资产组是企业可以认定的最小资产组合，其产生的现金流入应当基本上独立于其他资产或者资产组。资产组应当由与创造现金流入相关的资产组成。其中，第8号准则的第十八条规定，资产组的认定，应当以资产组产生的主要现金流入是否独立于其他资产或者资产组的现金流入为依据。同时，在认定资产组时，应当考虑企业管理层管理生产经营活动的方式（如是按照生产线、业务种类还是按照地区或者区域等）和对资产的持续使用或者处置的决策方式等。不难看出，资产组的定义和认定中有三个关键点：首先，资产组是由多个单独的资产组成，这些单独的资产组合在一起共同创造现金流入；其次，根据国际会计准则规定，"资产组"是独立产生现金流量的"现金产出单元"；最后，以"能否独立产生现金流量"这一标准来认定若干单独资产组合是否可以定义为"资产组"，这是为计提资产减值做准备。

本书研究一定程度上借鉴了资产组的这种意义，企业生产经营的核心目标就是实现价值创造，故其资产的使用与产出都应该紧紧围绕着价值创造。因此，在这里将"现金"恢复到其本质"价值"，即对价值产生影响的基本组合称为"资产组"。

认定资产组的最关键依据在于：是否能够独立的产生现金流，即在不依靠其他资产或资产组的情况下，能够产生现金的流入。这种认定涉及到职业判断，因而在认定时需要考虑诸如生产经营的方式、资产使用与处置决策等方面。比如管理层是按照生产线为单位来监管生产经营活动的，那么某一条生产线若是能够独立于其他单位或部门带来现金流，且属于最小资产组合，就可将这条生产线视为一个资产组。

2.3.3 资产组理论研究进展

"资产组"这一概念出现在会计理论与实务中时间不长，但针对资产组的学术研究与探讨却不少。《企业会计准则第8号——资产减值》中将"资产组"定义为："资产组是企业可以认定的最小资产组合，其产生的现金流入应当基本上独立于其他资产或者资产组。资产组应当由与创造现金流入相关的资产组成。"现代企业中，产生现金产出的不再是单一的资产，而是若干资产的组合。对单一资产进行的计量低效模糊，应创新会计计量单位，以"资产组"这一现金产出单元作为计量单位对企业的资产进行计量和计提资产减值准备。

现行会计单项资产往往不能满足现代企业管理的要求。相较于资产而言，资产组具有了能够满足现代企业要求的特点。王秋红、耿广猛在《资产组及其认定探析》中分析到：资产组的特性有以下四点：多样性、系统性、整体性和专用性。在这四个特性当中，作者分别强调了组合的现金流入、结构和功能的整体性和系统性、现金流入的完整性和组合的不可剔除性，这四个特点分别满足了现代企业对会计的多元化、结构化、不可分割性和专业化四个方面的要求。因此，"资产组"概念进入现代企业的管理会计是必然选择。

资产组认定在国内外又有什么研究和比较呢？马江龙、喻见波在《资产组认定方法的探讨》中阐述了资产组认定的国际比较：IAS No. 36 规定，如果资产组的可回收金额与估计相差甚远，或难以产生现金流入，那么只能确定资产的现金产出单元的可收回金额。SFAS No. 144 规定，主要现金流的独立性是资产组划分和确立的依据。CAS No. 8 同 SFAS No. 144 规定一样，资产组的认定应该确保其现金流的独立性，但与此同时，也需考虑企业管理层管理生产经营活动的方式和对资产的持续使用或者处置的决策方式等。由此可见，CAS

No.8 有关资产组认定的有关表述是综合了 IAS No.36 以及 SFAS No.144 中对资产组的定义并进行了细化规定。不难看出,国内外对资产组的认定都保持了相当的热情与关注度,作为一个新的概念,资产组出现在现代管理会计体系当中,必定对企业的管理制度的革新与推行具有重要的意义。

那么资产组在可操作性方面还有哪些问题亟须解决呢?董雪在《我国资产减值会计引入"资产组"概念》中写道:"以资产组为单位计量可回收金额,具有较高的合理性和科学性,但原理出现了,没有配套的操作说明,在实务中难免会存在问题。"资产组在认定的时候除了考虑现金流入,还需考虑管理监管方式和持续使用或处置的决策方式;资产组在计量的时候应参考可回收金额还是适当引入公允价值。这两个问题在资产组实践过程中是亟须解决的问题。

2.3.4 资产组的分类

在明确了资产组的定义之后,如何对企业中现有的资产进行重新组合规划形成合适的资产组合是建立资产组体系的第一项工作。相关学者按照传统的划分方法,资产组可以分为受控资产和分摊资产两类(如图 2-2 所示)。

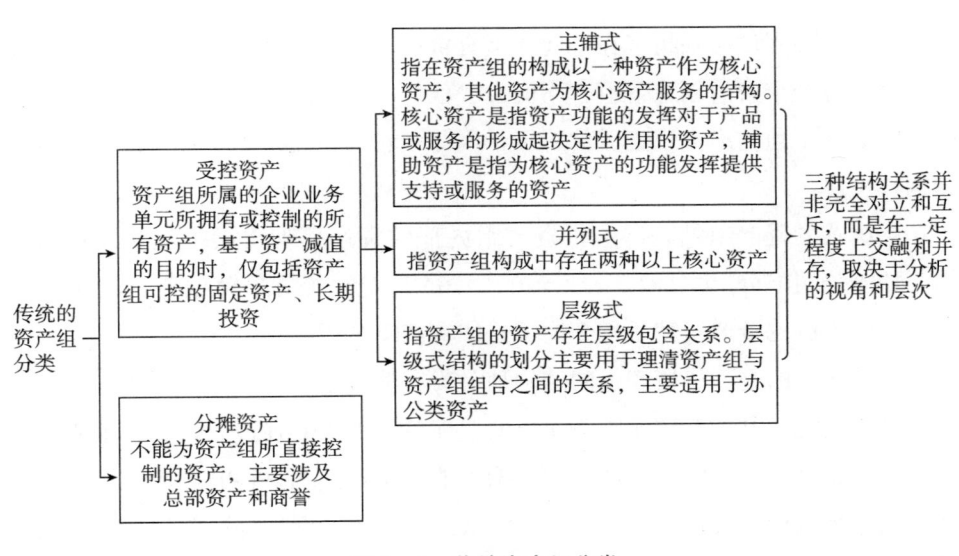

传统的资产组分类

- **受控资产**:资产组所属的企业业务单元所拥有或控制的所有资产,基于资产减值的目的时,仅包括资产组可控的固定资产、长期投资
  - **主辅式**:指在资产组的构成以一种资产作为核心资产,其他资产为核心资产服务的结构。核心资产是指资产功能的发挥对于产品或服务的形成起决定性作用的资产,辅助资产是指为核心资产的功能发挥提供支持或服务的资产
  - **并列式**:指资产组构成中存在两种以上核心资产
  - **层级式**:指资产组的资产存在层级包含关系。层级式结构的划分主要用于理清资产组与资产组组合之间的关系,主要适用于办公类资产
- **分摊资产**:不能为资产组所直接控制的资产,主要涉及总部资产和商誉

三种结构关系并非完全对立和互斥,而是在一定程度上交融和并存,取决于分析的视角和层次

图 2-2 传统资产组分类

2.3.4.1 受控资产组

受控资产即企业业务单元所拥有或控制的资产，从广义上来说，包括了所有的有形与无形资产、流动与非流动资产。由于最初资产组的概念是基于资产减值的目的所提出的，因而需要从受控资产的狭义角度来理解，即仅为资产组所拥有或控制的资产。

资产组是各种资产按照一定的结构组合而成的一个有机整体，在资产组内部，各种资产不是相互孤立的，而是相互之间联系与配合，共同作用、缺一不可的。主要存在三种资产组内部结构：主辅式、并列式与层级式。

主辅式的资产组结构，是指资产组内部呈现出以一种资产居于核心地位，其余资产的存在是为核心资产提供服务的结构。居于核心地位的资产决定了资产组是否能够发挥出功能以及发挥功能的程度。这些资产往往都具有以下特征：一是，它们是资产组创造价值的关键，因而是维护的重点，一旦被毁损，会严重影响资产组的价值创造功能；二是，它们不会轻易被变卖，也无法被替换，因为只有长期持有，才能构成该项资产组，即使进行资产清算，也是最后被变卖的部分。

并列式的资产组结构，是指资产组内部同时包含两种以上核心资产，核心资产之间处于并列的地位。如资产组内同时存在三条生产线分别生产三种零件，但这三种零件必须组装在一起才具有价值、创造收入，若是单独分开就没有价值，资产组若想创造价值就不能失去任何一条生产线。此外，由于这三条生产线具备了独立产生现金流的特征，因此，它们共同构成了并列式的资产组结构。

层级式的资产组结构，是指资产组内部的资产呈现出层级包含关系的结构。如子公司与分厂之间、分厂与分厂中的生产线等之间就属于层级包含关系，它们组成的资产组就是一个层级式的资产组结构。

需要注意的是，将资产组的结构划分为主辅式、并列式与层级式三种，并不是说它们之间是相互排斥与不兼容的，而只是为了更好地分析资产减值的瓶颈问题，相反，在现实中，这三种结构可能是相互交融并存的。比如，分厂资产与其上级机构子公司之间呈现出层级式的资产组，但在分厂资产内部，生产线与分厂资产之间又构成了主辅式的资产组结构。可见，如何划分资产组的结构，取决于分析的视角。

2.3.4.2 分摊资产

分摊资产是指那些的确为资产组价值创造提供了支持，但又不能单独的为某个资产组直接拥有或控制，从而需要在各个资产组之间进行分摊的资产。其特征就是，这些资产难以独立产生现金流，包括企业集团、事业部资产在内的能够对现金流入产生作用的总部资产与商誉就是较为典型的分摊资产。

通过受控资产中有关核心资产的定义与界定，可知核心资产就是在价值创造中起到核心作用与直接支持的资产。按照这一定义，可以将资产初步划分为核心资产与辅助资产，辅助资产即在价值创造中起到间接支持作用的资产。需要注意的是，核心资产是可以并列存在的，即同时存在多个核心资产。另一些资产，虽在价值创造过程中，不能清晰地将其划分为核心资产与辅助资产，但确实是为价值的创造提供了支持，就可以将其界定为分摊共同资产。分摊共同资产往往是那些涉及公司全局或服务于多个业务单元的资产，可以同时为多个核心资产与辅助资产的组合提供支持，此时，按照核心资产、辅助资产和分摊共同资产的划分，资产组往往是层级式的。

2.4 引入资产组改善现有资产相关会计实务的设想

2.4.1 资产组的内涵及应用空间

资产组的认定，是本项研究的基础工作。本书对资产组的认定，不再拘泥于"最小独立资产组"，而是结合生产经营实际和当前崭新的管理模式及公司组织架构，对全部固定资产实行分级分类的资产组划分，用不同口径的资产组涵盖企业生产运行的各个方面。以资产组为主线，重新梳理资产布局，让管理者站在新的高度发现问题、分析问题、解决问题。电网资产独特的物理技术分布特征决定了其会计核算的复杂性，作为对实务和价值运动的反映，会计只有从本质上更切合的展现两者，才能更好地为管理决策提供服务，而分类分级作为核算的口径，其划分合理性直接决定着后续管理工作的效率和效果。

会计天然的使命就是要客观地反映出企业价值创造的情况。"资产组"的界定符合资产的本质职能，能够相对独立地带来经济利益，为会计向理想模式前进提供了有力的支持。不难发现，为了将资产组与企业实际需求紧密联系，从而更好地评价细化后的独立资产组为企业带来的价值实现水平，企业需要对资产组进行分层分级。特别是对于资源密集型的网络形结构的电力公司来说，如何对闭合循环的资产进行不重不漏的科学分组是构建资产组体系的基础工作。

资本或资金预测是指企业对将来进行生产经营活动所需资金，以及扩展业务所需追加资金的估计和测算。目前管理会计中资金预测的方法有比例分析法或移动平均法。这两种方法对指标与指标之间的联系没有明确清晰的关联定量分析，但运用资产组，可以将经济指标精准地测算出来，而且因为是以现金流入为单位，资产组可以使经济指标的来龙去脉变得清晰，有利于资本（金）预测。

成本控制是在生产耗费发生前以及发生过程中，采用一定的措施以对各种影响成本的因素加以预防和调节，从而保证成本管理目标的顺利实现。在当前的管理会计体系下，成本的确定和管理都很难实现，因为各种影响成本的因素和条件错综复杂，单个实物资产很难测算其减值折旧等损耗。但以资产组为抓手，就可以通过现金流入量等具体的数据测算一个资产组的成本损耗，进而可以以资产组为单位对企业的资源实施成本的管理控制。

在目前的管理会计中，会计计量以实物资产的自然形态为单位，已经形成了固有的会计计量模式，但这种模式难以以货币形式准确计量企业的资源，而以资产组为单位，就可以通过现金流入量来准确计量企业所拥有资源的多少，从而使会计计量更贴近会计实务的需求。

风险控制是指采取一定的措施与方法，将风险事件发生的可能性降低、消灭，或是在风险事件发生时，减少风险事件所造成的损失。目前的管理会计对风险事件的发生可能性仍然基于事件为基础，以事件为单位测算风险，在此基础上再进行管理和控制。而以资产组为抓手，可以让管理会计以资产组为单位测算每个资产组所承担的风险，因为一个资产组就可以形成完整的价值创造和现金流入的单元，所以以资产组为单元预测和管理风险，易测算、易衡量、易控制。

2.4.2 基于资产组的管理模式

网络信息技术的发展，改变了旧有的经济模式，也给会计信息的相关性与有用性带来了巨大的挑战。由于资产组能够更好地揭示企业创造价值的过程与模式，从而生成更符合时代需求的会计信息，因此，有必要引入资产组的概念并以此为基础对会计理论与实践进行重构。如前所述，企业的价值创造过程往往是复杂的，呈现出组合化、系统化、协同化的特点。仅仅凭借单一的资产很难形成一个完整的价值创造过程，也就很难单独地获取未来的经济收益。往往是通过若干资产进行组合，完成一个价值创造的链条，从而作为一个整体系统或循环，最终获取未来的经济收益。因此，会计计量方式需要根据信息技术发展和价值创造模式的发展进行转变。

随着信息技术的发展，会计的理论与实务缝隙在日渐缩小，无需再局限于对单一实务自然形态的资产进行计量，而是可以运用资产组进行统筹把握。资产组的计量方式存在如下特性：（1）作为影响价值的基本单元，资产组的基本着眼点为"价值"。资产组脱胎于资产组合的减值计提，在概念中，影响价值的"最小"颗粒才是资产组，因此，资产组就是价值创造的基本单元；（2）对于资产的投资额，传统的资产概念与核算只能通过初始价值或账面价值来反映，无法体现会计在反映企业价值创造中所起到的作用，但资产组可以比较出投资与资产创造价值的能力，进而可以反映出会计在企业价值创造中的作用；（3）传统意义上的单个资产，没有形成体系化的评价模式，而资产组的概念涉及从资产的占用、使用（耗费）到实现的全过程，从而可以形成系统化的控制与反映体系。

综上，不难发现，相较于以往的以单个自然实物状态的资产，基于资产组对企业信息进行整合这一环节在最小颗粒、主要指标以及控制依据方面更能体现资产会计理论中对于企业价值创造动因的概念，在根源上解决了会计理论与实务发展之间的内在矛盾。当资产组的管理制度引入企业层面后，企业的价值创造过程就可以以资产组为单位进行观测和控制。每一个资产组都是一个价值创造和现金流入的单位，形成了一个个既独立又相互联系的价值实现的过程。这样的企业管理模式对企业的价值创造和提升起到了关键的作用。将资产组分层分级，便于管理层更细致地管控资源配置和价值创造的全过程，通过对各个资产组的评价来整合对整个企业的评价，对各个资产组的报告来宏观把握对于整个企业情况的了解。因此，将基于资产组的管理制度引入企业层面，是十分有必要的。单个资产与资产组的特征比较如表2-3所示。

总之，确立资产组概念为核心的管理会计制度，可以使现代会计适应经济社会科技发展而在企业价值创造过程中发挥系统的信息引导及决策支持作用，搭建起崭新的理论框架从而彻底变革现代会计实务。

表 2-3　　　　　　　　　　单个资产与资产组的特征比较

区别	单个资产	资产组
最小颗粒	以自然实物形态来反映长期资产；形成单个资产为特征的会计反映	价值创造基本单元成为资产组反映最小的颗粒
主要反映指标	以原始或账面价值反映投资	以资产创造价值的能力和其所需投资的比较作为反映的核心
主要控制依据	按照使用时间反映损耗（折旧）	控制所要关注的主要指标是价值创造、资源占用和耗费、价值创造能力的实现

第3章
企业资产组识别及价值创造过程分析

在传统的财务会计中,资产减值的理论有两个标准,其中一个是净变现总值概念,即卖出该资产所能得到的补偿,从这个意义上来说,能够用自然形态的资产来衡量;但是,企业持有资产并不是以变现为目的,而是为了提供满足社会需要的商品和劳务。在经济学中,将提供商品和劳务整个完整的过程理性地归类为价值创造和实现的过程。

紧紧围绕价值概念所搭建的资产组,与传统的基于自然实务的单个资产最为标志性的区别在于其构建的基础。基于价值创造的资产组为管理者开辟了一个在现有资产的基础上看待企业价值过程的新窗口,然而,仅停留在最小价值创造单元抑或是单纯把组织整体作为一个资产组难免管中窥豹。因此,基于资产组的价值创造图谱的形成还倚赖于科学、合理的资产组分级分层。

学者们对于资产组的研究大多无法脱离财务会计资产组值测试的范畴,局限于"最小资产组"的概念,在企业管理中将其广泛运用到实践的例子较少,因此,对资产组的分级分层差不多处于空白状态。为了使资产组能够从本质上反映价值运动的过程,并贴合实务工作,有必要将资产组进行分级分类,通过合理的划分来为价值创造落地提供基础,提升后续管理与生产工作的效率与效果。

3.1 企业资产组的划分:组织维和业务维

在我们现有的认知思维中,有三个世界存在:第一个世界是能够真实触摸观察到的实物世界。第二个世界是第一个世界反映在我们思维当中的信息世界；第三个世界就是去伪存真充满了真理和正确思维的认知世界。资产组的实体存在就是企业的价值创造过程，这一实务运转的过程就是第一世界的存在，而会计所要关注的是怎样将实务世界发生的事项转化到信息世界中去，在第二世界中表明资产组实体存在的信息状态。资产组探讨的就是如何在信息流方面更完整更有逻辑地表达企业的资源配置和价值创造的过程。为了描述资产组这一信息流，需要将这个信息流建立框架，资产组是将第一世界中资产的实体存在在第二世界中反映建立起一个信息流的框架。

这个信息流框架达到两个作用，其一是真实、全面反映公司价值创造的内在结构规律。公司价值创造的内在结构和规律是什么，企业是怎样运作其内在结构，从而形成完整的价值创造闭环，实现价值的。这些问题可以从第一世界中企业实务运转的过程来回答。其二是满足管理控制与决策的信息流产生了组织维。资产组信息框架一是为了反映价值创造的客观现实，并为了满足管理决策的客观需要，两者兼顾，那么价值创造实体过程的信息框架是如何反映和运转的，从管理控制组织维角度的信息框架又是怎样反映这个企业的管理过程的。两个维度合在一起共同形成资产组所需要的信息框架。

对于资产组的认定，任何能够带来利益流入的都算做一个资产组。作为价值创造与实现的单元，企业本身就是一个资产组，作为企业所有资产的集合体，此时企业组织资产组是最大资产组。资产组切入公司组织层面，每一个组织层面的资产组按照资产组功能大小划分相应的级别，不同的层次；最小的颗粒是最基本的层次，一个企业是作为层次最高的资产组，影响价值的基本功能单元是最小资产组，从最大资产组到最小资产组是 n 个层次。这 n 层资产组的确定离不开在依据组织业务维进行双重划分。这是因为，企业的经营过程就是基本的价值流程，而企业的经营过程是由组织管理与生产作业所共同协助完成的。

一方面，从组织维出发，立足于企业的管理口径，通过管理精度的提升、管理对象颗粒度的缩小，让企业管理服务于价值创造，真正实现管理过程与价值创造过程的对应。另一方面，从业务维出发，企业从原材料的购买投入到生产产出的过程也是价值流动的过程。因此，资产组分级亦从两个方面下手：业务维和组织维。

3.1.1 业务维：基于业务原型的价值流动

对于任一企业来说，资源协同作用的发挥是企业作业环节的基础。公司的价值创造过程，决定资产不能以实物形态发挥作用，只能是依靠提供生产和服务的流程，满足生产与服务加工制造活动的要求，也就是说，资产组必须要在实际实务中形成作业链，作业的开端、中间端以及末端事实上是由众多不同实物形态的资产组合而成，在功能上形成匹配的。而传统的会计恰恰在这个方面缺少深度的分析，公司存在的活动事实上并不需要一个实物形态的资产，资产存在于企业唯一的价值所在必须要加入到作业链、生产线中去，在作业链、生产线的过程中必须要有它存在的所不可替代的职能和作用。以往，会计对资产确认忽视了这一点，而粗略简单地按使用实物予以计量。企业的经济活动本质为价值管理活动，所有的资产负债收入成本都可以看成是价值的流动。各级生产销售层带来的收入几乎是企业价值链实现的终端与末端，因而还需要采用一定的分配方法把末端产生的现金流还原到更高等级上。作为一个独立的成本核算单元与现金产出单元，资产组的划分标准必须考虑到价值流流动。

产品的生产与销售的流程也是企业价值实现的流程，遵循这一原则，价值创造的分摊应该是基于生产销售的物理流动与布局。当前，不是所有的企业都可以形成完整的价值链循环，目前尚未完全形成闭环的企业有很多，每条生产线或销售线都是相对独立的。无论是环网还是非环网，瞬间的价值创造都是单向、一对多的，因而能够以静态的资产组划分方法和口径来实时地反映资产组价值地图。

为了衡量单一资产组的效益，必然涉及对其收入的计量，只有带来利益流入，才能核算资产组的效益，也才能独立对其考核、评价。因此独立的利益流入单元的统计便成为资产组的必需组成部分。此次对企业的资产组认定，遵循会计准则中的定义，同时结合生产经营实际，以"能够产生未来经济利益流入"为标准，凡是包含价值流入的最小单元，均可以作为资产组。

3.1.2 组织维：基于管理架构的责任追溯

资产组与生俱来存在一个基本的属性类别——组织区域。资产组的分级需要与各层级的组织结构协调起来，将之归属于不同的责任主体，从而解决了一些难以准确划分权限的问题。同时，组织维度划分能够覆盖所有的地理区域，因而组织维度视角为所有的资产能划分归类到资产组提供了保证。

由于组织区域的划分具有独占性，这就意味着每个资产都能够直接找到自己的责任主体，而不存在共用、模糊边界的问题，这为管控与考核提供了抓手。企业可以在原有的对各管理层级和组织区域的考核办法上，加入资产组的分级分层，进行更加明确细致地划分责任中心，从而更有利于准确地落实责任主体。在后期的实际应用中，无论对于具有多个子公司、分公司的企业，还是针对企业本部本身，组织维的划分都具有深刻的应用价值与理论意义。

对于从组织维角度来看的资产组，不仅仅是实物资产可以如此划分，任何的作业流都存在于一定的空间中，资产的这一内在要求决定资产仅凭借生产作业流还不能完全实现其价值。作业流的存在需占用一定的空间（产房、办公地等）实物形态，空间本身也是资产，空间为资产的存在并发挥其作用提供了保证。例如在生产过程中需要厂房，在管理过程中需要办公空间，在维修过程中需要车辆和工具等。具体的实物生产资产形成了核心资产和辅助资产。核心资产和辅助资产组合起来可以创造现金流入；而具体的实务生产资产所需的空间形成了企业的间接资产，对核心资产和辅助资产形成了一定的空间和时间的划分和控制。

根据独占性而划分的资产组，具有非常明确的成本中心和责任中心。各层级资产组的划分和考核明确有力，有利于企业整体管理水平的提高。当企业各层级资产组管理者的管理水平有所上升，资产组中的资源配置有效性得到最大发挥，这时，资产组的价值实现和创造的效率最大化，从而达到从整体层面来说的整个企业价值创造的实现与提升优化。

3.1.3　其他划分原则的考虑

在传统企业中，尤其是历史比较悠久的企业，从组织维度对企业进行管控是非常合适的管理体系和控制手段。因为在传统企业中，已经形成了考核人事代替考核岗位的重要性，组织维度对于传统企业来说非常重要，当企业以组织层级的绩效来考核个人的时候，组织维度对于企业的组织来说就起到了关键性的作用。但是，在现代企业中，社会转型不断加快，以考核人事的方式来代替考核岗位已不再流行，未来企业的考核制度发展状况更多的是认岗不认人、认单不认人、认市场不认人，在这样的信息一体化的环境中，对于人事的组织维度上的考核已经不再适用，因此需要更多的考核维度来对企业资产的配置效率进行考核。

3.1.3.1 市场维：基于市场需求的价值创造

对于企业来说，销售是必不可少的环节。尤其对于轻生产重销售的企业来说，市场需求对于企业的销售方向发挥了引导和决定作用。公司的价值创造过程中，将产品销售出去，将对价融入企业的资金链这一环节十分重要。而这一过程，决定了资产的本质就是为企业带来经济利益的流入，因此，资产不能以实物形态发挥作用，而是应该形成一个价值创造实现的完整过程，满足市场需要。只有资产组能够在整个企业运作的末端（即销售环节），能够满足市场对产品、对企业的需要，根据这种需要调整企业的战略和产品的设计，才可以最终满足市场和客户的需求，也能完成整个企业基于市场需求的价值创造。各级生产销售层是整个企业价值链的几乎全部收入的实现终端和重要组成部分，因此，根据市场需求对资产组进行划分，是必须考虑到资产组的分层分级一个影响因素和划分标准。

为了衡量单一资产组的市场需求满足情况，必然涉及对其市场需求的满足情况的计量，只有能够清晰地判断市场的需求，并且及时通过资产组的运作能够满足市场，为企业带来利益流入，才能核算资产组的效益，也才能独立对其考核、评价。因此独立的市场满足单元的统计便成为资产组的必需组成部分。对企业资产组的认定，也可以通过市场份额或者企业对市场需求的满足进行划分，对其分层分级，将市场因素作为资产组的划分标准。

3.1.3.2 订单维：基于市场需求的价值创造

订单是现代企业运作的驱动力。企业通过订单来占领市场、开拓市场，满足其发展的需要。要实现订单，现代企业需要做的是靠订单去采购，为订单去制造、为订单去销售、为订单而加大市场竞争、为市场竞争而提高品质质量，从而通过销售产品而赢得利润。订单不仅仅是利润，订单业务数量多不代表利润高。应视其为动力，订单可以提高生产力和产品质量。这都离不开现代物流系统的支撑。物流带来了订单的采购，从而使采购不再成为库存，制造不再是制造库存。相反，若是没有物流，就不会有订单采购，而没有订单采购的销售，就是处理库存，而且以降价的方式迅速的处理，久而久之，往往就导致一些企业不能承受而停产，最终受不了市场竞争而不攻自破。然而现代企业还是这种重蹈覆辙的现象并不少见。这是造成现代市场上无质量地打价格战的根本原因。一味地以降价来取得竞争优势，就会带来亏损，进而停产。可以说，订单是维系现代企业存在的命脉。现代企业应以先从订单着手进行持续不断更新和改革。其中管理是重中之重，也是市场立足之根本。

所以，在现代企业中，尤其是在小微企业，订单是企业的主要流动载体。针对这样的企业，资产组的分层分级可以依靠订单的流动方向，根据订单的市场认可和最后完成等环节制定资产组的分层分级，从而满足现代企业对资源配置的方向上的要求，对资源配置有更深层次的理解和更细致的划分管控。

值得一提的是，就企业整体而言，就是一个更大的资产组，下属的各组织部门是其子资产组。无论是按照技术分级还是按照组织维度划分，各级别的资产组都能够找到上一级别的资产组，明确这一点可为管控考核提供思路。

对于业务流来说，整个价值创造的实现过程都是通过业务流的各个环节来完成的。将业务流的各个环节分配到每个层级的资产组中去，以资产组为抓手管理业务流程的各个环节，让资源在每一个业务流程的环节里都能得到最有效的配置和使用。通过这样的分层分级的方式，细化管控每个业务流程的每个环节，从而改进整个业务流程的规范运作，提高每个业务流程的资源配置效率，最终达到促进整体企业的价值创造水平并持续优化的目的。

综上，本书按照业务维度和组织维度对资产组进行划分，对资产组分级，从而为进一步为核算做好准备性工作，同时，更有利于会计信息与业务信息的融合，真正实现价值创造和管理过程的一体化。

3.2　企业资产组的构成

3.2.1　资产组单元的组成

根据资产服务职能，对于企业的整体资产，可以将企业的资产分为受控资产组和分摊资产。受控资产组可以通过管理层级维度和技术维度进行详细的划分，而分摊资产难以单独产生现金流入，需要通过一定的匹配原则，才可以具体划分至每个层级。其中，受控资产组也分为核心资产和辅助资产。

根据是否可直接与直接资产进行匹配，本书将间接资产分为：可直接匹配的核心资产、可直接匹配的辅助资产、分摊共同资产。

对于企业中的资产组来说，辅助资产相对于核心资产，是不直接为生产提供服务，但是组织管理企业必需的资产。辅助资产通常与企业的管理指挥场所有关，如企业办公地点，以及为管理提供活动的工具等。对于可以直接匹配的核心资产和辅助资产来说，不能将两者生硬地分开，而是应该站在整体层面，将核心资产和辅助资产结合起来，可以形成完整的价值创造过程以后再统一进行资产组的分类。分摊共同资产是为若干同级或者不同级资产共同提供服务的生产用资产，而无法将其与某层直接资产对应。作为资产组管理的基础工作，必须首先将分摊资产正确分配于各相关资产组或资产组层次。

根据可控性和服务对象，所有的资产都可以归为某一资产组，某一企业资产可能为若干资产组提供服务，但总能找到更高级资产组来完全包括它，让所有的资产都包括在这个资产组中。但这样简单的划分并不利于企业管理水平的提升：分摊资产是企业的资源，它的使用如果不能合理地计量、考核，使用效率低下或滥用是可以预见的。如生产修理用的工器具、车辆，为单个资产组服务，如果不将它分配到各个层级的资产组，一则无法正确衡量各层级资产组的实际收益，二则也不利于对各层级资产组的后期运营总量进行控制，三则扭曲收益后带来的后续资源效率配置低下。因此，将分摊资产与受控资产组进行匹配是必要的，更是高要求的。所谓匹配是指按照不同口径将资产进行分配的过程。通过对不同层次的资产组进行评价考核，从而反映资产的健康状态和使用效率，进而优化现有资源和下一步投资。匹配的关键在于抓住驱动因素，即成本动因，而这可以通过对资产流程梳理和服务对象的分析来得到解决。

将企业的资产组分类清晰了以后，理清资产组与资产组组合的关系，明确资产组的上下归属就显得尤为重要。某一管理用资产一般为若干资产组共同提供服务，如上一层为下一层的若干资产组提供管理支持。管理用建筑物、企业设备大多属于管理用资产。但与上述两类资产相比又有其特殊性——不直接为生产提供服务，因此将其分配到所服务的下一层资产组是没有意义的。对此，进行上下层级的分配对于计量资产来说，是十分重要的。

至此，核心资产、辅助资产和共同分摊资产共同构成了资产组。

在资产组的营运过程中，由于资产组的设定就是以现金流入为单元而设定的，所以可以预见的是，在企业中资产组的最小颗粒就是企业的最小现金流入单元。当一个完整流程已经可以完成现金流入企业这一活动，就可以认定这个流程是一个资产组。同理，对于企业来说，资产组的最大口径就是这个企业本身，因为企业本身的使命就是实现其价值创造，因此对于企业来说，整个企业的现金流入就是这个资产组的营运成果，最大资产组与企业组织是同口径的。

基于上述对业务和组织的原理性分析，企业对资源的配置需要从业务流和组织流出发，从资产的时间状态出发，形成可以带来现金流入的资产组。在企业的资产组中，有核心资产、辅助资产和间接资产之分，而核心资产、辅助资产和间接资产已经为资产组的建立和管控作用的发挥起到了分门别类的作用。每一种资产在资产组中发挥的作用不尽相同，通过资产在实践中存在的规律也不尽相同，但可以通过这种规律，使资产组在实践中管理控制得到很好的发挥。

3.2.2 各层级资产组的逻辑关系

资产组各层级指标的逻辑关系有从下往上的加权平均、汇总求和，从上至下的迭代分解、减法求余，这是指标分为绝对指标和相对指标决定的。绝对指标上下级之间存在汇总的关系，因此上下层级的指标可以直接进行运算，上级资产组的数目是下级的汇总数。而相对指标由于存在分母的原因，上下层级资产组的指标无法直接进行加减运算，故需要加权与迭代，而若要将指标任务由上层传导下层，则需要用迭代分解的方法。

在考评企业的绩效时，各个综合指标的上下层不仅定量关系有严格的逻辑公式，其定性关系也十分明确。上级资产组指标由下级指标汇集加权而成，下级资产组指标支撑着上级资产组指标。一方面，只有低层级资产组指标普遍提高，更高层级的资产组指标才获得大幅度改善；另一方面，当高层级资产组获得改善或者出现异常时，可以沿着资产组层级的方向分解，追溯责任源头，从而对应地维持进步或者提出改进措施。

3.2.2.1 定量关系

在考核各层级资产组时，无论是横向延展还是纵向追溯，都有着相互作用的联系。对于横向延展来说，同一层级的资产组之间有着相辅相成的关系。从纵向追溯来说，每一层级资产组对上层资产组都是支撑支持的作用，而对下层资产组都有解释追溯的权利，这样上下贯通，形成了考核资产组层级体系。

资产组各层级的逻辑关系是从下往上的汇总求和，从上至下的迭代分解。同一层级资产组相互并列，虽然分别可以形成现金流入的最小单元，但是也共同作用，为上一层级资产组服务。上下层级资产组之间具有汇总分解的关系，上级资产组的数目是下级的汇总数，下层级资产组状况也可通过上层级资产组进行透视分解，上下层级相互关联、相互作用。

作为上下级资产组，在计算方式上有一定的逻辑关系。其上一层资产组应是下一层资产组资产量之和加分摊资产的总的资产量。推而广之，设下一级资产组资产量为 $a_{1,2,3,4,5,\cdots,n}$，上一级资产组分摊资产为 b，上一级资产组本身的资产组的资产量为 m，则上一级资产组与下一级资产组在这一指标上的逻辑关系是：上一级资产组的资产总量 = $a_1 + a_2 + a_3 + a_4 + \cdots + a_n + b$。

3.2.2.2 定性关系

在前述的资产组的定量关系中，各个层级资产组的上下层不仅定量关系有严格的逻辑公式，其定性关系也十分明确。上级资产组由下级资产组汇集加权而成，下级资产组指标支撑着上级资产组指标。一方面，只有低层级资产组效益普遍提高，更高层级的资产组效益才获得大幅度改善；另一方面，当高层级资产组获得改善或者出现异常时，可以沿着资产组层级的方向分解，追溯责任源头，从而对应维持进步或者提出改进措施。上层资产组涵盖下层资产组，那么下层资产组的优良能够为上层资产组的效益提升奠定良好基础，层层递进，最终带来整个企业创值能力的提升与优化。同样，上级资产组的良好表现也会层层反映到下层资产组上。这样的定量与定性关系为下面资产组的评价与报告奠定了基础。

3.3 基于资产组的价值创造体系

反映和控制是会计的基本职能。控制建立的基础是有效、完整的反映，而基于资产组的会计体系所反映的就是公司的价值创造过程（如图 3 – 1 所示）。因此，价值管控的基础工作是如何准确反映企业的价值创造和价值创造的可持续性。

同样，从管理流和业务流角度出发，可以看出，业务流是价值创造的直接载体，而管理流为价值创造提供了保障作用。价值创造的直接载体是静态效果，对于企业来说，是一个时期的经营成果，讲求的是价值的最大化；而价值创造的保障作用是动态过程，对于企业来说，是能够持续经营的管控保障，讲求的是管理能力的改善与提升。两者相互融合形成完整体系，从起点—过程—终点这三个环节入手，形成一个完整的价值创造实现的闭环，并循环往复，不断提升价值创造的效率和效益。业务流可以通过资源占用少、费用消耗小、产品的产量和质量高等指标来衡量其效率和效益，完成价值创造；管理流通过对起点、过程、终点的持续监督和控制来持续保障业务流的各个环节和各层级资产组是否可以做到高效率和优效益，保证价值创造的可持续性。业务流和管理流两相结合，分别从静态和动态两个层面实现价值创造和价值创造的可持续性。基于业务环节和组织管理，形成了以价值提升为导向的业务运行与资源配置评价体系和以管理尽职为导向的经营能力与可持续性评价体系。这两个评价体系相互结合、相辅相成，共同完成了对企业整体宏观的评价体系。

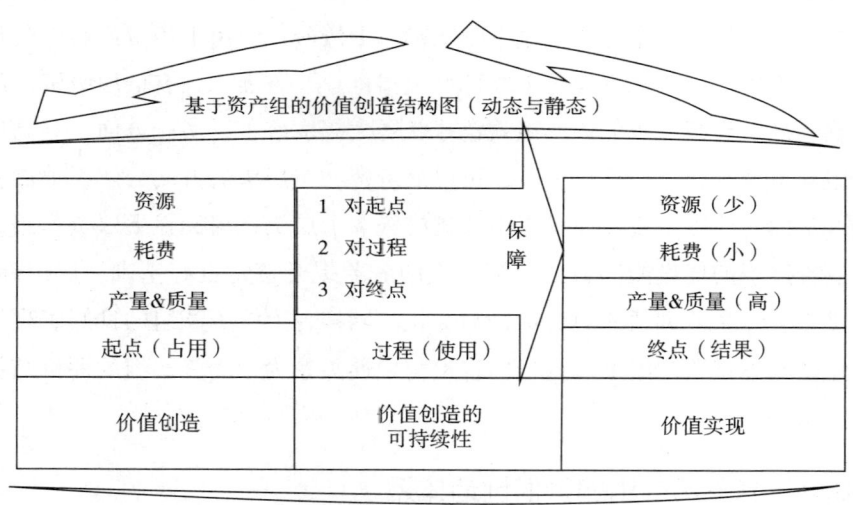

基于资产组的价值创造结构图（动态与静态）

资源	1 对起点	保障	资源（少）
耗费	2 对过程		耗费（小）
产量&质量	3 对终点		产量&质量（高）
起点（占用）	过程（使用）		终点（结果）
价值创造	价值创造的可持续性		价值实现

基于资产组的
资源优化配置与管理尽职贡献框架

图 3-1 基于资产组的价值创造体系

通过对资产组的价值创造结构图进行剖析，可以发现，指标体系的功能无非作用于两大块：一是资产静态增值维护问题；二是企业动态价值创造问题。由于资产组的视角就是企业价值创造的视角，因为公司价值创造是本期能力的表现，而本期的可持续发展在后期的价值创造中会体现。因此，整个指标体系会产生一个闭环效应。此时，从"起点"价值创造通过可持续性的"过程"实现价值创造的"终点"，而本期的终点又是下期的起点。时点、终点是时点指标，过程则是时期指标，时点与时期共同构成一个指标闭环，以实现持续优化和改进。

从而，资产组能够回答：
- 公司本期价值创造；
- 价值创造的可持续性。

起点的价值创造与终点的价值实现是对企业价值创造水平的评价，是业务活动范畴；而过程的价值创造的可持续性则是对管理能力的衡量，属于组织整体。与前述的组织维与业务维视角相吻合。这是由于公司的价值流程是在组织与生产作业的共同作用下生成的，两者相辅相成又辩证统一。首先，组织维考核的是企业的管理能力，而业务活动维则落实到企业资产作业所创造的价值上；其次，组织维从整体的层面出发考察管理者能力的高低，依靠的是业务活动来落地。综上，评价体系构建所需考虑的是针对不同业务环节形成的资产组选用哪些指标来对组织与业务活动做出综合性考量。

将反映价值的过程与反映价值实现的过程的信息点放入资产组信息框架，形成不仅在动态上能反映公司价值创造的过程，同时又能有效、全面控制整个公司价值创造与实现所有的活动。这在传统会计工作中几乎是不可能的。

资产的取得形成资源，而这个资源就是资产组的表达方式。那么，企业取得的资产一方面表现为资源，即价值创造，另一方面表现为企业在竞争中优势所在（资源的多少），即价值创造的可持续性。取得后，企业可以通过对资源的优化配置来使自身的资源价值得到最大化，从静态体量和动态增量两个方面展现自身的资源优势。从静态体量方面，就是企业在竞争中所占资源的多少，价值创造可以在整个行业中所占比例份额如何；而从动态增量方面，企业通过配置自身资源如何使资源消耗效率最高，产出最多资源占用最少，产出的数量最大质量最好，这些都源于企业自身对资源的配置效率和管理能力的强弱，能否在现阶段产出效率效益达到最大，这种高效率的价值创造的可持续性能达到多少。只有这两点都能做到，企业才能表现出自己的竞争优势，在行业中立于长久的不败之地。

公司价值所在就是满足社会经济发展与人民生活消费的需要。因此，公司的价值在于以最少的资源占用、最小的费用消耗、最高的质量和最低的售价将产品提供给客户。从而，下一步工作就是将资产组的评价体系依托于资源占用、费用消耗、质量与售价方面的指标。

资产组的持续优化发生在资源优化配置的每个环节。一般来说，先对已有投资的效益进行评价，进而根据评价结论，结合当时该资产组的运营状况和未来销售情况预测及运维投入预测，基于各类生产技术规程制订改进方案。系统自我纠偏，在每期的预测后，整个信息系统需要实现一个持续优化与改善的过程，在系统中对比销售量、收入、成本等信息，进行偏差计算与处理，选取合适的模型，以不断调整企业考评的准确率和有效性。

3.4 价值提升导向的业务运行与资源配置

3.4.1 资源的优化配置

公司可以看作是资源的集合，通过资源的联合作用创造价值。在资本来源一定的情况下，如何将企业的有限资源合理配置便成为企业价值提升的关键。通过建立对资源优化配置的进行管控的考核机制能够帮助管理者直观了解、把握企业资源配置效率，通过横向对比认识差距，通过纵向对比考察改进，从而发挥会计的反映和控制职能。

作为一个市场主体，企业的生产经营往往以实现利润最大化为目标。若想获得利润，就需要使自己生产的产品所花费的个别劳动时间低于社会必要劳动时间，即个别价值低于社会价值。在竞争激烈的市场上，只有那些劳动效率高、产品个别价值低于市场价值的企业才能获得利润，具有相对的竞争优势。而那些劳动效率低、个别价值等于或高于社会价值的企业则会在竞争中处于劣势，从而被淘汰。在这样的市场竞争机制下，企业就会从自身利益出发，主动采用措施改进经营管理，以提高劳动生产率，这将会进一步带动整个社会生产力的迅速发展。

3.4.2 基于资源优化配置的评价

通常评价企业的资源配置效率可以从投入产出角度考虑，企业资源的投入可以分为资产和费用两块，产出为产品和服务的数量与质量。高效的资源配置意味着资源占用少、费用耗费小、产品和服务数量多且质量高。因此，价值指数的核心指标为反映资产、费用、销售量、产品质量四种因素的加权综合。其基本指标应为单位资产收入，反映企业资源创造价值的能力，尤其是长期资产的利用效率，辅助指标为单位资产产品量、单位资产费用、人均单位资产、人均产品量。

　　单位资产收入考察了资产和收入两个核心财务指标。长期资产作为沉没成本，只有充分利用产能，才能获得价值的补偿，从管理会计的角度来说，产量越高，单位产品固定成本越低，发挥了经营杠杆的作用。企业的收入越高，流动资产周转率越快，其机会成本亦越低。综上，通过单位资产收入可以衡量企业的经营效率，有利于督促管理者加快资产周转，避免盲目投资。

　　单位资产产品量作为单位资产收入的辅助中间指标，刨去价格的因素，有利于经营者站在生产的角度考虑问题，可以比较直观地反映生产的数量和效率，结合投入可以反映生产的资源配置情况。缺点是没有考虑外部市场情况，可作为单位资产收入的辅助参考因素。

　　单位资产费用考察了企业费用控制水平，这里的费用强调的是总的费用水平概念，是资源在当期的投入。其中，单位资产费用是从物的角度，考虑实物资产的资源配置效率和效益，是否能够充分发挥人力资源的积极性和有效性。这个指标反映了费用状况，从实物资源的角度看待和控制费用，可作为单位资产收入的辅助参考指标。

　　人是企业的核心资源，是企业最大的竞争力所在，尤其是一些重技术、轻资产的企业更是如此。限于当前会计发展阶段制约，没有很好地对人的因素进行确认计量。人均单位资产用来反映企业的人与物的配置选择。在人均单位资产这一指标中，企业可以结合人和物两个方面，看资源配置的人均效用，这反映了人力资源对实物资源的影响，将两种企业的重要资源结合起来，更能反映企业的整体效用水平，可作为单位资产收入的辅助参考因素。

　　产品或服务的质量是企业的生命线，是企业经营的底线。在产品过剩的今天，如果产品或服务质量都不能达到要求，无疑输在起跑线上。所以，企业可以将质量问题均摊至人力资源上，因为质量问题大多是与人力资源的积极性和有效性结合在一起。通过人均产品质量这个指标，将产品质量在生产环节的考核指标与人力资源结合起来，可以观察出企业产品的质量高低，可作为单位资产收入的辅助参考因素。

3.4.3 评价结果的分析

如上节所述，从投入产出角度来说，新投入的效率越高，产出效益越大，企业的资源配置自然越好。评价企业的资源配置如何，可以从资源占用、费用消耗、产品服务数量和质量四个方面评价。前两个方面是从投入来看，企业投入资源和耗费，资源占用越小，费用消耗越少，证明企业的资源配置投入越小；后两个方面是从产出来看，企业的产品服务数量和质量越多越高，说明企业的资源配置产出越多。如果企业做到了开源节流，既可以投入小，又可以产出高，就说明企业的资源配置整体效率很高，企业得到的评价也很高。因此，资源配置可以作为抓手，评价企业的营运效率。

3.5 管理尽职导向的经营能力与可持续性

3.5.1 管理的尽职贡献

价值提升导向帮助管理者理解本期的经营成果，但没有反映其原因和是否具有可持续性。基于价值创造可持续性的管理尽职贡献有利于帮助企业的经营者评价企业的管理水平，并在此基础上对企业未来的经济效益进行预测。管理能力指数侧重于对企业流程、员工尽职的考察，流程的改进优化、员工的尽职表现是企业良好运行的显著标志，也是企业的核心竞争力之一。通过对这些过程性的考察，让管理者了解企业的日常运行情况，发现管理突出问题，进而实现可持续发展。

与价值创造与实现注重结果的出发点不同，组织管理本就是一个遍布全流程的活动。因此，其对于保障价值创造可持续性的贡献是包括起点、过程与终点的全流程。

3.5.2 基于管理尽职贡献的评价

管理能力从费用控制、流程优化、员工尽职和顾客满意等管理要素出发，基本指标为单位资产费用和人均费用，辅助指标为流程优化指标、员工尽职指标和顾客满意度。

人均费用考察了企业的人均产生费用水平，该指标综合反映了人力资源对费用控制中的巨大影响。之所以将这个指标作为核心指标，是因为这个指标反映了人才资源的稀缺性和现代企业对人力资源的重视性，尤其对于劳动密集型企业和高科技企业，工资是主要的费用支出，资产价值相对较小，此类企业采用人均费用水平评价成本控制更为合适。

流程优化和员工尽职在不同企业表现和侧重不同，前者侧重于在实物资源方面，例如流水线的生产效率，各个环节的效益效用等；而后者侧重于人力资源，考察得更多的是企业的人力资源的积极性和尽职尽责的程度。两者分别从实物资源和人力资源方面考察，而这两种资源作为管理能力衡量标准的重要组成部分，其地位是毋庸置疑的。

随着生产者市场朝着消费者市场的转型，消费者的需求驱动生产的观念日渐鲜明，企业广泛地将其运用于生产管理实践。顾客满意度是指一件产品的绩效满足顾客期望的程度。顾客满意度指标反映企业的产品和服务水平，是对企业创造价值的肯定，是企业获取超额收益的源泉。如果顾客满意企业的产品与服务，就会将这种满意的体验传授给其他人，这在无形中就提高了企业的知名度与影响力。需要注意区分的是，顾客的满意并不等于顾客的忠诚。因此，顾客满意度是企业的目标之一，只有让顾客满意才可以使企业长久地发展下去。所以，顾客满意度也可以作为管理尽职贡献的辅助指标之一。

3.5.3 评价结果分析

如上节所述，从管理能力角度来说，费用控制得越好，流程优化越先进，员工越尽职尽责，顾客越满意，该企业的管理效率就越高，效益就越好。评价企业的管理能力如何，可以从费用控制、流程优化、员工尽职、顾客满意四个方面评价。前两个方面是从物来看，企业费用和生产销售流程，企业管理费用、财务费用和销售费用控制得越好，费用耗费在了刀刃上，证明企业的投入效率越高；在流程优化方面做得越多越先进，越可以从流程的控制方面管理企业；同样，后两个方面是从人来看，企业的员工越尽职尽责，客户对企业的产品越满意，证明在企业中，人力资源和市场资源的运用效率越高。如果企业做到了实物资源和人力资源的能力都发挥得很好，既可以在实务资源中获得价值创造，又可以在人力资源中确保价值创造的可持续性，就说明企业的资源配置整体效率很高，企业得到的评价也很高。因此，管理尽职尽责指数可以作为抓手，评价企业的管理能力。

3.6 以价值提升与管理尽职为导向的资产组评价体系

资产组评价体系如表 3-1 所示。

表 3-1　　　　　　　　　　资产组评价体系

	评价维度	评价指标	指标意义
价值提升	资源	单位资产收入	考察资源配置的效益
	费用	单位资产费用	从实物资源两个方面考察企业的资源耗费大小
	产品服务数量	单位资产产品量	从实物资源的角度考察产品生产的效率
	产品服务质量	人均产品质量	从人力资源的角度考察生产的质量
管理提升	费用	人均费用	从人力资源两个方面考察企业的资源耗费大小，进而考察管理能力的大小
	流程	流程优化指标	从流程和环节入手，考察流程优化的程度和对环节的管控
	员工尽责	员工尽责指标	从人力资源的角度考察员工的积极性和有效性，从而考察企业的管理能力
	顾客满意	顾客满意度	从客户入手考察企业最终实现价值的有效性，从而考察企业的管理能力

从价值提升到管理提升，整个指标体系从两个评价维度入手，分别从静态和动态考核企业的存量与增量。存量为一定期间内的经营成果，即价值提升的效果；增量为持续经营的保障过程，即管理提升的效果。从静态来看，价值提升的效果可以从投入和产出两个角度来衡量，投入越少，产出越多，投入产出比越低，说明企业的资源配置效益高，价值提升效果好。其中，投入可以从资源、耗费两个角度，分别描述企业可支配的资源和企业为生产投入的费用；而产出可以从产品的产量、质量这个考核指标来衡量，对于生产销售来说，数量质量两不误才可以说明产出的价值得到了实现和提升。同样，从动态来看，管理提升的效果也可以从费用、流程、员工和客户四个维度来考核。费用越低，对于资金投入的要求就越小，可以提升资金运转的效益；流程越优化，对于实

务资源的管控力度越大，可以提升实务资源的运用效率，保证每一个环节的运营和增值；员工越尽职，企业的人力资源就可以得到充分的发挥，从而使企业人力资源的积极性和有效性得到效率的最大化；而顾客越满意，就可以使生产和销售的产品得到功能上的满足，企业生产和销售的产品得到了价值的实现，从而完成了企业的使命，完成了价值实现的过程。

通过对整个报告体系的分类，可以发现，指标体系的功能无非作用于两大块：一是价值创造；二是价值创造的可持续性。资产组的视角就是企业价值创造的视角，因为公司价值创造是本期能力的表现，而本期的可持续发展在后期的价值创造中会体现。因此，整个指标体系会产生一个闭环效应。此时，从"起点"价值创造通过可持续性的"过程"实现价值创造的"终点"，而本期的终点又是下期的起点。时点、终点是时点指标，过程则是时期指标，时点与时期共同构成一个指标闭环，以实现持续优化和改进。

第4章
基于资产组的会计信息体系及会计职能提升

资产组的建立,将对传统的会计确认计量的信息结构做出变革。过去,相对简单的经济业务、经济活动、经济规模与经济关系使会计的货币计量确确实实解决了许多问题。但随着企业规模的扩大、业务的复杂,在资本国际化、要素竞争力动态化的背景下,公司价值创造的因素贡献的内在结构产生了变化,对企业的资源整合能力与优化提出了更高的要求。此时,很多的因素已不能通过传统货币计量的一一对应所能解决的,过去单纯的货币计量与公司价值的偏差越来越大。

从这种意义上,在货币计量之外还应引入其他综合计量,并将之广泛应用于实践之中。可以说,当今会计发展最为重要的特征就是将综合计量发展的新成果更多地推广到会计实务中去。长此以往,通过不断地吸收与兼容,完成了管理会计的定型。

价值是对企业的生产经营的抽象与量化,对于管理者的重要性不言而喻。与此同时,真正为价值提供支撑的是那些难以用货币计量的企业日常管理实践。因此,资产价值和业务管理密不可分,资产价值集中体现了业务管理水平,业务管理水平的高低也会影响企业价值的表现。现在,需要做的是立足于货币计量(财务),在尽可能的范围内将一些非货币的综合计量指标纳入资产组计量当中,以试图缩小会计信息过程与公司价值之间的距离与隔阂。这样,使形成的新的信息产出结构更能适应企业发展对会计制度和会计工作的要求。

4.1 基于资产组的会计信息生成及使用

4.1.1 各层级资产组的报告制度

报告作为会计工作的重要组成部分,其体系设计要以尽可能提高会计的反映和控制职能作用为目的，以年、月、周、日为周期的报告制度便契合这一点。一方面，不同会计信息需求者对时间属性兴趣点不同，因此，报告体系要在成本收益约束前提下尽可能增加时间属性的维度，提高报告反映的信息量，年、月、周、日符合企业日常运营和管理的习惯，梯度合理，便成为时间属性的四个维度。另一方面，会计控制职能要求报告体系是可分解，内在统一的。随着信息系统的落地，每时每刻都有约束它的指标存在，为了保证年度指标正常，需要通过月、周、日的指标来加以控制。

标准、差异、改进，是控制的一般模式，这都要求控制目标的具体化。年、月、周、日的报告体系设计利用时间维度的长短包含特征，可以沿着时间维度，将标准、差异分解，为改进提供直接依据，从而有利于控制职能的发挥。从而，通过标准的纳入，能够建立基于资产组价值的动态反映控制系统。

在现有的制度下，为了最大限度地发挥会计的职能，采取了固定式与触发式并行/相结合的信息披露与报告模式。首先，针对不同信息的层次特性，设置日、周、月、年定期报告制度——固定式；除此之外，为了弥补实时信息反映的缺位，也为了避免造成信息的冗余，对于那些突发、紧迫以及重要的信息进行专题性报告——触发式，这部分的信息属性作为不定期的实时信息存在。

4.1.2 固定式报告在价值管控体系中的类别与功能

选定指标体系后，在理想状态下，资产组的评价结果应做到实时反馈，但是受限于企业信息化水平，价值创造的全过程与结果并不能及时反映。目前，所能达到的最短报告周期是天，仍有超过一半的指标的时间属性是月、年等较长周期。显然，这与实时报告的初衷并不相符，然而现阶段所建立起的报告体系需要考虑系统所能达到的水平，因此，不同时间跨度的报告对应不同的报告对象、目的。比如说企业的年、半年报主要服务于外部的投资者、债权人，而月、周报告一般服务于企业的管理层。一个好的报告制度应是长短期报告结合，针对不同报告接受者传递展示匹配信息的结构化、综合化报告体系。根据管理者需求和现实可行性，本书将资产组报告体系分为年、月、周、日四个维度，定期反映资产组的运行状态和结果。

不同时间跨度的报告对应不同的报告对象、目的，比如说企业的年、半年报主要服务于外部的投资者、债权人，而月、周报告（如果有）一般服务于企业的管理层。一个好的报告制度应是长短期报告结合，针对不同报告接受者传递展示匹配信息的结构化、综合化报告体系。根据管理者需求和现实可行性，本书将资产组报告体系分为年、月、周、日四个维度，定期反映资产组的运行状态和结果。

其中，价值创造是企业的目标，而健康安全生产是企业价值创造可持续性的保证。因此，健康安全生产与价值创造共同构成一个基于资产组价值创造与实现的支撑体系。具体如下：

- 年报：资产价值创造综合能力水平，即结果；
- 月报：资产价值创造能力发挥状况，即进展；
- 周报：资产价值创造基本驱动因素保障状况，即措施监测；
- 日报：资产价值创造核心资源的作用状况，即基本因素动态观察窗口。

4.1.2.1 年报告的功能

年度报告反映资产组的价值创造水平。年度作为比较长的经营周期，结果能够相对排除意外因素的影响，能够反映管理者的努力程度和管理效果，因此，一般也是对管理层考核的基本时间单位。年度报告主要服务对象为企业的投资者、债权人、中高层管理者，他们主要关心企业的外部环境、挑战和机会等宏观层面，因此，年度报告一般采用财务指标，通过财务结构化的结果刻画企业的运行状况。

对于年报告来说，报告的使用者可以系统观察到本年的资产运营和维护状况，对于本年的健康安全生产和价值创造有一个宏观的把握。对于各级资产组而言，健康安全生产和价值创造也在"年"这个相对较长的时间单位里有一个长时期的累计过程。另外，年报告的使用者也可以结合连续几年的报告数据来进行未来关键数据的走向分析，对当前年度的动态业绩和静态设备状况进行较为准确的评定，也对未来几个年度的资产运营和维护状况有个较为宏观的预测和把握。

4.1.2.2 月报告的功能

月度报告反映资产组价值创造能力的发挥状况。对于月报告来说，报告的使用者可以看到本月的资产运营和维护状况，也可以结合连续几月的报告数据来进行未来关键数据的走向分析。一方面，资产运营状况就是价值创造的具体表现，将收入和成本细分，可以更加精确地分析收入的来源和成本的去向。另一方面，资产的静态增长和维护状况。例如，资产在本月折旧如何是否稳定等指标可以反映出资产在本月是否健康安全地运营了，而且也可以反映预测出资产在下月是否也可以继续健康安全地运营。

月度作为结算的基本时间单位，销售销售收入、现金流、成本等资料都可以有效获取。月度报告主要服务于企业的管理层，以财务指标为主，非财务指标为辅。月度报告生成后，管理层可以采用标杆、标准成本制度等方法，比较优劣，追溯原因，考核主体。

4.1.2.3 周报告的功能

周报告反映资产组价值创造基本驱动因素的保障状况。周作为相对较短的时间单位，与员工的工作时间节奏保持一致，员工一般安排制订周计划，尽量将任务在周末之前完成。周报告主要服务于企业的管理层、基层工作者，以非财务指标为主，财务指标为辅。周报告主要反映流程、员工尽职等管理方面因素。

周报的阅读群体更加广泛，报告对象不仅是财务部门的主任与专职，也能够对业务部门的同事的工作起借鉴作用。之所以要周汇总周报告，就是因为周报告兼具了静态资产的增值维护和动态价值创造两方面的问题。一方面，资产静态的增值维护问题在周报告包含的日报告中有所体现，周报告中会将今天发生的各资产组发生的运营异常报告其中，由此对健康安全生产问题做一个解释；另一方面，对于价值创造来说，从周报告中可以看出每周的业绩成果在各个资产组的业绩表现如何。

4.1.2.4 日报告的功能

日报告反映资产组价值创造核心资源的作用状况。日作为报告制度最短的时间单位，也是员工的基本工作时间单位。日报告主要服务于中低层管理者和基层操作者，指标大多为非财务指标。日报告主要反映资产的销售量和销售稳定状况等运行情况。

随着崭新的信息系统的搭建，在系统初运行阶段，提供的应该是最为基本的信息。对于日指标来说，越是基础的信息，所需要报告的周期越短，而要尽可能每日掌握。一方面，资产的静态安全问题溃于蚁穴，需要实时监控以防不测；另一方面，对于价值创造来说，每一次价值创造都是积累而成，观测每一次价值创造的积累，及时发现漏洞所在，对企业来说也是见微知著的必要环节。

4.1.2.5 各周期报告之间的内在联系

日、周、月、年报告构成一个相对完整的报告体系，它们之间存在的反映与支撑的关系。一方面是时间由短及长的因素，随着时间的积累，各种指标也在累计汇总；另一方面是背后的财务指标、组织流程和驱动因素之间的逻辑关系。一般来说，高层更关注宏观性信息，中层更关注流程信息，基层更关注操作方面的信息，而这些分别与日、周、月和年报告的内容相联系。驱动因素持续提高，流程不断优化改进，财务深刻展示结果。

具体来说，日报告反映基本因素的作用效果，是价值创造端口；日汇聚成周，基本因素持续发挥作用的结果可以用来判断流程是否合理，驱动因素的保障状况；周汇聚为月，流程持续作用就是企业的运行过程，月报告可以用来判断企业价值创造能力的发挥状况；月汇聚为年，每月的价值创造表现汇总便可以很好地表现资产组的价值创造水平。反之，亦可以通过反方向发挥报告体系考核控制作用。年报告是财务指标，与公司的战略目标直接相关，年报告目标分解为月度报告目标，即每个月价值创造的表现，月报告效果的改善需要流程改进的支持，这对于驱动因素的保障提出了要求，最后落实到日报告，管理最前线。

类似地，在整个报告体系中，每一层级的报告实际上都对上下层级资产组的报告负责。对同周期的各层级资产组来说，每一层级的报告实际上都对上下层级资产组的报告负责。对上层级的报告来说，下层级报告是解释追溯的作用；而对下层级的报告来说，上层级报告有一个加权汇总的统筹作用。

对于不同周期的报告中，周期短的报告能够对周期长的报告起到解释追溯的作用，同时，长周期报告可以以时间为尺度从多个短周期的报告中看见其发展性与延展性。综上，报告体系日、周、月、年不同周期的反映与支撑构成一个闭环，从日到年是层层汇聚，反映的层次不断深化，从年到日层层分解，帮助管理改进，战略目标的实现。

4.1.3 触发式报告在价值管控体系中的类别与功能

企业的触发式报告是为将来的实施报告做铺垫和准备。随着信息化的发展，在理想条件允许的情况下，企业可以实行实时报告，对重要指标实时汇总随时播报，从而形成信息报告与反馈的最佳模式。但是由于当前信息报告的不完善和技术条件的限制，目前企业只能建立日—周—月—年的信息报告体系和结构，而对于那些与生产关系重大的指标，例如安全、质量等模块，只能采用触发式进行代替。

触发式报告是指由事件驱动，相对于定期报告而言，具有偶然性，类型也更为复杂。不同企业的不同方面的触发式报告各异，企业应依据重要性原则，判断设计适合本公司的触发式报告体系。一般来说，触发式报告是定期报告的有益补充，当企业由外在的环境变化或内在的生产经营发生异常变化，或在项目告一段落时产生，通过对影响因素的监控、研究分析进而给出实施建议。

触发式报告与定期报告相互补充，可以形成一个全方位的报告体系。触发式报告可以报告对各环节的监督控制，主要起到了预防的作用。在事件驱动的影响因素下，触发式报告可以第一时间告诉企业的经营管理者风险的存在，让管理者可以以最快速度处理危机。这是定期报告很难做到的，因为在事件驱动因素的影响下，环境变化或经营发生异常变化所要求的是时间的紧急性，只有触发式报告才可以做到时刻关注异常指标并迅速上报，从而对定期报告进行补充，使整个企业的报告体系不仅可以从宏观上整体把握企业脉络，也可以从微观上防微杜渐，在环境发生变化或经营发生异常的时候，保证企业可以迅速掌握情况，把损失降到最低。

企业应根据公司的实际情况，对可能的风险进行分析，评估潜在的风险概率及可能损失，建立模板格式，最好能实现报告的自动生成。当事件触发，报告模式驱动，信息系统根据事先输入程序进行逻辑分析，生成报告，从而有利于管理者及时了解信息，及时决策。

4.2 价值创造过程及会计信息反映的质量管控

资产组的管理过程并不是一次性的，而是一个循环往复的过程。如果"起点—过程—终点"是一次价值提升的完整闭环，那么管理能力的提升就在于将这样的价值提升的完整闭环再循环往复，并且管控效果在于这样的闭环效率越来越高。对于价值提升的闭环，其保障在于资源配置的有效性，那么在这样的闭环中，企业需要通过对"起点—过程—终点"三个流程重重环节的管控，实现价值创造；而对于管理提升的保障，其重点在于流程优化，将每一个流程与环节的资源和耗费配比，将两者的效率提高到最大。

但是对每一个环节的资源和耗费控制仅靠资产组是无法做到的，因为每一个环节都是由多个小的步骤环节构成，这些小的步骤环节不一定能够产生现金流入，很难组成一个下层资产组，但还是需要对于这些步骤环节进行管理控制。因此，在进行管理控制的时候，仅仅对应到资产组是不够的，要落实到环节、落实到岗位、落实到人员，这里的价值管控就是对各个资产组上的生产流程与环节的管理控制。

反映是控制的基础，同时控制也是反映的具体手段，只有将反映与控制相结合，才能在信息化下找准会计在价值创造中的位置，从而完美发挥会计得到职能。资产组的报告制度只是解决了对于资产组总体而言的信息评价框架，是对企业价值创造与实现过程的完整反映。然而，企业价值的创造与实现嵌入每一个生产环节中，要将价值创造真正落实到日常管理之中，离不开价值管控体系的建立，从而通过价值管控机制实现落地到人、到岗。这些指标都不可以单一地去衡量企业的整体状况，需要一个复合指标来综合反映企业的管控能力与水平，因此，CTQ指标被引入，用来衡量企业的管理控制水平。

4.2.1 管控标准：CTQ

如上所述，当企业需要对流程环节进行管控时，往往以岗位为抓手，对流程中的岗位进行评价考核，以此来鉴定流程的完整性和高效率。当时评价流程中的岗位如何作为是一个很复杂的事情，因为影响的因素有很多，不能通过单一指标来看岗位的效率效益。因此，企业可以通过 CTQ 理论来建立一个复合指标，将对岗位的影响因素设计成复合指标的影响因素，这样就可以通过复合指标来观察岗位的有效性。同时，复合指标也可以进一步细化落实到各影响因素中去，具有透视作用，可以观察异常出现的原因，从而有利于企业进行流程优化和改进。

CTQ（critical-to-quality）有一重意思是品质关键点，该概念常在六西格玛管理中被提及，它的中心思想就是企业提供的产品和服务必须满足客户要求的品质特征。这与体现价值率的原理不谋而合。CTQ 的重要性不言而喻，首先它具有相当的预测性，虽然目前没有发生，但是可以预测未来要发生的隐患；其次，CTQ 具有对长期现状的把握，对解决顽固型不良问题提供依据；再次，它对企业的设计起到了指引的作用；最后，CTQ 追求的是企业运营的便利性，这对现代企业来说是一个很大的需求。

CTQ 是一个复合的概念，因为对品质关键点的影响因素有很多，所以单一的指标很难衡量 CTQ 的高低，所以 CTQ 的衡量指标引入了复合指标的概念。

复合指标是指不同层次的指标体系，对于 CTQ 来说，由于 CTQ 的影响因素较多，运用在企业价值提升和管理能力提升的 CTQ 影响因素就有四个维度，因此只能运用复合指标对其进行评判。运用复合指标，不仅可以比较全面地反映 CTQ 的高低和企业整体的状况，也可以比较精确地判断每个维度的权重和重要性，从而更能够满足企业的需求。

所谓价值管控的复合指标，就是将价值管控的结果用其影响因素对它的影响力大小和影响的效果表示出来。对于企业价值创造与实现来说，企业的价值影响因素无非可以归类到资产、费用、质量与销量这几大方面，所设置的指标离不开该范畴。作为价值管控复合指标，它的高低代表了价值率的大小，即通过最小的占用，最少的耗费，却提供满足社会需要的产品和服务。这一概念与前面论述的价值创造与实现框架很相似。类似地，企业生产经营价值大小的基本信息包括 C（cost，成本），C（capital，资本），T（time，时间），Q（quality，质量）四个部分。因此，可以用其来综合评定资产组的静态增值维护和动态运营状况。这四个评价部分兼具了数量、质量、空间与时间的概念，资产组运用这四个部分可以将财务最终指标与生产销售环节连接，叠加财务业务一体化的存在，可以通过财务直接透视业务，此时，财务指标就是综合体现。

在 CTQ 中，通常用 Y 来表示输出的衡量性指标，用 x_n 来表示输入的原始影响因素，并用公式 $Y = f(x_1, x_2, x_3, x_4, x_5 \cdots)$ 来表示输出和输入之间的关系。

设每层资产组输出的衡量性指标为 Y，而原始影响因素按照顺序，分别将费用成本、资产价值、销售量等设为输入因子 $x_1, x_2, x_3, x_4, x_5, x_6, x_7, \cdots, x_n$。那么可以测算出，在最低层级的资产组中，影响资产组的静态增值维护和动态运营状况的因子可能只有 x_1, x_3, x_6 三个。那么，最低层级资产组的输出衡量性指标计算公式为 $Y = f(x_1, x_3, x_6) = \dfrac{x_3 \times x_6}{x_1}$；同样地，在稍高一层的资产组中，影响资产组绩效评价的可能只有因子 x_1, x_2, x_3, x_5, x_6 五个，所以，稍高一层资产组的输出衡量性指标计算公式为 $Y = f(x_1, x_2, x_3, x_5, x_6) = \dfrac{x_2 \times x_3 \times x_6}{x_1 \times x_5}$；而中高层级资产组，在综合评价资产组的健康安全运营状况和价值创造能力的时候，可以用输出衡量性指标计算公式 $Y = f(x_1, x_2, x_3, x_4, x_5,$

x_6, x_7, $\cdots$, x_n) $= \dfrac{x_2 \times x_3 \times x_6 \times \cdots x_n}{x_1 \times x_4 \times x_5 \times \cdots x_{n-1}}$ 来衡量出各级资产组的效用状况。具体地，针对各层级资产组形成各自的管控驱动因素框架。

4.2.2 管控框架：多层级

与通常意义上的直接控制不同，会计的控制是一种信息控制，即通过提供信息信号来服务于管理决策，而信息信号浓缩体现在指标上，可以说，利用指标控制是会计控制的集中体现。基于此，为了减少高层管理者信息冗余的困扰，并为其呈现有针对性、综合性、简洁明了的信息，基于资产组的价值管控体系的构建思路是通过复合指标来反映。作为顶层指标计算公式的影响因子即为那些影响每个作业环节的价值的因素。影响因子的确定应该由各层级资产组指标总结分类归纳得到，因为只有综合考虑那些衡量资产组方方面面的指标体系，才能保证高层管理者所参照的指标科学、合理、可追溯。

每个资产组最小单元都是人、财、物。运营状态指标能够追溯到人、财、物中去。因此，在人、财、物三要素中落地，生产经营过程中，经历"起点—过程—终点"的转化，人、财、物综合体现在指标中。因此，最终应该确保在人、财、物三者上。企业是人、财、物的集合体，以人、财、物为抓手，找到其中的"短板"；不断改善人、财、物要素，解决瓶颈，最终在确保资产组的切实可控的基础上实现企业价值的日益提升。

具体目标框架如图4-1所示。

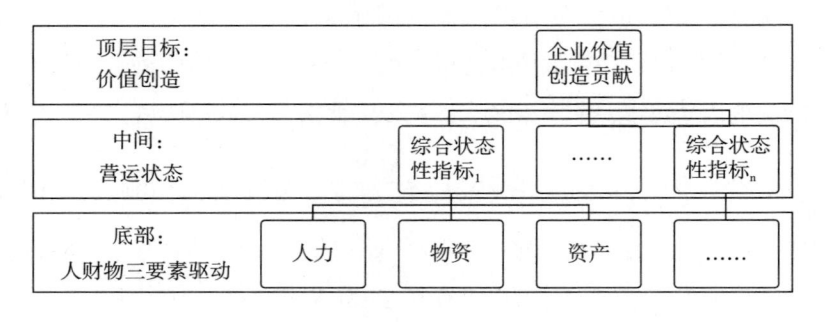

图4-1 价值创造体系

不难发现，即便是融入了人员、物资等科目，这些非财务指标大多数都是带着财务信息的,比如从员工维出发的全员劳动生产率,支持其价值可持续性的指标就是人均售电量与员工人均费用;从实物维出发的容载比,支持其价值可持续性的指标就是单位资产售电量、单位资产售电收入等指标。因此,人、财、物都立足于财务口径,现今会计信息的综合性恰恰能够支持总括性全要素看问题,以财务口径为依托的资产组价值创造与实现模型能够实现一体化考察的要求。

4.2.3 管控模型

在整个指标体系中,引入 CTQ 的理论,正好可以解决如何分部管理控制上述闭环中的各个流程这一问题。CTQ 是一个复合指标,通过对多层级多框架的分解,进而对每一个层级的每一个流程都进行管控,以此从小到大,从低层级到高层级,对整个企业进行持续优化和管理改进。

4.2.3.1 价值创造及其可持续性与 CTQ

企业本期价值创造及其可持续性作为衡量各级资产组的综合性指标,它的高低,代表了价值率的大小,即通过最小的占用,最少的耗费,却提供满足社会需要的产品和服务。在这里,作为本次研究的顶层目标。

CTQ 通过四类基本信息:C(cost,成本),C(capital,资本),T(time,价值创造时间),Q(quality,质量),分别对应到价值创造中的费用、资源、产品服务数量和质量四个维度。因此,可以用 CTQ 来综合评定资产组的静态健康状况。这四个评价维度可以从实物资源和人力资源两个方面,分别考察资源配置的效益、企业资源耗费大小、产品生产的效率和质量等,可以达到评价资产组价值创造的目标。将四类信息综合考虑,形成一个复合型的综合 CTQ 指标,就可以评价企业的价值创造能力,从而对整个企业做出评价。

同样,在价值创造的可持续性中,CTQ 可以匹配到费用、流程、员工、顾客四个评价维度中去。因此,可以用 CTQ 来综合评定资产组的动态经营状况。这四个评价维度可以从实物资源和人力资源两个方面考察企业的资源耗费大小、流程的优化程度和管控程度、员工的积极性和有效性及市场对产品的认可程度。将这四类信息综合考虑,形成一个复合型的综合 CTQ 指标,就可以评价企业的价值创造可持续性,判断整个企业的管理能力,促使企业的管理能力持续优化、不断提升。

每个资产组最小单元都是人、财、物。运营状态指标能够追溯到人、财、物中去。因此，在人、财、物三要素中落地，生产经营过程中，经历"起点—过程—终点"的转化，人、财、物综合体现在指标中。找出其中的瓶颈，不断改善人、财、物要素，并针对各层级资产组形成各层级价值创造体系图。

低层级资产组比较关注资本、成本和质量三个品质。其中，资本和成本是财务因素，对于所有的资产组都适用，考察低层级资产组的资本成本有利于财务管理的精细化，其产品和服务质量也应该进入考核的体系。结合最低层级资产组的资产特点和服务对象，选择针对性的考察大类和指标。具体来说，资产品质考察资产价值，指标为单位资产收入；成本品质考察成本费用，指标为单位资产费用，质量品质考察产品质量，指标为产品质量检测标准。

中高层级资产组不仅要关注资产、成本、质量三个品质，而且还要关注时间品质，因为中高层级形成了比较完整的价值实现闭环，是相对完整的资产组。具体来说，资产品质考核资产价值，具体指标为单位资产收入；成本品质考察成本费用，具体指标为单位资产费用和员工人均费用；质量品质考察产品的质量指标，具体指标为产品生产或销售的指标体系。时间品质考察生产时间或销售时间，具体指标为周转率。

4.2.3.2 人、财、物影响分解

若单位资产收入这个指标较低，人的因素可能是前期发展规划不合理；财务的因素可能是投资预算的可行性分析没有做好，没有足够的资金进行改造；物的因素可能是设备老化，效率较低，也有可能是市场需求发生变化等。

若单位资产费用这个指标较低，人的因素可能是没有严格执行预算，管理松散；财的因素可能是预算松弛，离标杆水平差异较大，费用申报审核流于形式，非经常性重大支出。

员工人均费用，此指标过高，人的因素可能是企业的人员指标太多，应该进行岗位调整、合并；财务的角度可能是成本费用的预算控制执行情况较差；物的因素可能是资产修理维护、成本过高。

单位资产产品量，此指标如果过低，人的因素可能是员工积极性和有效性没有得到发挥，应该及时处理人员积极性的问题；财务的角度可能是在生产线或销售线投入不够，导致资源配置不利，降低了产品生产的效率；物的因素可能是设备老化，运转效率不够等，导致产品量较低。

人均产品质量，此指标如果过低，人的因素可能是员工积极性和有效性没有得到发挥，应该及时处理人员积极性的问题；财务的角度可能是在生产线或销售线投入不够，导致资源配置不利，降低了产品生产的质量；物的因素可能是设备老化，不能紧跟信息和技术的发展，质量落后于社会平均水平，产品质量较次。

流程优化指标，若此指标过低，人的因素可能是员工没有完全按照流程指标来运转，管理松散，应该及时处理流程标准化运作的问题；财务的角度可能是在投入不够，导致流程和环节没有得到充分有效的发挥，资源配置不利；物的因素可能是流程管理中设备不能满足管理需求，实物资产运转速度较慢，不能达到流程优化的标准。

员工尽责指标，此指标如果过低，人的因素可能是员工积极性和有效性难以被激发出来，没有完成既定任务，完成的任务中效率效益也不是很高，应该及时处理人员积极性的问题；财务的角度可能是财务激励不够，对员工的影响因素还不够大，应该合理提高员工的财务激励，使其有效性能够得到充分发挥；物的因素可能是设备与人力资源的不协调，设备太老或太新，如果不能与人力资源相匹配，都会导致员工尽责因素的效率降低。

顾客满意度，此指标如果过低，人的因素可能是员工未对顾客和市场有深入了解，其生产或服务还不够到位，应及时调整，采取重新培训等有效措施；财的角度可能是在生产线或销售线投入不够，预算支出存在问题，应该及时调整预算；物的因素可能是生产线陈旧，生产产品比较落后，不能满足顾客的需求，导致顾客满意度较低，应及时考察市场需求，重新配置资源。

4.2.3.3 价值管控体系

由上面可知，CTQ 的指标是一个复合指标，它由很多因素组成。通过 CTQ 可以透视其下面很多细小的落地指标。在企业中，CTQ 的符合指标可以落实到每个环节的人、财、物三个因素上去。如图 4-2 所示，将 CTQ 的复合指标分解为各个层级的资产组中的各个环节中去，然后通过进一步分解，直到分解到落地的人、财、物这三个最基础的指标中去，从而实现了从上到下、从宏观到微观的对企业的管控体系。

图4-2 企业整体CTQ分解

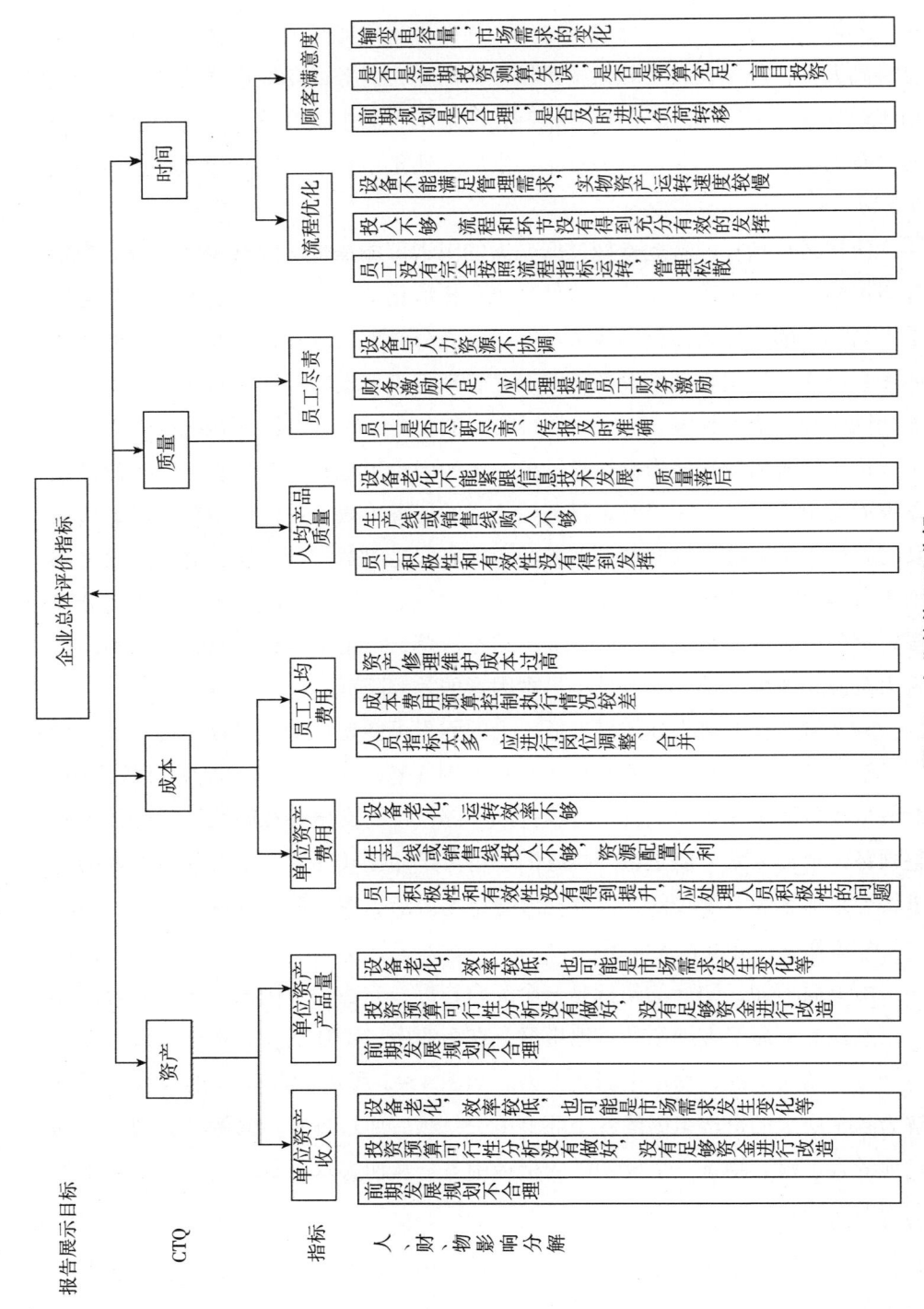

4.3 预期功能及成效

4.3.1 动态反映

会计综合信息流能够完整反映企业的价值创造过程。如果把企业的经营过程比作模特，那么会计可以视为衣服。衣服不可能完全吻合模特的身材，总会有狭缝的存在，但是这反映了会计改进的方向和理论上的追求。此外，重要性告诉我们在相对合身的基础上继续加大投入，则是不符合经济上的成本收益原则。

以往的"三流分立、时空分隔"背景，直接影响了会计信息是事后的传统计量。滞后的会计信息只是充当了"综合的结果报告"角色，只能为已经发生了的事情做统计和分析，不能为信息使用者，尤其是外部信息使用者提供现在正在发生的事情的信息。这在"三流合一、时空一体"的条件下，是不能满足信息使用者的。在信息化发展的今天，现代会计已经拥有了反映综合信息流的技术条件，因此，需要以资产组为抓手，跟上信息化的脚步，满足现代企业对管理会计的需求，不仅仅是反映已经发生的历史，而是做到有效反应，即时反映、综合反映。

综合信息流需要反映和评价的是整个企业的状况。企业的使命不再仅仅是获取利润，从企业建立的目标来说，企业需要价值创造的实现；从企业持续经营的角度来说，企业需要价值创造的可持续性。因此，企业可以通过资产组这一抓手，分别从价值创造和其可持续性两个方面来评价整个企业的状况。价值创造通过起点—过程—终点这个闭环，为企业提供了静态的经营成果；而价值创造的可持续性通过对各个流程环节的管理控制，保障了这个闭环可以循环往复。因此，将两个维度相互融合起来，就可以综合反映企业的整体状况，从而宏观把握企业现状，并能够对企业实现持续优化。

综合的信息流需要通过完整的报告体系来反映企业的价值创造过程。而这完整的报告体系需要全方位地为信息使用者报告有效的信息。这就需要固定式报告与触发式报告两者融合，形成一个完整有效的报告体系。固定式报告体系即日—周—月—年报告体系，分别向信息使用者提供其所需要的信息；触发式报告体系由事件因素驱动，以免企业因为突然的变动遭受更大的损失。由于目前的技术原因，报告体系职能停留在触发式阶段，但随着信息系统的构建和完善，触发式报告可以逐渐转变为实时报告，而资产组的固定式报告体系也将向着实时报告迈进。当信息系统构建完善到一定程度时，实时报告不再仅仅是事件驱动因素，而是将日—周—月—年的相关信息都反映在实时报告当中。这样，实时报告不仅具有防微杜渐的功能，还具有日—周—月—年报告的功能，可以反映资产价值创造综合能力水平，即结果；可以反映资产价值创造能力发挥状况，即进展；可以反映资产价值创造基本驱动因素保障状况，即措施监测；可以反映资产价值创造核心资源的作用状况，即基本因素动态观察窗口。这样，实时报告就可以从宏观和微观两个维度，通过各层级资产组的具体状况，全方位综合地反映企业的情况。因此，资产组存在的意义并不是单纯的评价分析，而是应该落地在对企业的生产经营起指导作用，最终能够促使企业创造价值的提升。

4.3.2 持续改进

会计的基本职能为反映和控制，客观及时的反映是控制的基础，为管控提供了目标、反馈，使控制有了依据。多层级资产组的建立为管控提供了着力点，利用层级间指标的逻辑关系，公司的战略目标在资产组的框架内可以得到分解和落地。这就像人体的血液系统，毛细血管支持静脉血管，静脉血管支持动脉血管，基层生稳态的良好才能保证动脉的畅通。与之类似，动脉出血事故往往造成相对较大的伤害，要对高级资产组给予特别的关注。

首先，资产组的建立减小了管理的颗粒度，按组织维度和组织维度的多层级划分使企业管理者可以获得更多的内部结构信息。报告中财务指标与非财务指标的结合无疑向报告使用者传递了更多的信息，这在很大程度上增强了会计的反映能力。

此外，对于整个企业来说，很难运用单一指标对企业的价值创造和管理能力进行评价，所以一般运用复合型指标，在本次研究中采取CTQ这一复合指标，将企业的评价体系分为了四个维度：资产、成本、时间和质量。通过这四个维度，分别对企业进行评判，每一个维度都有核心指标能够对企业在这四个维度的运营结果做出一个评价。但对核心指标来说，仍然可以将其分解成最基础的人、财、物三个指标，这三个指标可以使从高层到基层的管理者透视出异常情况的存在原因,是真正可以改变的落地指标。

通过整个指标体系,上到复合指标CTQ,下到落地指标人、财、物,从宏观到微观,从高层级资产组到低层级资产组,都可以进行整体把握和细节透视。资源配置与管理尽责关注了企业的经营过程和结果、能力和表现、价值创造和可持续发展,并以简单直观的形式传递给管理者,通过对比差异,人、财、物原因追溯,考核奖惩管理循环,不断促进企业组织、流程持续优化。

4.3.3 不断提升

在企业中,需要的不仅是整个操作系统,还需要一个完整的报告体制。在整个研究中,不仅为企业建立起了一个完整的CTQ指标操作系统,还为企业提供了一个较为完整的报告体系,以促进企业的不断提升。

日、周、月、年报告制度和专项报告制度的设计和建立则做到了会计信息的动态反映,信息只有以合适的方式传递到决策者手中,才能发挥作用,定期报告和专项报告相结合,致力于打造全方位、及时、有穿透力的报告系统。除了日—周—月—年的固定式报告,企业还需要触发式的报告。触发式报告由事件因素驱动,可以及时提醒企业防微杜渐,避免环境变动或经营异常给企业带来重大的损失。

价值的概念在整个资产组研究中的重塑,不再仅仅是获得利润这么简单,而是将企业的生产经营活动聚焦到以下两点:一是企业的价值实现;二是企业价值实现的可持续性。从而,塑造起从起点—过程—终点全方位形成价值创造的闭环,不仅能够在这个闭环中实现价值,而且通过闭环可以循环往复保证整个企业的价值创造的可持续性。

本次构建起的基于价值创造与实现的管理会计制度创新能够将企业所需求的价值创造和价值创造可持续性价值讲明、讲清、并落实,通过CTQ指标体系和价值、能力双评价体系将价值创造及其可持续性具体体现在指标上并从人、财、物三个因素中落地,通过固定式报告和触发式报告相融合将价值创造及其可持续性的具体问题反映给经营管理者。最终,整个体系从理论带动实务、从管理带到业务,实现企业价值的日益提升。

如果把企业运行的过程视为价值管理的过程,那么会计的职能就是管理的眼睛,通过各层级资产组对业务穿透性的描述,让价值表现真正涌现在各层级管理者的视野中。定量化的信息以及建立其之上的定量逻辑分析方法，使管理决策更具有科学性和准确性。如此，会计才能更好地发挥企业价值创造和资源配置过程中的基础性作用。综前所述，资产组提供的综合信息流有助于实现会计的反映和控制职能，有利于发挥会计辅助决策的作用，从而不断推动企业价值的提升。

4.4　基于资产组的会计信息体系与价值创造过程分析与评价的辨析

基于资产组的会计信息体系强调信息的输出，通过专项报告与定期报告相结合的形式综合立体展现企业的经营状况和结果。基于资产估值的价值创造过程分析与评价则侧重于通过建议一套科学可行、真实评价企业管理者绩效的指标评价体系，继而能够做到对企业运行状况的及时监控和干预，二者既有联系又有区别。

一个科学的报告体系不仅在制度上做到及时、准确，更要在内容上完整、可行。在日益重视管理的今天，管理者每天需要审阅的报告已成为占用管理者时间和精力的一件苦事，这完全偏离了报告的初衷，因此需要价值创造过程分析与评价提供合适的报告内容，用尽量简短的内容反映管理的问题，直击要害。同时，好的内容也需要良好的渠道与传播机制，报告体系为价值创造过程分析与评价提供平台，借助良好的报告机制，使监测状况及时传递给相关决策者。

虽然，二者存在上述联系，亦不能将二者关系理解为形式与内容。基于资产组的报告体系尤其是定期报告是企业的立体扫描，其反映的内容不局限于价值指数和管理能力指数所关注的指标体系。基于资产组的价值创造过程分析与评价产生的结果不仅可以用来报告，更可以用来辅助决策、绩效评价与考核。二者既存在交集，又有各自的延伸与发展。

第5章
基于资产组的价值管理体系的构建

前文详细阐述了基于资产组的价值创造过程分析和基于资产组的会计信息体系,分别从评价、报告的角度阐释资产组在企业的功能应用。企业的管理是一个持续、动态的调整过程,对于一个科学完备的资产组体系来说,管理信息系统的构建是其作用发挥的必要前提。

因此,本书提出了价值贡献管理(Contribution)、价值资源管理(Capital)、价值能力管控(Control)、业财融合推进(Convergence)和组织转型推进(Change)的"5C"价值管理体系(如图5-1所示)。

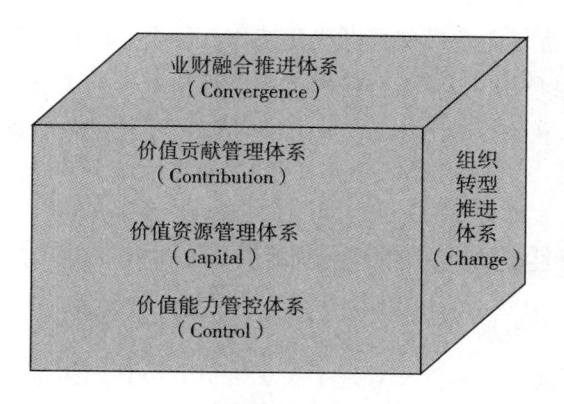

图5-1 5C价值管理体系总体架构图

基于资产组的价值管理体系由以下五个子系统构成:(1)价值贡献管理体系(Contribution)衡量企业资产的质量、健康程度、盈利能力;(2)价值资源管理体系（Capital）度量资源投资的效率、资产的使用状况；(3) 价值能力管控体系（Control）强调报告的日、周、月、年的全覆盖；(4) 业财融合推进体系（Convergence）突出会计信息采集、加工、输出全过程的及时性；(5) 组织转型推进体系（Change）则反映会计对企业战略转型、战略实施的保障能力。

5C之间并非互不关联，而是相互影响与协同促进。具体地，价值资源、价值贡献、价值能力共同描绘了从资源最初的投入占用，经过使用过程的监控，最后形成各异的价值输出结果的包含起点、过程和终点全流程的体系，从而组成一个循环形成价值创造的主体。而业财融合和组织转型更多地提供辅助作用。业财融合系统为价值创造提供了人、财、物一体化信息平台，组织转型则是价值创造的落地与实操的保障。五个方面之间互为前提、互相补充。价值分类管理体系将电力公司的资产按照价值贡献程度进行分类，从技术维和组织维基于价值创造的内在逻辑对原先零散、庞大的资产做了有效的切割，从而形成了能够对资产对公司价值创造贡献程度的差异做出说明。基于价值创造的逻辑关系划分的资产组，与以往从实物形态单一资产视角出发的资产不同，能够将原先性质各异的资产进行横向的比较，从而能够对投资前的资源投向、投资中的资源监测以及投资后评价做出科学、有效的评价，进而真正能够从提升价值创造能力的角度来决定资源配置。管控体系作为对公司持续提升价值创造能力的有力保障，促使企业做好资源优化工作，使企业的价值不断提升，基于业财融合的动态反映体系为以上分析提供基础性信息，处于金字塔的塔底。最后推动组织变革是上述合力的结果，也是基于资产组的价值管理体系在企业战略层面的贡献。

5.1 资产组的价值贡献管理体系（Contribution）

价值分类管理体系是将资产组按照一定的指标进行分类，进而对于不同类的资产组采取不同管理强度和管理手段。价值分类管理体系作为整个价值管理体系的基础，根本性地转变为价值驱动视角，给原先松散、性质各异的资产提供了一把价值标尺，从而为管理者直观、科学地进行各资产效用效益评价与取舍提供了有力的抓手。通过对资产组的细分类，有助于管理者对症下药，减少决策的盲目性，促进企业的精细化管理。

资产组的采用大大增强了会计的业务核算能力和反映能力。基于资产组的分类管理体系能够使企业更好地对资产进行管理，在管理者有限的精力和时间下，帮助管理者把握重点，关注变量因素，而这正是贡献管理体系发挥的职能。通过对资产的分类，按照不同类别的特点施加管理干预，将企业有限的资源投入到创造价值的地方，进而不断提高企业的资产效益水平。

5.2 资产组的价值资源管理体系（Capital）

存量由流量汇聚而成，基于资产组的决策体重点针对覆盖项目全生命周期投资前、中、后的决策分析，以提高每个项目的投资效率为节点，进而提高整个企业的价值创造水平。通过对项目投资的全生命周期把握，投资前期严格审批项目、投资中期寻找成本节省途径、投资后期合理考评，从而提高项目的立项、执行效率。

基于资产组的会计在信息化条件下的帮助下，能够拓展会计的核算空间，将原来纯粹的业务问题予以会计定量化的表述。这在会计职能转变的大环境下，尤显珍贵。信息化赋予会计更多使命，会计人员应主动求变，发挥好咨询服务的作用。就项目生命周期而言，越到后面，改动成本越高，基于历史成本报告的传统会计侧重于事后评价，对管理改善的贡献度较小。基于资产组的决策体系强调主动走向前端，关注业务的需求，使会计内嵌于企业的管理决策，这是对传统会计职能的拓展。

5.3 资产组的价值能力管控体系（Control）

反映是控制的基础，反映功能改善将带来控制效率的提升。通过建立定期报告和专项报告制度，使管理者及时了解各级资产组现在的状况，及时进行管理调整。不同分类维度的资产组和上下级资产组之间的勾稽关系为战略落地、目标管控提供落地的平台，这有利于企业持续改进，不断创造价值。

企业的日常经营中资产组信息平台的建立从整体上持续提升公司价值创造的过程提供了保障——资产组报告体系。传统会计财务报告主要以财务数字的汇总，对于非财务信息一般在附注中简单定性说明。基于资产组的报告体系创新报告的形式与范围，致力于扩大业务方面的会计报告，紧密反映企业的现实状况。这些报告，既可以报告公司整体，也可以报告各个资产组。报告体系的建立，使整个公司有了一个全面的动态反映机制，有力地保障了资源配置优化目标。

此外，作为一套嵌入工作实践之中的管理应用体系，包括了从最初的监测报告、研究分析与决策实施三个阶段。三个阶段依次嵌套，互为因果，循环往复实现企业管理的持续改进与提升。

5.4 资产组的业财融合体系（Convergence）

信息化条件为促进业财融合，业务财务一体化提供了有力的契机，信息化绝不是简单网上再现企业的经营过程，而是根据信息化的功能特点与流程管控要求对企业的业务进行梳理、优化。资产组，尤其是分级分层后的资产组为业务流程改造提供了良好的框架。资产组是人、财、物的集合，也是战略、流程、组织的集合。

财务内嵌于业务，记账于发生时。及时性是会计质量特征的重要组成部分，信息化时代数据的传送几乎可以达到实时，计算机的处理速度极大缩短了业务处理加工时间，信息媒介提高了数据传输的效率，这些都极大提高了会计的及时性。

以上只是基于资产组的业财融合的反映体系的静态界面，企业的管理是持续提升的，还要建立动态反映机制，为企业流程优化提供全过程支持。会计本质是信息系统，系统欲发挥作用必须要一个前进的动力，提纲挈领，带领整个系统前进，动态机制的发动机便是前节所述的持续报告体系。报告体系直接呈递给管理者，当其发挥的作用越充分，受到越来越多的重视，督促整个动态反映体系的改进，整个系统便进入良性循环。

5.5 资产组的推动组织转型体系（Change）

企业的组织要为企业的战略服务，与职能互为表里。一方面，资产组作为一个崭新的概念，其建立与发展是对部门制度的有益改进和补充。本报告建立基于资产组的评价体系和报告体系，为了更好地发挥其作用，必然对组织进行适应性的调整。另一方面，资产组为企业提供了管理新框架、思路，业财融合的信息使管理者对企业有更深层次的把握，这些都有利于公司的决策者高屋建瓴，剖析企业的优势与不足，通过资源整合、流程改进，推动企业组织变革，从而不断提高企业的核心竞争力。

市场在不断变化，竞争者的战略也在时刻调整，这对组织转型变革提出了更高的要求。资产组管理创新适应企业组织转型的新要求，其本身不仅是组织转型的一部分，更是通过提供新的视野加速推进组织变革的进程，为组织转型提供了双重动力。

实践篇

理论探讨的目的是为了将其更好地应用于实践。基于上述理论探讨与梳理，南通电力公司从数据采集、系统构建、评价报告、分析反馈等多个方面构建起一套较为合理、科学、可行的基于资产组的管控体系。南通电力公司的大胆创新实践为资产组在全省范围内推进起到了示范作用。

围绕资产组的中国企业管理会计创新，本篇主要包括四个模块：资产组理论框架的构建、资产组指数的形成、报告制度的建立及分析改进（目标模式）和南通市电力公司实践（现行模式）。资产组的理论框架主要介绍了本次资产组江苏省电力公司试点的背景，对电力公司资产组的识别确认思路和资产组的分级标准、结果，通过对资产的分类分级，将原来庞杂的资产整理为内在逻辑清晰的资产组体系，为后续的管控提供了良好的框架和平台。资产组指数的形成主要包括资产组评价体系构建和价值指数与管理能力指数的形成两部分，通过归纳电力公司的5C，识别关键影响因素，确立价值和管理能力两大指数，指数作为综合评价指标，要结合企业的战略目标和数据的可得性，设计合适的指标体系和权重，评价体系的建立是战略的保障，为日常管理提供标杆目标和管控标准。报告制度主要分为报告制度的建立和分析改进，强调发挥报告的作用是本次资产组创新的重点之一，定期报告和专项报告结合的报告制度使管理者全方位动态了解企业的经营状况成为可能，基于报告的分析与改进使管理完成闭环，如此，会计在公司的价值创造过程中发挥了独特而不可替代的服务管理作用。上述目标模式是资产组管控的一般模式，南通市电力公司结合电力企业财务工作的实际，构建了资产组的价值管理体系。整个价值管理体系从价值分类管理体系、优化资源配置决策体系、价值持续提升报告体系、业财融合的动态反映体系和推动组织转型五个方面的综合体系。这五个方面共同涵盖了会计的反映与控制职能，结合战略与经营的过程，展示动态报告与静态截面立体图像价值管理体系，为企业价值管理既绘制了前景蓝图，又暗含着改善路径，显示了会计在新时期的价值管理中所发挥的独特作用。

最后，需要指出的是，资产组在企业资产管理中的应用是本次课题的重大创新，是对传统资产核算、管理的一次巨大飞跃。江苏省电力公司资产组项目组成员付出了艰辛的努力，取得很大成就，但基于资产组的中国企业管理会计创新仍然有很多点尚待挖掘，这需要项目组成员和其他业界同行共同努力，聚沙成塔，让资产组的使用为会计理论和实践带来新的突破。

第6章
江苏电力开展资产组的管理会计创新的背景

6.1 公司简介

江苏省电力公司成立于1988年，为国家电网公司的全资子公司，主要业务范围为江苏境内的电网建设与管理，以及电量的销售。公司下辖13个市供电分公司、59个县（市、区）供电分公司，同时还管理与电力有关的设计、施工、修造、科研等单位，为国家电网公司系统中规模最大的省级电力公司。

江苏傍江临海，历史悠久，人文荟萃，是中国的经济大省，综合经济实力在全国一直处于前列。江苏省电力公司各项生产经营指标也居于国家电网公司系统前列。2013年，江苏省全社会用电量实现历史性突破，较上年增长8.20%，达4957亿千瓦时，跃居全国第一。多年来，公司坚决贯彻落实国家电网公司战略部署，坚持"三抓一创"工作思路，大力弘扬"努力超越、追求卓越"的企业精神，牢记"四个服务"宗旨，着力推动公司发展方式和电网发展方式转变，在各项工作中都取得了较好成绩，有力地保障了江苏经济社会发展，确保了全省电力安全有效供应。[1]

---

[1] 由于资产组是一个新的概念，从提出到系统的落地、推广需要一个摸索的过程。南通市电力公司在信息化条件背景下，主动积极探索，为资产组的理论研究和实务应用积累了宝贵的经验。本书的研究对象不经说明的皆是南通市电力公司。

6.2 管理模式

6.2.1 电压分层管理

在当前江苏公司"三集五大"模式下，技术视角的电网分层为：（1）500kV及以上特高压在省内的分布，以及省内跨区服务的220kV及以上电网，是高压输电部分，为省属"五大"公司的管辖范围，市县公司不涉及。（2）各地市110kV电网，主要承担内部输电和跨区县服务功能。（3）各地市35kV及以下的电网，承担末端的配电、供电职能，是供电企业与客户联系的纽带和收入实现的载体，也是当前管理提升的重点。市县供电公司的管理提升，皆围绕（2）、（3）两个层级的电网进行。

6.2.2 以组织为成本管理责任中心

目前电网公司管理以省为实体，成本核算集中于省公司，下属单位在编制预算时，向省公司申请资金，省公司负责项目的投资审核，后评价。省公司根据国家电网对标等考评体系对13家地市分公司和"五大"公司领导层进行考评，地市公司下面又分为若干县级公司，如此一直分解到供电所，实现对区域和设备资产做到全覆盖。电力公司保障供电需求，服务地方经济发展，以组织为成本管理责任中心有利于促进将电力发展与地方发展相协调，从而实现社会效益和经济效益的双赢。

6.3 业务特点

6.3.1 资本技术的密集型

电网企业需要将电能输送给用户，其所用到的输电、配电设施价值高，前期需要投资的规模巨大，回收期长，后期维护成本高，并且资产设备具有较强的专用性，一般情况下很难改作他用。这些特征决定了电网企业属于典型的资本与技术密集型企业。

6.3.2 安全要求高

电能产品的安全性与可靠性都非常重要，需要对电能输送实行统一的质量标准以保证用电安全,对于一些诸如铁路与航空公司指挥中心、医院中手术的照明等特殊单位,都要时刻保证其电能输送的可靠稳定,否则会造成严重后果。社会对电力的普遍需求性,使电力产业成为国民经济的基础产业和公用事业,因而对于电网公司企业而言,首先需要考虑的是电力运行的安全性与可靠性,其次才是经济效益。

6.3.3 电价根据客户类型定价

电是一种重要的基础资源,其价格受到国家的严格管制。目前的管理体制下,对于工业用电、居民用电和农村用电实行差别定价,用工业用电补贴居民和农村用电。在电力改革的背景下,价格将采用成本定价,甚至用电大户可以直接与电厂谈判电价,电网公司收取通道费。此外,不同用户对电压质量要求不同,对停电的容忍度也不同,这需要电网公司根据用户意愿和价格接受能力,配置不同性能的设备。

6.4 财务领域已有探索及成果

回顾江苏省电力公司在财务工作方面所做的探索实践,可以发现,省级电网企业财务会计的发展历程,就是"三流分立、时空分隔"逐步走向"三流合一、时空一体"的过程。特别是 2012 年,国网启动"三集五大"体系建设,将人、财、物三种企业资源进行集约化管控,以实现人、财、物的同步;将大规划、大营销、大运营、大建设与大检修五大体系进行构建,涉及电网企业价值创造的全过程,以实现对实体、资金和信息的融合。财务部门在这一体系建设过程中的各个探索实践,就是在一个个关键节点,逐步实现"三集五大"要求的同步与融合,促进企业实现跨越式发展,实现价值创造。随着"三集五大"体系在组织调整、业务变革等方面的持续深化建设,对现有的财务管理,包括作出的各种创新均提出了进一步完善的迫切需要。江苏省电力公司为了适应"三集五大"体系建设,主动研究、积极思考,近 5 年来,在财务管理工作方面做出诸多探索,如表 6-1 所示。

表 6-1　　　　　　　　江苏省电力公司的财务管理探索

序号	创新研究名称	实施公司	创新时间	概要说明
1	全面计量资产组服务效能 重构电网企业核算分析体系	南通供电公司	2014 年	建立以资产组为核心的核算与考核体系
2	投资效能测算与投资规模分配	江苏省电力公司	2013 年	建立科学的投资规模分配模型
3	运营效率评价	江苏省电力公司	2013 年	电力公司运营效率评估评价体系建立
4	内部控制创新	江苏省电力公司	2013 年	内部控制现有体系和有效性分析并提升
5	江苏省电力公司预算绩效管理研究	江苏省电力公司	2013 年	建立预算绩效管控体系
6	信通公司资产管理	江苏省电力公司信息通讯分公司	2013 年	提出资产管理提升的整体框架和具体实施意见
7	成本性预算管控创新研究	扬州供电公司	2012 年	在全公司建立真正的"全面"预算体系
8	财务评价创新研究	扬州供电公司	2012 年	提升市县供电公司财务评价工作
9	预算测算与管控系统软件升级优化服务	无锡供电公司	2011 年	提高电力预算测算与管控软件的升级与优化
10	"五大"财务保障研究	江苏省电力公司	2011 年	梳理"五大"业务模式，建设财务保障工作
11	财务管控标准流程研究	江苏省电力公司	2011 年	财务管理内部控制标准流程研究
12	信息化环境下内部控制评价研究	江苏电力信息技术有限公司	2010 年	促进审计工作转型，发挥内部控制职能
13	电费电价管理创新研究	江苏省电力公司	2010 年	电费电价管理创新实践研究

从表 6-1 可以看出，电力公司已经在财务管理创新方面做出了诸多探索，涉及会计核算、预算管控、投资能力测试、电价预测、内部控制等多个方面，这些电力企业会计改革以往的积极探索，为资产组会计研究提供了扎实的实践基础；已取得的经验成果，为资产组会计研究提供了极大便利。而电力体制的进一步改革，"三集五大"新组织管理的创新探索，更为全面推行资产组会计研究及实践提供了试验田。

6.5 本次创新的背景和目标

6.5.1 本次创新的背景介绍

会计信息化大背景下,如何探索会计在新时期、新的工作环境下的方法模式是每一个财务理论和实务工作者需要思考关注的问题。信息化是挑战更是机遇,这考察了财会人员的胆识与智慧。江苏电力公司作为国家电网的重要组成部分,在会计信息化的转型中一直走在国内同行的前列,本次基于资产组的财务创新更是百尺竿头,更进一步。之所以选择江苏电力公司作为本次资产组的试点单位是具有合理性与可行性的。

6.5.1.1 国有企业改革的大背景

国企改革作为产业结构升级、提高经济竞争力的重要举措,国企合并、整合如火如荼地展开,电力体制改革也将可以预见。电力体制改革的关键在于厘清价格的传导机制,从而正确评价、考核。在改革中,财务部门亦要把握机遇,作出重要而有创造性的贡献。

6.5.1.2 领导层信息化意识较强,管理理念超前

会计信息化是企业管理信息化的核心,企业大多数的信息由会计信息系统产生。江苏电力公司领导层充分意识到信息化的变革和其可能对企业管理带来的巨大潜力。从会计电算化到 FMIS1.0、FMIS2.0、FMIS3.0、FMIS4.0,到最新的 ERP 系统,正是由于领导层高瞻远瞩,认识到信息化的重要性,并配备足够的人力资源和预算,电网公司财务系统才能取得如此进步。本次基于资产组的财务创新也同样得到了省电力公司领导层的大力支持,为试点的成功进行提供了巨大的保障。

6.5.1.3 江苏省电网公司庞大的网状资产有现实管理需求

电网公司资产种类繁多,价值巨大,对于资产的管理是电网公司日常管理的难点和重点。资产组的研究提供这样一个契机,其可能带来的潜在应用价值将为电力公司的资产管理提供一个有效抓手,变革企业资产管理的框架理念,从而带来管理的改善。网状资产绩效评价和考核问题一直是会计理论和实务的难点,通过对江苏省电力公司典型的资产结构样式研究,将为类似的企业提供参考经验。

6.5.1.4 江苏电力公司以往的信息化实践积累了丰富的建设经验和人才储备

如上，电力公司在信息化建设取得很多巨大的成就，这为资产组的研究和落地提供了很大的便利。信息化牵一发而动全身，需要各个部门的通力合作，甚至牵涉到组织结构和部门功能定位的调整，这个过程中，会计部门如何与其他部门有效沟通，建立合作共赢关系，这是试点成败的关键性因素之一。

6.5.2 本次创新的目标

会计的基本职能为反映和控制，资产组的概念通过提供更准确的会计综合信息，为企业管理决策服务，分层级的资产组体系为精细化管理提供了平台，这些都将极大促进企业管理持续改进，提高企业的竞争力。

6.5.2.1 提高会计的反映能力，使企业的财务工作不断向业财融合方向发展

资产组的划分与企业生产流程和价值流动高度一致，其组的概念与资产的定义更为吻合。会计最基础的职能便是反映，这也决定其他职能发挥的效率和效果。本次创新的一大目标便是通过资产组获取更准确、全面、详细的信息，让财务处于企业信息的高地。

6.5.2.2 提高管理的颗粒度，有利于精细化管控

资产组的分级概念为管理向企业内部透视、控制提供了有力的工具。电力公司按组织维度和技术维度分级的结果为目标的落实、责任的考核提供落地的平台，两种维度的资产组相结合，使管控更精细化、更具有可操作性。

6.5.2.3 提升投资效率，优化企业的资源配置

传统的决策缺乏财务足够的有效支持，更多的信息将会提高决策的科学性和准确性。如何利用资产组带来的信息，这需要更多依赖思维转变和数据分析方法，这也是当前南通市电力公司基于资产应用研究的重点。

6.5.2.4 流程改进，不断提高企业的基础管理水平

在资产组的划分和分类过程中必然牵涉到对业务流程的分析和控制，在梳理的过程中，消除非增值作业，合并同质作业，实现对流程的再造。此外，在资产组的框架内，原来一些模糊的问题变得清晰，管理者可以更加清晰地判断流程的必要性和合理性，从而改善企业的基础管理水平。

第7章
江苏电力的资产组识别与分级分类

7.1 电网企业资产组识别的基本思路

"资产组"的概念契合资产的定义，并能够相对独立地带来经济利益，为会计向理想模式前进提供有力的支持。基于价值贡献状况而识别出的不同类别的资产组使得企业有了一个崭新的观察窗口，以此能够对整个企业的价值创造能力与水平有一个直观、综合的了解，并为企业资源配置的持续优化、价值创造能力的发挥与提升提供基础。企业的生产经营过程可以看作是价值运动的过程，会计的使命在于客观反映价值变化状况。不难发现，为了将资产组与企业实际需求紧密联系，从而更好地评价细化后的独立资产组为企业带来的价值实现水平，企业需要对资产组进行分层分级。特别是对于资源密集型的网络状结构的电力公司来说，如何对闭合循环的资产进行不重不漏的科学分组是构建资产组体系的基础工作。

遵循着价值创造与实现的目标脉络，企业可以从价值流、电能量流和管理价值流的角度分别分析。

7.1.1 以电流方向为原型

在电网企业中，电能量流动的方向与过程即是实现价值创造的方向与过程，因而电网企业所创造的价值在分摊时应该以电能量的流向与结构为基础。在网络结构上，输电系统采用的是闭环设计、闭环运行方式，呈现多网孔的特点，而配电系统则采用了闭环设计、开环运行方式，呈现辐射型网络或少网孔型网络。从电流本身来讲，不管是环网还是非环网，瞬间的电流都是单向的、一对多的。因此，基于较为静态的资产组划分方法和口径进行评价，物理状态能够符合资产组的划分原则和方法，使评价结果更为科学有效。

7.1.2 以价值流转为核心

电流从电源端经过电网再到用户的过程，这一过程同样是价值创造的过程。虽然在目前的管理体制下，销售只是在配网的末端实现，前端的高电压等级通常并不直接产生销售收入，但是这不能否认高电压等级在整个电网体系中发挥的作用。市县供电公司电网是整个电网的几乎全部收入的实现终端和重要组成部分，因此，需要依赖一定的方法将末端产生的现金流通过一定的分配将之还原到高电压等级上。但是按照传统的收入分配方法，通常是以资产为基础，以供电公司作为一个责任单元（口径）进行分摊或还原，但是这种口径完全是目前电网体系人为划定的管理口径，且本质上是与我国的组织管理体制（国家省市县乡五级）相一致的，无法充分反映和体现电网整体化运行与网络状经济的特点。而用基于资产角度的分摊或还原，能够更加准确的贴合价值创造的路径，为核算提供了有力的工具。

7.1.3 以管理尽职为目标

企业的价值实现水平也会受到员工管理决策的左右。也就是说，管理价值流也是资产组划分不容忽视的方面。首先，提高管理精度，缩小被管理对象的颗粒度（从公司到资产组），真正实现管理过程和价值创造过程的对应。真正影响输电成本和电网资产配置的是变电站和输电线的效率，而传统上组织管理，并没有直接对此进行考核，以资产组为主线，抓住主要驱动因素，有利于实现精细化管理。

其次，优化现有电网资产，提高资源配置的效率。由于需求变化或者前期预测失误，导致电网单位资产收入差异较大，这一方面造成了一部分资产利用效率低下，另一部分资产负荷压力较大，老化速度加快。利用资产组判断各变压器容载率高低，通过手拉手均衡负荷，从而达到优化现有电网资产的作用。此外，电网项目投资决策多根据负荷需求大小和已有经验，而无法实现财务上的量化。资产组提供了这样一个抓手，投资决策在资产组的框架内得到量化，使决策更具有科学性，从而提高资产的配置。

最后，有利于增强对管理工作的评价、控制、考核。权责利对管理实践的重要性不言而喻，科学评价、控制和考核的前提是责任划分明确。资产组将每个资产落实到一定的现金产出单元，进而根据层层划分落实到岗位与人，这样为评价、控制和考核提供了基础，从而提高管理水平。

7.2 电网资产组识别

7.2.1 基本原则：分级分类

所谓分级原则即分级的标准。分级是为了促进管理，提高效率。为了达到这个目的，一方面要考虑资产组的分布，物理特征；另一方面也要考虑企业的现有组织，这有利于权责的分配、评价和考核。综合这两方面的因素，本书选择组织维度和技术维度作为双重分类标准，再进行分级，以实现每个资产单元均有所属。

7.2.2 分类标准1：组织维度

组织区域是资产组的一个基本属性类别。市电力公司的组织结构为：市电力公司—县电力公司—供电所，按照组织区域来划分资产，就可以将之归属于市或县等不同的责任主体，从而解决了跨区域供电时，权限难以划分的问题。可见，由于组织区域的划分方式天然地具有独占性排他的特征，使得以组织维度为标准划分资产，可以使所有的资产都能够划入相应的资产组，而没有处于模糊边界中的资产。此外，由于按照组织区域为标准划分的资产，可以一目了然地归属到不同的责任主体，因而可以为组织对资产的管控与考核提供抓手。电力公司在建设世界一流电网的过程中已积累了非常多创新可行的理论与做法，可以按照电力公司原有的预算控制、评价考核体系对各级资产组进行管控、考核。

7.2.3 分类标准2：技术维度

7.2.3.1 原则一：价值流与电能量流相统一

企业的经济活动本质为价值管理活动，所有的资产负债收入成本都可以看成是价值的流动。市县供电公司是几乎是整个电网实现全部收入的终端，因而需要采用一定的方法将终端产生的现金流分配到更高等级上。作为一个独立的现金流产出与成本核算单元，资产组的划分标准必须将价值流流动纳入考虑范围内。

7.2.3.2 原则二：电能量的流动方向和过程与电网物理分布相吻合

由于在电网公司中，电能量流动的方向和过程即是价值实现的方向和过程，因此，应以电能量流动的方向和结构为基础分摊电网企业创造的价值。当前市县供电公司110kV及以下电网尚未完全形成环网，每个变电站或输电线路都是相对独立的，故结合线损、容量等的理论值和实际运行情况便可以清晰地反映出运行状态。因此，对于实时反映的资产组价值地图，能够基于静态的资产组划分方法和口径进行评价。

7.2.3.3 原则三：电网物理分布信息体系的分类

当前主要存在三种设备管理模式。一是低压台区，营销系统中有沿布图，清晰列示了每个低压台区的接线情况，尤其是户表对应关系；二是配电线路，配电MIS的图形编辑器中列示了10kV线路的具体构成，包括杆塔等线路本身构件、开关柜、配变等；三是出线及变电站：调度上的监测系统中，对于每个点电站，都清晰列示了母线上的出线。这三个层次相互配合，覆盖了市县公司的所有设备。

7.2.3.4 原则四：依据电网原理基于电压等级再分类

对于上述电网系统，依据电压等级还能进一步细分。权衡满足用户负荷需求和减少线路损耗，国网的结构为按电压等级层次分布，一个高电压变电站连接若干较低电压变电站，接着较低变电站连接更低电压等级变电站，直到台区和用户，这种天然的技术指标为资产组的划分提供了参考。

7.2.3.5 原则五：纳入带来利益流入的售电单元

为了衡量单一资产组的效益，必然涉及对其收入（售电量）的计量，只有带来利益流入，才能核算资产组的效益，也才能独立对其考核、评价。因此有表计、有独立的售电量统计便成为资产组的必需组成部分。此次对电网企业的资产组认定，遵循会计准则中的定义，同时结合生产经营实际和当前"三集五大"管理模式及公司的组织结构，按照"能够产生未来经济利益流入"的标准，凡是可以带来经济利益流入的售电单元，均可以认定为资产组。

需要注意的是，虽然组织维度与技术维度是划分资产组的不同标准，但两者之间不是相互孤立与平行的,而是相互联系、相互配合的。以组织维度为标准划分出来的资产组通常是由若干个以技术维度为标准划分出来的资产组构成;同样,以技术维度为标准划分出来的资产组总能对应到上一级的按组织维度划分的资产组,如以省电力公司而言,省电力公司就是一个更大的资产组,110kV 资产组则是其中的一个子资产组。

此外,从系统开发的角度分析,对现有系统改进付出的成本要远低于重建一个系统,电力公司为关系国计民生的命脉产业,更不允许暴露在较高的风险下。结合技术角度准确客观和组织角度方便考核两方面优点,分级更科学合理。

7.2.4 双维度的电网资产组划分模型

综上,本书按照技术维度和组织维度对资产组进行划分,对资产组分级,从而为进一步核算做好准备性工作,同时,更有利于会计信息与业务信息的融合,真正实现价值创造和管理过程的一体化。"价值流、电能流、电网系统布局、电网资产电压等级、客户端"五级逻辑框架关系如图 7-1 所示,资产分类分级特点如表 7-1 所示。

价值流 → 电能流 → 电网系统分布 → 电网资产电压等级 → 客户端

价值管理　　　　　　　　生产活动　　　　　　　　客户

图 7-1 "价值流、电能流、电网系统布局、电网资产电压等级、客户端"五级逻辑

表 7-1 资产组的分级分类

序号	资产组	范围及特点
1	总体原则	根据资产的服务对象和服务方式,便于对资产进行计量、考核
2	具体原则	(1)电网资产按照分级分类方式进行划分; (2)非电网资产与电网直接资产一一对应、一一配对
3	分配后结果	电网直接资产、电网间接资产、管理用资产

续表

序号	资产组	范围及特点
4	电网间接资产分配方法	作业成本法为主,其他方法为辅。在重要性的约束下,力求分配结果的科学准确
5	资产组划分原则	从"价值流—电能流—电网系统布局—电网资产电压等级—客户端"逻辑和组织组织两个维度出发,根据资产组概念的定义内涵,将能够独立产生技术服务能力(收益)的资产单元定义为资产组
6	资产组的边界	由于需要衡量单一资产组的效益,必然涉及对其收入(售电量)的计量,因此有表计、有独立的供电量和售电量(输入电量和输出电量)统计便成为资产组认定的最重要标准
7	资产组认定结果	形成全公司范围内统一的资产组编码规则,对各个口径资产组进行统一编号

7.3 资产组分级结果

7.3.1 技术维度分级

遵循"上带下、下不带上"的原则,对全部电网资产实行分级分类资产组划分,用不同口径的资产组涵盖企业生产运行的各个方面。

(1)台区是最小、最低层的售电单元,能够直接产生,是体现电网网络化运行特点的最小功能单元。一个低压台区通常包括变压器、配电箱(柜)、400V线路、接户线、表箱及电表)可作为一个最小的资产组成为台区资产组。

(2)10kV线路只有包含下辖的台区,才能实现销售,因此10kV线路本身必须和台区组合,才构成10kV线路资产组。10kV线路资产组包括所辖台区资产组和10kV线路电网资产。

(3)35kV变电站本身不能实现销售,必须和其下的10kV线路及线路下的台区组合,才构成35kV变电站资产组。35kV变电站资产组由35kV变电站、10kV线路资产和台区资产等电网直接资产及分别与之对应的非电网资产共同组成。

(4)35kV线路资产组由35kV变电站和35kV资产构成。

(5)110kV变电站为地市级电力公司所管辖的最高级别变电站,110kV变电站资产组由低于或等于110kV的各级电网直接资产和分配的电网间接资产构成。

（6）110kV线路资产组由110kV变电站和110kV线路集合而成。

7.3.2 组织维度分级

基于管理口径，组织视角的电网分层为：从地市电力公司、县电力公司公司、供电所一直到最小的价值创造单元（台区）。

（1）供电所资产组包括管辖的台区资产和供电所管理用资产。

（2）县公司资产组由供电所资产和10kV线路构成。

（3）市公司资产组包括电力公司所有的电网资产和管理用资产。

以此类推，每一个口径的资产组，都是范围逐步放大的过程，但其共同点是都包含最末端的能够实现销售（带来经济利益）的台区资产组。

7.3.3 技术维度和组织维度二维划分

综上，针对地市级供电公司，最终形成9级资产组，如表7－2和图7－2所示。

表7－2　　　　　　　资产组划分和口径认定

序号	资产组	范围及特点
1	台区资产组	体现电网网络化运行特点的最小功能单元：一个低压台区（包括变压器、配电箱（柜）、400V线路、接户线、表箱及电表）可作为一个最小的资产组
2	供电所资产组	一个供电所管辖一定数量的台区，供电所资产组包括其所管辖台区资产组和供电所资产，供电所是电网企业最小的经营责任单元
3	10kV线路资产组	10kV线路下有一定数量的台区，10kV线路资产组包括所辖台区资产组和10kV线路电网资产，是较大、较完整的网络资产，也是配网管理的重点
4	县级供电公司资产组	将一个县级供电公司视作一个大型资产组。"五大"下，县公司均为35kV以下资产，没有变电站，因此其仅包括10kV线路及更小口径的资产组，此外县公司的管理用资产也划分到该资产组

续表

序号	资产组	范围及特点
5	35kV 变电站资产组	35kV 变电站资产组由 35kV 变电站、10kV 线路资产和台区资产等电网直接资产及分别与之对应的非电网资产共同组成，也可以理解为若干 10kV 线路资产组与 35kV 变电站资产集合而成
6	35kV 线路资产组	由 35kV 变电站资产组和 35kV 线路资产集合而成
7	110kV 变电站资产组	110kV 变电站资产组由 110kV 变电站、35kV 变电站、10kV 线路资产和台区资产等电网直接资产及分别与之对应的非电网资产共同组成，也可以理解为若干 35kV 线路资产组、10kV 线路资产组（直接从 110kV 变电站引出）与 110kV 变电站资产集合而成。
8	110kV 线路资产组	由 110kV 变电站资产组和 110kV 线路资产集合而成，在电力公司现有管理体制下，110kV 线路资产组为地市公司层面按物理属性划分最高级别资产组
9	地市供电公司资产组	将一个地级市供电公司视作一个大型资产组。地市范围内，所有的电网直接资产和电网间接资产都归入地市供电公司资产组，此外地市公司管辖的所有管理用资产也划分到该资产组

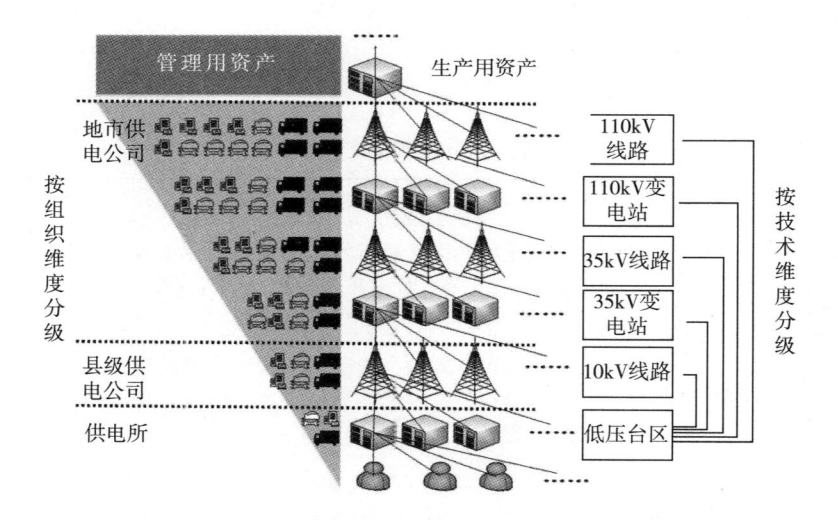

图 7-2 分类分压电网资产组划分

通过上述划分步骤，能够实现：（1）在静态状态下，不同口径的资产组均以上述生产系统中资产之间的对应关系为准，如一个变电站的出线有多少条，则该变电站资产组包含的 10kV 线路资产组就有多少个，不能随意增加或减少，必须完全一致；（2）在动态调整过程中，若生产上设备之间的对应关系发生变化，则资产组划分中其对应关系也必须动态调整，实时发生变化。例如：（1）10kV 线路 A 的某一部分的负荷被切割到 10kV 线路 B，则 A 的被切割部分就自动属于 B，自切割之时起，该部分的电量也自动计入 B 这一 10kV 线路资产组的范围内；（2）10kV 线路手拉手的情况下，线路关口电量和供电量的差异率超过一定程度时，则自动将两条或多条线路合并为一个线路资产组进行计算。这种生产运行上设备之间的关联关系和资产组口径之间的实时调整与联动，后续需要通过在营配调集成的基础上使之进一步与 AM 和 PM 模块集成来实现。

上述划分方式的优点结合了技术和组织两个维度，"可分可合"、灵活组合：（1）从技术维度出发的资产组划分和后续的效益计算是基于单一类型单一电压等级的电网设备进行；（2）从组织维度出发按照经营主体（市县公司）划分的资产组和效益划分则是将其管辖范围内的不同等级和不同类型进行组合。而各管理主体的非电网资产更多发挥支持和辅助职能，通常不直接产生效益，在计算效益时按照一定原则分摊至对应口径和层级的电网资产。

需要说明的是，上述划分方式是按照直供直管的江苏模式来论述的，且包含了所有电压等级，是最为复杂的划分方式。其他管理模式、其他降压途径下，这一划分方式可以更为简化。

首先，从管理模式来看，如果是趸售或者其他模式，则整个体系中不同公司之间的界限将更加清晰。趸售的接口部分都有关口计量表，实际计算效益时只要统计关口电量，再乘以确定的过路费比率即可。此时电网中趸售单元的效益计算就更为简化。因此，其他省市使用资产组概念进行电网经济效益评价时，可能更为简化。

其次，从降压方式来看，由于目前电网结构的优化，图 7-2 中表示的电网结构还呈现出多种组合形式，具体包括：

（1）图 7-2 中的电网资产组划分是最全的形式，包含所有电压等级。

（2）不再保留 35kV 变电站和线路的，由 110kV 直接降压到 10kV，这是现在主流的方式，占 70%~80%，苏南更高一点（苏南 35kV 基本已逐步取消）。现有 35kV 变电站也陆续升压增容为 110kV 变电站。

（3）从 220kV 直降到 10kV，是未来的发展趋势，新建的都是采取此类直降模式。因为目前220kV更加强调配电功能，能够直接深入负荷中心，且变电站设备小型化、便于建设；

（4）220kV直降到35kV的。

因此，在电网资产组划分的过程中，可基于不同的降压方式，合理界定资产组。

以上述不同口径的分级分类资产组为主线（对象）进行电网经济效益评价，便能有效实现以台区为代表的局部资产微观效益和以供电公司为代表的整体效益之间的互相转化和有效衔接；以此对不同口径的资产组的效益进行评价，便能够实现从微观到宏观的多层次的综合分析和全面透视。

7.4 辅助资产与电网核心资产的匹配

7.4.1 分类和内容

电网企业的资产分为受控资产和分摊资产，分摊资产不直接由资产组控制，包括总部资产和商誉等。受控资产为资产组控制的资产，根据其职能又可以进一步划分为核心资产和辅助资产，核心资产是指占用资金数值高，对资产组不可或缺，发挥关键作用的资产，如电力公司的变电设备、输配电设备；辅助资产是功能相对次要，对核心资产起支持作用的资产，如电力公司的抢修电力设备。

根据是否可直接与电网核心资产进行匹配，本书将辅助资产分为：可直接匹配的辅助资产、间接辅助资产。辅助共同资产是为若干同级或者不同级电网资产共同提供服务的生产用资产，而无法将其与某电网核心资产对应。制造及检修维护设备和运输设备多属于间接共同资产。作为资产组管理的基础工作，必须首先将间接辅助资产正确分配于计入各相关资产组或资产组层次。

南通电力公司资产具体分类见附录1。

值得一提的是，有的电网资产并非能纯粹地划分到单一资产组，如10kV手拉手，变电所环网供电，此类资产性质为共同资产，也需采用一定的方法将之分配到相应资产组。

7.4.2 匹配关系

所谓匹配是指按照不同口径将资产进行分配的过程。通过对不同层次的资产组进行评价考核，从而反映资产的健康状态和使用效率，进而优化现有资源和下一步投资。匹配的关键在于抓住驱动因素，即成本动因，而这可以通过对资产流程梳理和服务对象的分析来得到解决。

根据可控性和服务对象，所有的资产都可以归为某一资产组，某一企业资产可能为若干资产组提供服务，但总能找到更高级资产组完全包括它，甚至可以将南通电力看成一个资产组，所有的资产都包括在这个资产组中。但这样简单的划分并不利于企业管理水平的提升：共同资产是企业的资源，它的使用如果不能合理地计量、考核，使用效率低下或滥用是可以预见的。如生产修理用的工器具、车辆，为若干变电站资产组服务，如果不将它分配到各个变电站，一则无法正确衡量各变电站的实际收益，二则也不利于对修理活动总量进行控制，三则扭曲收益后带来的后续资源效率配置低下。因此，将共同资产与资产组进行匹配是必要的，更是高要求的。

待摊资产一般为若干资产组共同提供服务，如县电力公司为若干台区提供管理支持。管理用建筑物、用电设备大多属于管理用资产。但与上述两类资产相比又有其特殊性——不直接为生产提供服务，因此将其分配到所服务按电压分级的资产组是没有意义的。对此，应将其归类到按组织区域划分的资产组，企业应编制并严格执行预算，建立审批制度，采用预算控制总量的办法进行管理。

7.4.3 电网间接资产成本归集与分摊

共同辅助资产和待摊资产与电网核心资产存在着对应关系，将其进行合理地分配是进行后续管理工作的基础性工作，其结果将直接影响到后续的效益评价。制造费用为生产车间发生的与产品相关，而不能直接归集到特定产品的成本集合，管理费用为企业管理活动所发生的费用，二者分别与电网间接资产和管理用资产存在较大相似性。类比制造费用和管理费用的分配方法，可以采用以作业成本法为基础，以工单为载体进行分配和以特定依据为基础分配共同辅助资产，对于待摊资产则根据可控性原则分配计入以组织维度划分的各级资产组，按组织维度划分的各级资产组与待摊资产无直接控制联系，故只包括受控资产。

所谓作业成本法是以作业为核算对象，通过成本动因来确认和计量作业量，进而以作业量为基础分配间接费用的成本计算方法。作业成本法最重要的改变是把成本核算从资源直接到成本对象改为从资源到活动再到成本对象，从而提高分配的精度。工单即工作单据，由一个或多个作业组成的简单维修或制造计划，上级部门下达任务，下级部门领受任务的依据。采用作业成本法分配资产需要作出改变的是需要判断资产总服务量，并预估各资产组接受服务量，根据预估服务量将共同资产分配到电网。如维修设备和车辆，应按照已发生的维修量和估计的剩余维修量，将价值量分配到变电站。此种方法计算准确，适用面广，需要对业务活动进行拆分，并记录相关具体数据，对管理水平有较高要求。

以特定依据为基础进行分配，主要是用来进行一些工作量可以直接判断、因果关系简单的资产分配。如运输车辆，可以以载重指标作为标准，将价值量分配到各资产组。采用本方法进行分配任务量小，分配准确，但受资产类型限制。

通过对资产的分类也为评价控制考核某一资产组提供了多种口径：根据分析的目的而选择不同类型的资产。例如评价考核某一个县公司，可以有3个口径，一是所有电网核心资产，包括所有10kV线路和台区资产；二是在一的基础上加上分配的辅助资产；三是在二的基础上加上待摊资产。如此，便能够明确电网本身的运行、生产运维活动以及管理或管理活动的效益或者耗费水平，从而提高管理水平和效率。电网整体资产分配如图7-3所示。

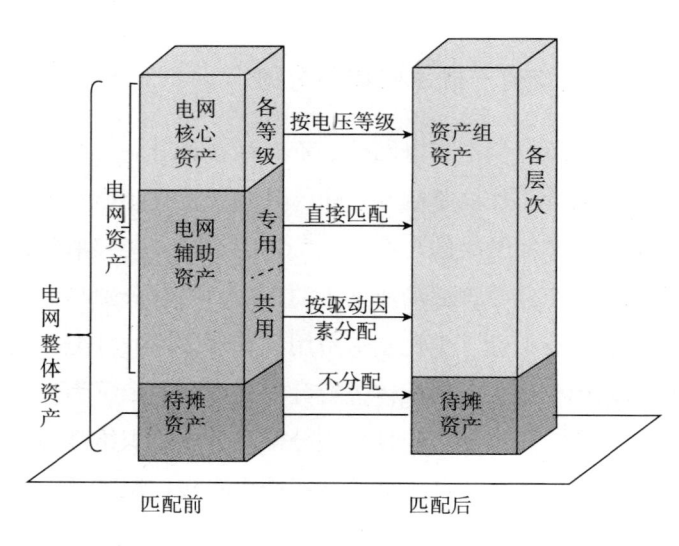

图7-3 电网整体资产分配

第8章
基于资产组的电网企业价值创造能力评价

8.1 评价体系的设计

电力公司作为一个社会服务型企业,它存在的价值在于两方面。一方面是能够获得一定的盈利,这与所有的企业一样,是企业特性所决定的。另一方面是能够让电满足社会公众的需求,能够服务于社会各界,这是由它社会服务的性质所决定的。在所有的企业中,质量永远是企业在社会上立足的先决条件。电流从电厂到用户这一段距离中,电力企业需要在这个过程中进行输电和配电,保证输配电的质量,以满足客户方方面面的需求。而对于电力企业来说,质量的背后,就是数量与电量齐头并进。

对于电力企业来说,它的生产销售过程影响因素可以分为四个大类,即费用、资源、质量、电价。评判电力企业的业绩好坏,从这四个方面即可入手。当费用消耗最小、资源占用最少、质量最高、电价较低这四个方面能够满足的时候,就是电力企业业绩较好的时候。

从费用方面来说,电力企业的费用一般分为两大类:一是资本类费用,二是成本类费用。资本类费用主要是在维护运检电力企业的固定资产方面。对于线路和变压器等的固定设备的定期检查修整,对于电力设备的抽查和定期检查,都需要一定的耗费。成本类费用主要在营销和故障出工方面。一是对于营销管理来说,需要一定的成本,例如管理费用、销售费用等,另一方面是一旦发生用电故障需要出工,也会发生一定的成本费用。费用是过程性指数,所以应该归类于管理能力指数中去。

从资源方面来说,对于电力企业庞大的流动资产和固定资产来说,一方面，要提高企业的资产效率，通过资产组来深刻了解每个资产可以发挥的作用，并且提高他们的效率；另一方面，根据现有的资产组状况，考察区域的资产是否可以满足它的需求，从而对即将发生的投资决策产生一定的影响。通过存量资产决策增量资产，通过增量资产影响存量资产，这样的相互影响相辅相成，形成了一个闭环使得两方共同提高效率。

从质量方面来说，电力企业的质量取决于它的电压稳定性和供电能力的强弱。电压稳定性是从客户的角度出发，给客户提供其需要的稳定不变的电压，保证客户用电的安全可靠性。供电能力的强弱则是从企业的角度出发，尽企业的能力满足更大的用户，发展更广大的客户群。从客户和企业两个角度出发，质量对于企业的业绩来说，是个不可忽视的因素。电量和资产都是结果性指数，所以应归类于价值创造指数中去。

从电价方面来说，虽然电力企业的电价是不可控因素，但是不可否认，电价的确会对电力企业的业绩产生非常重要的影响。在用电区域内，居民用电、农业用电、商业用电的比重不同，对于该用电区域的平均电价来说会波动变化。电价乘上售电量，就会对整个用电区域的售电收入产生影响。由于乘上了售电量，这种平均电价的波动变化对区域的影响幅度会变大。由此可见，虽然电价是电力企业无法控制的，但电价是电力企业格外需要注意的一个方面。

8.2 构成

本书的研究是基于会计在企业资源优化配置中起基础性作用，会计的基本职能为反映与控制，评价是将反映的结果与标准或者标杆进行对比，是控制的前提。资产组的评价体系应与电力公司的使命，即安全保障电力供应保持一致，应客观反映资产组的供电能力和供电质量。从电能角度看，电流从电厂经过电网到用户端是电网资产发挥作用的过程，从价值角度看，电流价值流动过程同样是电网资产组价值创造的过程。企业的经营活动本质上是价值管理，以价值创造为立足点，通过可持续发展，最终实现价值实现。这要求电网公司用好流量，盘活存量，对新增投资严格测评、管控，对已存在资产加强维护与负荷监督，并根据负荷对资产进行适当调整，以流量带动存量，优化资源配置，从而提高资产组的价值创造能力。

评估体系具体包括两大部分：一是价值创造的结果，二是价值创造的可持续。资产组价值创造的结果是本期能力的表现，而可持续发展体现在后期的价值创造中，从"起点"价值创造通过可持续性的"过程"实现价值创造的"终点"，而本期的终点又是下期的起点。时点、终点是时点指标，过程则是时期指标，时点与时期共同构成一个指标闭环，以实现持续优化和改进。本书用价值指数和管理能力指数来评价上述两种能力，通过指数化，简明直观地反映电网公司的经营状况和改进情况。

8.3 电网企业价值创造指数

资产价值指数主要判断公司过去投资效果，也为未来投资方向提供依据。在三流一体的大背景下，业务与财务信息融为一体，除了收入利润之外，资产占用、生产质量等信息也是价值的体现，此时，单一的财务指标并不能完整的描述整个企业资源优化与配置的结果，而需要结合业务技术信息进行综合评价。本次研究结合电网实际，创立了用于衡量资产组内在经济价值的综合指标以支撑"一强三优"的"资产价值指数"。电力公司作为兼顾经济效益和社会效益的国有公用事业部门，其目标是以最小的投入代价提供一定数量的高质量产品和服务。投入代价小，意味着投资少，后期维护成本低，高质量的产品和服务指供电的数量满足需要，并且电压稳定。在指数设计时，应重点考虑这些因素。

按照重要性原则，评价指标分为基本指标和辅助指标（如图8-1所示）。基本指标和辅助指标二者结合共同组成了本书研究的资产价值指数。面对众多指标，选取指标时应做到尽量不重复、没有歧义。

图8-1　资产价值指数的构成

8.3.1 基本指标

基本指标[1]是评价体系中最重要、最基础的指标，它关系到整个评价体系的科学性、规范性。根据系统分析的方法，基本指标数量不宜过多，但综合性要强。

基本指标是指数的基本构成要素，也是管理层最予关注的指标。基本指标贯穿各个层级资产组的价值指标，作用是衡量资产组的价值创造能力。那么，资产价值指数作为资产配置效果的综合反映，资产的效益性指标是较为合适的选择。本书研究将"单位资产售电量"和"单位资产营业收入"作为基本指标。对于低压台区，"单位资产售电量"是其基本指标。对于其他资产组，基本指标则为"单位资产营业收入"。

这是由于售电量是从台区直接获得的，此时，位于同一根电线杆上的电表并不存在由于电价的不同造成的收入的价格性差异，因此，采用售电量作为分子更加贴切。而随着资产组上升到10kV线路资产组，由于线路途径区域的差异，位于工业用电比例较高的地区相对居民用电比例较高的地区电价较高，因此，若继续采用"单位资产售电量"作为基本指标，将不能排除电价的影响，考虑上述因素的影响，选用"单位资产营业收入"更能准确衡量资产组的投资结果。

8.3.2 辅助指标

辅助指标[2]是企业评价指标体系中的一个指标层次，用以对基本指标评价形成的初步评价结果进行修正，以产生较为全面的企业业绩评价基本结果。

不可否认，价值创造是资产组的核心功能，但是如果仅仅使用创造价值的能力来衡量某个资产组的内在真实价值就不甚严谨，因为一个资产的全部价值不仅仅包含了其经济价值，更有其对于社会公众的影响，这种溢出效应可以理解为一种"外部性"。基本指标所能反映的只是资产组的经济价值，也即某资产组为电网企业带来的经济效益，但是资产组所能带来的超越经济价值的溢出效益却无法通过其来衡量，所以本书研究引入辅助指标以补充完善资产价值指数。辅助指标即为基本指标的修正指标。

贯彻电网公司"一强三优""建设世界一流电网"等先进理念，本书研究

---

[1][2] 本书中该类别指标定义相同，为防止重复，下文叙述略。

分别设计支撑"电网坚强""资产优良""业绩优秀""服务优质"四项目标的综合指标，并配合基本指标对本书研究的资产价值指数进行完善。

8.3.2.1 低压台区资产组

相比 10kV 以上的资产单元，低压台区是最直接产生现金流入的部分，正如植物的导管自下而上为植物运输水和无机盐。同时低压台区也是电能流的终端，将电能源源不断地输送给用户，而供电压的合格率直接关乎到用户的日常用电稳定性，因此，选取"电压合格率""电压稳定率"作为实现建设"一强三优"现代公司的战略目标中"电网坚强"的支撑，从客户的角度充分考虑了其需求，提供优质稳定的电压。另外，在电网坚强中除了要重视电压，还需要重视安全生产，所以在低压台区资产组就已经需要反映日均故障次数和用工维护费用，用来监控低压台区的电网的坚强程度和安全运营风险。除此之外，从分项线损率来看资产组的资产是否优良。在业绩优秀方面，企业可以分别从售电费用、电量偏差、电量结构和电量统计费用四个方面来衡量（见表 8-1）。

表 8-1　　　　　　　低压台区资产组的价值指标体系

考察维度	主要信息
基本指标	单位资产售电
电网坚强	电压合格率，电压稳定率，日均故障次数，日均用工维护费用
资产优良	分项线损率
业绩优秀	单位售电量费用，日均电量偏差，峰谷电量结构分布，电量统计维护费用

8.3.2.2 10kV 线路资产组

10kV 线路资产组作为较大、较完整的网络资产组，除去组内台区之外，还含有连接台区的 10kV 线路。在大量的供电线路中，有 2/3 到 4/5 的供电量是通过 10kV 线路直接供出的。因此，对于 10kV 线路的评价格外重要。

对于提供配电功能的 10kV 线路，因为低压台区想要正常地为用户输送电能离不开线路的正常运作，衡量其电网稳定性的指标转而使用更加贴切的"重/轻载率"（见表 8-2），线路若发生重载则将加速设备的折旧，故障风险加大；若线路发生轻载则证明其利用效率低下，未能充分发挥其作用。并且与低压台区的通常没有人力投入不同，10kV 线路资产组需要员工来往于不同台区间检查，因此,"户均容量"能够反映电网对用户的用电保障能力。此外,"单位资产售电量"该指标兼顾财务和技术两方面,以"三流合一、时空一体"为主线来衡量资产组的价值创造能力。因此,重/轻载率、户均容量与单位资产售电量分别从"电网坚强""服务优质""业绩优秀"三个方面体现其"一强三优"的实现水平。

表 8-2 10kV 线路资产组的价值指标体系

考察维度	主要信息
基本指标	单位资产营业收入
电网坚强	电压合格率,电压稳定率,日均故障次数,日均用工维护费用,重/轻载率
资产优良	分项线损率
业绩优秀	单位资产售电量,单位售电量费用,月均电量偏差,峰谷电量结构分布,日均电量偏差,电量统计维护费用
服务优质	户均容量

8.3.2.3 35kV 变电站资产组

变电站,改变电压的场所。变电站的主要作用就是电能的汇集和分配,变电站线损的存在,会影响电能流的汇集和准确分配。因此,在变电站资产组中,分项线损率是能体现资产优良的重要指标,线损率用来考核电力系统运行的经济性,如果线损率过高则证明变电站浪费的电能过多,未能高效变电。在35kV 变电站资产组中除了原先的重载率与轻载率之外,也引入了"容载比"的概念(见表 8-3)。前者是针对各条 10kV 线路出线的重载与轻载占比的衡量,后者则是对 35kV 资产组的综合容载的评价。"户均售电量"可以作为衡量效率的指标,该项指标过低则证明人力资源利用效率过低(见表 8-3)。

表 8-3 35kV 变电站资产组的价值指标体系

考察维度	主要信息
基本指标	单位资产营业收入
电网坚强	电压合格率,电压稳定率,日均故障次数,日均用工维护费用,重/轻载率,容载比

续表

考察维度	主要信息
资产优良	分项线损率
业绩优秀	单位售电量费用，日均电量偏差，峰谷电量结构分布，月均电量偏差，电量统计维护费用
服务优质	户均容量，户均售电量

8.3.2.4 35kV 线路资产组

35kV 线路资产组作为涵盖连接 35kV 变电站线路的资产组，在规模上远大于上一级资产组。当资产规模急剧增长时，对单位资产带来的收益量的大小的评价越来越重要。因而，在原先 35kV 变电站资产组的指标基础上增加了"固定资产增售电量"作为"业绩优秀"的评判指标（见表 8-4）。"固定资产增售电量"除了能衡量固定资产的创收能力，还能反映投资的效率，如果连续几个统计区间该项指标低于正常值则能证明两点：（1）资产利用效率不高；（2）投资趋近于饱和，继续投资只会徒增机会成本。

表 8-4　　　　　35kV 线路资产组的价值指标体系

考察维度	主要信息
基本指标	单位资产营业收入
电网坚强	电压合格率，电压稳定率，日均故障次数，日均用工维护费用，重/轻载率、容载比
资产优良	分项线损率
业绩优秀	单位售电量费用，月均电量偏差，峰谷电量结构分布，日均电量偏差，电量统计维护费用，固定资产增售电量
服务优质	户均容量，户均售电量

8.3.2.5 110kV 变电站资产组

相对于 35kV 变电站来说，110kV 变电站资产组多了一个很重要的资产优良评判指标，即"资产综合折旧率"（见表 8-5）。对于 110kV 变电站而言，它的资产规模远大于低电压等级的资产组，资产组等级越高其因故障带来的损失就越大，因为如果其中一个110kV变电站发生故障就很可能波及下面的好几个子资产组，而使用时间越长变电站损耗越大，其故障风险也越高，因此，折旧的影响在该资产组不容忽视。

表8–5　　　　　　　　110kV变电站资产组的价值指标体系

考察维度	主要信息
基本指标	单位资产营业收入
电网坚强	电压合格率，电压稳定率，日均故障次数，日均用工维护费用，重/轻载率、容载比
资产优良	分项线损率，资产综合折旧率
业绩优秀	单位售电量费用，月均电量偏差，峰谷电量结构分布，日均电量偏差，电量统计维护费用，固定资产增售电量
服务优质	户均容量，户均售电量

8.3.2.6　110kV线路资产组

在110kV线路资产组的考察中，由于该资产组属于最高等级，因此，对于线损率这一贯穿各资产组的核心指标，不再是"分项线损"，而能够衡量技术与管理并重的"综合线损率"（见表8–6）。基于此，在考虑收益的同时，电能流中的能量损失也是另一种成本。

表8–6　　　　　　　　110kV线路资产组的价值指标体系

考察维度	主要信息
基本指标	单位资产营业收入
电网坚强	电压合格率，电压稳定率，日均故障次数，日均用工维护费用，重/轻载率、容载比
资产优良	分项线损率，资产综合折旧率，综合线损率
业绩优秀	单位售电量费用，日均电量偏差，峰谷电量结构分布，月均电量偏差，电量统计维护费用，固定资产增售电量
服务优质	户均容量，户均售电量

8.3.3 资产价值指数指标体系

表 8-7 价值指数指标分级分层表

资产组	维度	指标名称	计算公式	时间属性	数据来源	负责部门
低压台区	基本指标	单位资产售电量	单位资产售电量＝售电量/平均电网固定资产原值×10 000 其中：平均电网固定资产原值＝(期初电网固定资产原值＋期末电网固定资产原值)/2	季	财务管控"一键式"报表	财务部
	电网坚强	电压合格率	电压合格率＝监测点电压在合格范围内的时间总和/月电压监测总时间	季	PMS 电压采集系统	运检部
		电压稳定率				
		日均故障次数				
		日均用工维护费用				
	资产优良	分项线损率				
	业绩优秀	单位售电量费用				
		月均售电量偏差				
		峰谷电量结构分布				
		日均电量偏差				
		电量统计维护费用				
10kV线路	基本指标	单位资产营业收入	单位资产营业收入＝单位资产售电量×平均电价	季	财务管控"一键式"报表	财务部
	电网坚强	重载率	最大负载率在80%以上的主变(线路)台数/10kV线路台数	半年	上年度电网诊断报告,电网规划报告,各市上报数据	发展部、运检部

续表

资产组	维度	指标名称	计算公式	时间属性	数据来源	负责部门
10kV 线路	电网坚强	电压合格率	电压合格率 = 监测点电压在合格范围内的时间总和/月电压监测总时间	季	PMS 电压采集系统	运检部
		轻载率	最大负载率不超过30%的主变（线路）台数/10kV线路总台数	半年	上年度电网诊断报告、电网规划报告、各市上报数据	发展部、运检部
		电压稳定率				
		日均故障次数				
		日均用工维护费用				
	资产优良	分项线损率				
	服务优质	户均容量	户均容量 = 总容量/营业户数			
	业绩优秀	单位资产售电量	单位资产售电量 = 售电量/平均电网固定资产原值×10 000 其中：平均电网固定资产原值 =（期初电网固定资产原值+期末电网固定资产原值）/2	季	财务管控"一键式"报表	财务部
		单位售电量费用	单位售电量费用 = 总费用/售电量	季	财务管控"一键式"报表	财务部
		月均电量偏差				
		峰谷电量结构分布				
		日均电量偏差				
		电量统计维护费用				

续表

资产组	维度	指标名称	计算公式	时间属性	数据来源	负责部门
35kV 变电站	基本指标	单位资产营业收入	单位资产营业收入＝单位资产售电量×平均电价	季	财务管控"一键式"报表	财务部
	电网坚强	重载率	最大负载率在80%以上的主变（线路）台数/35kV主变（线路）台数	半年	上年度电网诊断报告、电网规划报告、各市上报数据	发展部、运检部
		轻载率	最大负载率不超过30%的主变（线路）台数/35kV主变（线路）台数	半年度	上年度电网诊断报告、电网规划报告、各市上报数据	发展部、运检部
		容载比	为最大负荷日分区（市区、县）最大降压负荷之和。为最大负荷日在役运行的变电总容量	年	上年度电网诊断报告、电网规划报告、各市上报数据	发展部
		电压合格率				
		电压稳定率				
		日均故障次数				
		日均用工维护费用				
	服务优质	户均售电量	户均售电量＝售电量/用户总数			
		户均容量				
	资产优良	分项线损率	分项线损率＝（分项供电量－分项售电量）/分项供电量×100%	日	营销信息系统	营销部

续表

资产组	维度	指标名称	计算公式	时间属性	数据来源	负责部门
35kV变电站	业绩优秀	单位资产售电量	单位资产售电量＝售电量/平均电网固定资产原值×10 000 其中：平均电网固定资产原值＝(期初电网固定资产原值＋期末电网固定资产原值)/2	季	财务管控"一键式"报表	财务部
		月均电量偏差				
		峰谷电量结构分布				
		日均电量偏差				
		电量统计维护费用				
35kV变电站	基本指标	单位资产营业收入	单位资产售电量＝售电量/平均电网固定资产原值×10 000 其中：平均电网固定资产原值＝(期初电网固定资产原值＋期末电网固定资产原值)/2	季	财务管控"一键式"报表	财务部
	电网坚强	重载率	最大负载率在80%以上的主变(线路)台数/35kV线路台数	半年	上年度电网诊断报告、电网规划报告、各市上报数据	发展部、运检部
		轻载率	最大负载率不超过30%的主变(线路)台数/35kV线路台数	半年	上年度电网诊断报告、电网规划报告、各市上报数据	发展部、运检部
		电压合格率	电压合格率＝监测点电压在合格范围内的时间总和/月电压监测总时间	季	PMS电压采集系统	运检部

续表

资产组	维度	指标名称	计算公式	时间属性	数据来源	负责部门
35kV变电站	电网坚强	容载比	为最大负荷分区（市区，县）最大降压负荷之和。为最大负荷日在役运行的变电总容量。	年	上年度电网诊断报告、电网规划报告、各市上报数据	发展部
		电压稳定率				
		日均故障次数				
		日均用工维护费用				
	服务优质	户均售电量	户均售电量＝售电量/用户总数			
		户均容量				
	资产优良	分项线损率	分项线损率＝(分项供电量－分项售电量)/分项供电量×100%	日	营销信息系统	营销部
		单位资产售电量	单位资产售电量＝售电量/平均电网固定资产原值×10 000 其中：平均电网固定资产原值＝(期初电网固定资产原值+期末电网固定资产原值)/2	季	财务管控"一键式"报表	财务部
	业绩优秀	固定资产增售电量	固定资产增售电量＝(当年售电量－上年售电量)/上年电网投资×100%	半年	公司统计报表	发展部
		月均电量偏差				
		峰谷电量结构分布				
		日均电量偏差				
		电量统计维护费用				

续表

资产组	维度	指标名称	计算公式	时间属性	数据来源	负责部门
110kV变电站	基本指标	单位资产营业收入	单位资产售电量＝售电量/平均电网固定资产原值×10 000 其中：平均电网固定资产原值＝(期初电网固定资产原值+期末电网固定资产原值)/2	季	财务管控"一键式"报表	财务部
		重载率	最大负载率在80%以上的主变(线路)台数/110kV主变台数	半年	上年度电网诊断报告、电网规划报告、各市上报数据	发展部、运检部
		轻载率	最大负载率不超过30%的主变(线路)台数/110kV主变台数	半年	上年度电网诊断报告、电网规划报告、各市上报数据	发展部、运检部
	电网坚强	电压合格率	电压合格率＝监测点电压在合格范围内的时间总和/月电压监测总时间	季	PMS电压采集系统	运检部
		容载比	为最大负荷日分区(市区、县)最大降压负荷之和。 为最大负荷日在役运行的变电总容量。	年	上年度电网诊断报告、电网规划报告、各市上报数据	发展部
		电压稳定率				
		日均故障次数				
		日均用工维护费用				

续表

资产组	维度	指标名称	计算公式	时间属性	数据来源	负责部门
110kV变电站	服务优质	户均售电量	户均售电量 = 售电量/用户总数			
		户均容量				
		分项线损率	分项线损率 = (分项供电量 − 分项售电量)/分项供电量 × 100%	日	营销信息系统	营销部
	资产优良	资产综合折旧率	资产综合折旧率 = 资产折旧额/平均资产原值			
		单位资产售电量	单位资产售电量 = 售电量/平均电网固定资产原值 × 10 000 其中：平均电网固定资产原值 = (期初电网固定资产原值 + 期末电网固定资产原值)/2	季	财务管控"一键式"报表	财务部
	业绩优秀	固定资产增售电量	固定资产增售电量 = (当年售电量 − 上年售电量)/上年电网投资 × 100%	半年	公司统计报表	发展部
		月均电量偏差				
		峰谷电量结构分布				
		日均电量偏差				
		电量统计维护费用				

续表

资产组	维度	指标名称	计算公式	时间属性	数据来源	负责部门
110kV 线路	基本指标	单位资产营业收入	单位资产售电量 = 售电量/平均电网固定资产原值 × 10 000 其中：平均电网固定资产原值 = （期初电网固定资产原值 + 期末电网固定资产原值）/2	季	财务管控"一键式"报表	财务部
		重载率	最大负载率在 80% 以上的主变（线路）台数/110kV 线路总台数	半年	上年度电网诊断报告、电网规划报告、各市上报数据	发展部、运检部
		轻载率	最大负载率不超过 30% 的主变（线路）台数/110kV 线路总台数	半年	上年度电网诊断报告、电网规划报告、各市上报数据	发展部、运检部
	电网坚强	电压合格率	电压合格率 = 监测点电压在合格范围内的时间总和/月电压监测总时间	季	PMS 电压采集系统	运检部
		容载比	为最大负荷日分区（市区、县）最大降压负荷之和。 为最大负荷日在役运行的变电总容量。	年	上年度电网诊断报告、电网规划报告、各市上报数据	发展部
		电压稳定率				
		日均故障次数				
		日均用工维护费用				

续表

资产组	维度	指标名称	计算公式	时间属性	数据来源	负责部门
110kV 线路	服务优质	户均售电量	户均售电量＝售电量/用户总数	日	营销信息系统	营销部
		户均售容量	户均容量＝总容量/用户总数			
		综合线损率	综合线损率＝(综合供电量－综合售电量)/综合供电量×100%			
	资产优良	资产综合折旧率				
		分项线损率				
	业绩优秀	单位资产售电量	单位资产售电量＝售电量/平均电网固定资产原值×10 000 其中：平均电网固定资产原值＝(期初电网固定资产原值＋期末电网固定资产原值)/2	季	财务管控"一键式"报表	财务部
		固定资产增售电量	固定资产增售电量＝(当年售电量－上年售电量)/上年电网投资×100%	半年	公司统计报表	发展部
		月均电量偏差				
		峰谷电量结构分布				
		日均电量偏差				
		电量统计维护费用				

8.4 电网企业管理能力指数

资产管理能力指数是对管理归责人员的尽职贡献程度与过程的衡量，反映的是资产组的运营过程的整体与单体效率。可以说，资产管理能力指数的高低是衡量管理人员管理的效率与效果的重要尺度。

如果说原先针对供电公司的资源配置效率与效果的衡量是对公司整体或"全身"的考察，只能得到一个总体结论；那么以不同口径资产组进行流程梳理便是在"组织"或"器官"层面的考察，更加精细和精准，有助于精确定位"病灶"、发现经济效益的出血点、发热点并及时改善。

8.4.1 流程管理关键"六要素"

对于不同层级的资产组，它们具有不同的功能、不等的服务范围、不一样的管理目标，因此，所适用的指标体系也是不同的。基于此，根据各层级资产组的特性，岗位的贡献角度来设计指标体系。如果说资产价值指数是电网"一强三优"结果的重要体现，那么管理能力指数就是体现"一强三优"实现过程的衡量指标。

"投资、设备、电能、停电、现场、投诉"这六项要素管理准确描述了整个企业的日常运营过程（如图 8-2 所示）。首先，投资管理需要通过有效的资金投入，解决好电网结构性、设备性和发展性的问题，预算执行偏差率强调了过去的投资与预期的不符之处，储备项目质量重视未来的项目质量是否值得投资。然后设备管理派上了用场。它主要包括电网、客户端和综合后勤三类设备安全性管理，通过线损率、覆盖率等指标检测设备的运行和安全维护。在输电的过程中，电能流是一个重要环节，它包括损耗、电能质量、业扩报装、节能管理等内容，是企业经济利益的根本所在。当企业面向客户时，客户最关注的就是能够好用点、少停电的问题，故将全力减少停电次数、缩短停电时间作为停电管理的主要内容。但是一旦停电，现场管理将是供电公司一切工作的最终落脚点，所有工作最终通过现场完成，主要包括"施工、运行、检修、操作、抢修、营销服务"六类作业现场。最后，投诉是衡量客户满意度的重要标尺，直观反映了客户对供电质量和服务质量的满意度，也标志着整套业务流程的完成。因此，对这六个要素进行考察即能准确评判业务流程进程中各项工作的尽职尽责程度。

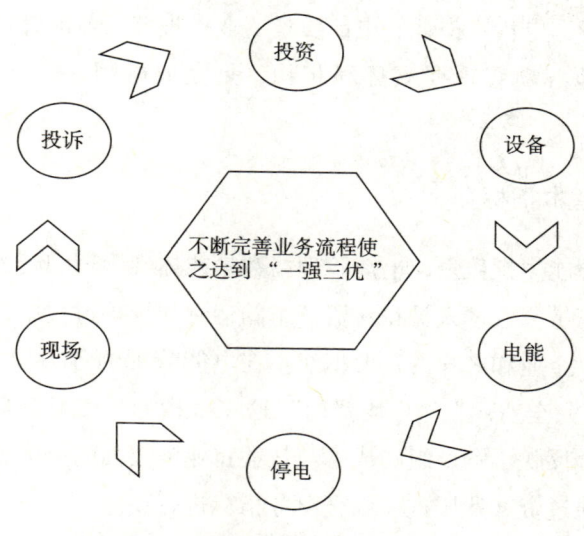

图 8-2 流程管理的"六要素"

管理能力指数可以归纳为"投资、设备、电能、停电、现场、投诉"管理六个方面。这六项"管理要素"相互影响，密切关联，在公司运营管理中处于基础性地位。第一，投资管理是公司的第一管理，直接影响着"设备、停电、投诉、电能"管理，对公司整体性发展起着引领性作用。投资的精准到位可以确保电网结构合理、容量充裕、设备健康，进而减少停电次数和时间，解决电能质量、线损、投诉等一系列问题。第二，设备管理是可靠供电的第一基础，与"投资、停电、投诉"管理紧密相关。设备管理中发现的问题，为投资管理提供了方向引导，同时通过设备安全性评价管理，提高设备健康水平，可以有效降低故障停电次数和时间，提高电能质量，减少客户投诉。第三，停电管理是电网运维的第一要求，与"设备、现场、投诉、电能"管理相互关联，体现着"少停电""省心电"的要求。通过停电管理可以有效提高供电可靠性，改善客户感知，为优质服务提供基础性保证。同时也为设备管理明确了运维重点和消缺目标。第四，所有工作均通过现场完成，各项目标任务的安全质量均要通过现场得到保证，现场管理质量对公司运营成效起着决定性影响，是保障公司健康稳定发展的基本保证。第五，投诉管理直观反映客户感知，是落实供电服务要求的重要抓手之一，也为"投资、设备、停电、现场、电能"管理的持续改进提供方向。第六，电能管理是公司经营的核心业务，涉及电量、电费、电价、损耗、电能质量、业扩报装、节能管理、新能源服务等方面，与其他五项管理要素环环相扣，是完成电网这个业务流程的关键因素。

8.4.2 基本指标

在资产管理能力指数里，电能管理指数最能体现管理归责人员的尽职贡献程度与过程的衡量。管理人员在对资产组的运营和维护过程中，电能管理是连接输电和配电、企业和客户的重要枢纽。在电能管理的各项指标中，"单位资产费用""人均完全费用""户均费用"这三个指标是衡量管理能力的最基本指标。它们综合反映了资产组的成本与效益将业务层面的努力转化为公司经营绩效的提升，通过资产费用这一综合财务指标进行反映。

"单位资产费用"这一指标贯穿了整个资产管理能力指数的各个层级。从最基础的低压台区资产组向上，每一层资产组都可以通过明确"单位资产费用"这一指标来反映资产组的运营过程的单体与整体效率。电网企业的资产，核心在于能够充分发挥输配供能力，最终实现电力销售。"单位资产费用"可以从财务指标的角度反映出资产组管理过程中的效率和人员贡献程度。

"人均完全费用"从人力资源的角度来解释资产管理是否尽职尽责。企业的核心竞争力在于人，管理好人力资源就是对企业最高的要求。当人均完全费用较少的时候，可以表明在企业运营流程中，对人力资源的管理较为严格，使人力资源的效率效用充分发挥，企业运营充满朝气与活力。

"户均费用"是从客户的角度来看资产管理费用的耗用。在面向客户的时候，如果户均费用比较少，说明企业的客户数量与管理费用之间达到一种平衡。而户均费用可以反映出从客户层面来说，企业的费用是否合理，企业的管理是否高效，从而可以观察出企业管理是否尽职贡献。

8.4.3 辅助指标

对于不同层级的资产组，它们具有不同的功能、不等的服务范围、不一样的管理目标，因此，所适用的指标体系也是不同的。基于此，根据各层级资产组的特性，分别从流程管理的各要素方面来设计指标体系。

8.4.3.1 低压台区资产组

在电力系统中，台区是指（一台）变压器的供电范围或区域。它是电力经济运行管理的名词，在特定语句中也是一区域地名。

实行分台区管理，建立科学的考核激励机制，实现责任到人、考核到人，有利于打破长期以来形成的"人管人"的局面，对于提高工作效率和服务水平，树立国家电网"优质、方便、规范、真诚"的服务形象，实现建设"一强三优"现代公司的战略目标具有重要的意义。

单位资产费用，用来反映资产修理费用高低。每年电网资产都按资产的标准预算修理费用，如果本指标实际比值过高，说明修理费用过高，当然也有可能是资产老化的结果，应查明原因，进而作出管理决策。

人均完全费用，费用与员工人数的比值。该比值为费用的相对指标，除去员工人数的影响，用来反映费用的相对高低。

户均费用，费用与客户数的比值。该指标为从客户角度观察的相对指标，除去客户数量的影响，来反映费用的相对高低。

抄表准确准时率，一定时期内员工抄表准确准时单数/总单数，此比值反映基层员工的工作态度和能力，如果较低，需要管理干涉。如表8-8所示。

表8-8　　　　　　　　低压台区资产组的管理能力指标体系

考察维度	主要信息
基本指标（电能）	单位资产费用，人均完全费用，户均费用
投诉	抄表准确准时率

8.4.3.2 10kV 线路资产组

10kV 线路资产组作为相较于台区较大、较完整的网络资产组，除去组内台区之外，还含有连接台区的 10kV 线路。如前文所述，在大量的供电线路中，有 2/3 到 4/5 的供电量是通过 10kV 线路直接输出的。

完全费用是指企业一定时期为生产和销售一定数量和种类的产品或劳务所发生的全部耗费。不仅包括了制造成本的部分，还将期间费用也纳入成本核算范围。人均完全费用可以体现企业的人力资源效率。

直接费用是指直接为生产产品而发生的各项费用，包括直接材料费、直接人工费和其他直接支出。在企业当中，可以通过员工人均直接费用观察到将直接费用具体分摊到每个员工后的效益。

电量统计准确准时率为一定时期内抄表得到电量的准确准时单数与总单数的比值，反映电量统计数据的质量。如表8-9所示。

表8-9　　　　　　　10kV 线路资产组的管理能力指标体系

考察维度	主要信息
基本指标（电能）	单位资产费用，人均完全费用，户均费用
投诉	电量统计准确准时率
现场	员工人均直接费用
设备	输电工程单位长度造价，变电单位资产检修费用

8.4.3.3　35kV 变电站资产组

变电站是改变电压的场所，其主要设备是开关和变压器，将电厂发出来的电能远距离输送，就需要变电站的升压再降压才能实现。

变电单位资产检修费用，变电资产组检修费用与资产组原值的比值，用来反映资产检修费用高低，与单位资产费用相似，该指标异常时，应从费用和资产两个角度去寻找原因。

变电可靠率，用来反映变电站运行稳定可靠的指标。该指标越高，表示停电的概率越小，电网越安全。

项目储备金额，表示该资产组的潜在投资需求大小，该指标可以用来辅助预算制定和项目排序。如表8-10所示。

表8-10　　　　　　35kV 变电站资产组的管理能力指标体系

考察维度	主要信息
基本指标（电能）	单位资产费用，人均完全费用，户均费用
投诉	电量统计准确准时率

续表

考察维度	主要信息
现场	员工人均直接费用
设备	变电单位资产检修费用、变电工程单位容量造价
停电	变电可靠率
投资	项目储备金额

8.4.3.4 35kV 线路资产组

35kV 线路资产组作为县公司的重要组成部分，其评判标准对于县公司来说十分重要。我们从输变电可靠率来看，当输变电可靠率不断提升时，说明该资产组所覆盖的供电区域的用电稳定状况比较好，实现了电网坚强，能够满足客户对电网稳定的需求。

输变电单位资产检修费用，变电资产组检修费用与资产组原值的比值，该指标的评价标准参考单位资产费用。

输变电可靠率，用来表示输变电运行的可靠性，该指标的评价标准参考变电可靠率。如表 8-11 所示。

表 8-11　　　　　35kV 线路资产组的管理能力指标体系

考察维度	主要信息
基本指标（电能）	单位资产费用，人均完全费用，户均费用
投诉	电量统计准确准时率
现场	员工人均直接费用
设备	输变电单位资产检修费用、输电工程单位长度造价
停电	输变电可靠率
投资	项目储备金额

8.4.3.5 110kV 变电站资产组

投资三年内容载比达标率，为实际容载率与预估容载率的比值，该指标用来评价资产组内项目投资的效率，若达标率比较低，应引起管理者的足够重视。如表 8-12 所示。

表 8 – 12　　　　　110kV 变电站资产组的管理能力指标体系

考察维度	主要信息
基本指标（电能）	单位资产费用，人均完全费用，户均费用
投诉	电量统计准确准时率
现场	员工人均直接费用
设备	输变电单位资产检修费用、输电工程单位长度造价
停电	输变电可靠率
投资	项目储备金额、投资三年内容载比达标率

8.4.3.6　110kV 线路资产组

作为地市公司，110kV 线路资产组肩负着整个城市的用电安全和保障工作。在 110kV 线路资产组的考察中，企业应当更重视一些综合性高的指标，尤其在电能和停电这两个维度，需要格外关注。

全口径劳动生产率，用来反映企业员工价值创造能力，该指标越大，表示员工生产效率较高，创造社会财富多。如表 8 – 13 所示。

表 8 – 13　　　　　110kV 线路资产组的管理能力指标体系

考察维度	主要信息
基本指标（电能）	单位资产费用，人均完全费用，户均费用
投诉	电量统计准确准时率
现场	员工人均直接费用、全口径劳动生产率
设备	输变电单位资产检修费用、输电工程单位长度造价
停电	输变电可靠率
投资	项目储备金额、投资三年内容载比达标率

8.4.4　管理能力指标体系

综上所述，指标体系如表 8 – 14 所示（根据上述直接汇总）：

表8-14 管理能力指标体系

资产组	维度	指标	计算公式	时间属性	数据来源	负责部门
低压台区	基本指标（电能）	单位资产费用	单位资产费用＝资产组检修维护费用/资产组资产原值	月	财务管控"一键式"报表	财务部
		人均完全费用	人均完全费用＝(资产组所耗制造成本＋期间费用)/总人数	日	用正态分布或五分位法对指标值进行分段评价	财务部、人资部
		户均费用	户均费用＝资产组所耗成本/所属区域电表数			
	投诉	抄表准确时率	抄表准确时率＝一定时期内员工抄表准确时单数/总单数	月	ERP	运检部
10kV线路	基本指标（电能）	单位资产费用	单位资产费用＝资产组检修维护费用/资产组资产原值	月	财务管控"一键式"报表	财务部
		人均完全费用	人均完全费用＝(资产组所耗制造成本＋期间费用)/总人数	日	用正态分布或五分位法对指标值进行分段评价	财务部、人资部
		户均费用	户均费用＝资产组所耗成本/所属区域电表数			
	投诉	电量统计准确时率	电量统计准确时率＝一定时期内抄表得到电量的准确时单数/总单数	日	ERP	运检部
	现场	员工人均直接费用	员工人均直接费用＝资产组所耗期间费用/总人数	日	用正态分布或五分位法对指标值进行分段评价	财务部、人资部

续表

资产组	维度	指标	计算公式	时间属性	数据来源	负责部门
10kV线路	设备	输电工程单位长度造价		年		基建部
		变电单位资产检修费用	变电单位资产检修费用＝变电资产组检修费用/资产组原值	日	ERP PMS	运检部
		单位资产费用	单位资产费用＝资产组检修维护费用/资产组资产原值	月	财务管控"一键式"报表	财务部
基本指标（电能）		员工人均完全费用	员工人均完全费用＝(资产组所耗制造成本＋期间费用)/总人数	日	用正态分布或五分位法对指标值进行分段评价	财务部、人资部
		户均费用	户均费用＝资产组所耗成本/所属区域电表数			
	投诉	电量统计准确时率	电量统计准确时率＝一定时期内抄表得到电量的准确准时单数/总单数	日	ERP	运检部
35kV变电站	现场	员工人均直接费用	员工人均直接费用＝资产组所耗期间费用/总人数	日	用正态分布或五分位法对指标值进行分段评价	财务部、人资部
	设备	变电单位资产检修费用	变电单位资产检修费用＝变电资产组检修费用/资产组原值	日	ERP PMS	运检部
		变电工程单位长度造价		年		基建部

续表

资产组	维度	指标	计算公式	时间属性	数据来源	负责部门
35kV变电站	停电	变电可靠率	变电可靠率 = $\left(1 - \dfrac{用户平均停电时间}{统计期间时间}\right) \times 100\%$ 其中： 用户平均停电时间(小时/[户·年]) = $\dfrac{\sum(每次停电持续时间 \times 每次停电用户数)}{总用户数}$	日	电能质量在线监测系统	安质部、运检部
35kV变电站	投资	项目储备金额	实际值来自公司统计数据	月	1. 下达值来自公司下达的综合计划或调整计划。 2. 实际完成值来自公司统计数据。 3. 项目储备总个数来自项目储备个数、项目规划计划管理系统	发展部
35kV线路	基本指标（电能）	单位资产费用	单位资产费用 = 资产组检修维护费用/资产组资产原值	月	财务管控"一键式"报表	财务部
35kV线路	基本指标（电能）	员工人均完全费用	员工人均完全费用 = (资产组所耗制造成本 + 期间费用)/总人数	日	用正态分布或五分位法对指标值进行分段评价	财务部、人资部
35kV线路	基本指标（电能）	户均费用	户均费用 = 资产组所耗成本/所属区域电表数			
35kV线路	投诉	电量统计准确时率	电量统计准确时率 = 一定时期内抄表得到电量的准确时单数/总单数	日	ERP	运检部

第8章 基于资产组的电网企业价值创造能力评价

133

续表

资产组	维度	指标	计算公式	时间属性	数据来源	负责部门
35kV线路	现场	员工人均直接费用	员工人均直接费用＝资产组所耗期间费用/总人数	日	用正态分布五分位法对指标值进行分段评价	财务部、人资部
	设备	输变电单位资产检修费用	输变电单位资产检修费用＝输变电资产组检修费用/资产组原值	日	ERP PMS	运检部
		输电工程单位长度造价		年		基建部
	停电	输变电可靠率	输变电可靠率＝$\left(1-\dfrac{\text{用户平均停电时间}}{\text{统计期间时间}}\right)\times 100\%$ 其中： 用户平均停电时间（小时/[户·年]）＝$\dfrac{\sum(\text{每次停电持续时间}\times\text{每次停电用户数})}{\text{总用户数}}$	日	电能质量在线监测系统	安质部、运检部
	投资	项目储备金额	实际值来自公司统计数据	月	1. 下达值来自公司下达的综合计划或调整计划。 2. 实际完成值来自公司统计数据。 3. 项目储备个数、项目储备总个数来自研批复个数，项目规划管理系统	发展部

134

续表

资产组	维度	指标	计算公式	时间属性	数据来源	负责部门
110kV变电站	基本指标（电能）	单位资产费用	单位资产费用=资产组检修维护费用/资产组资产原值	月	财务管控"一键式"报表	财务部
		员工人均完全费用	员工人均完全费用=(资产组所耗制造成本+期间费用)/总人数	日	用正态分布或五分位法对指标值进行分段评价	财务部、人资部
		户均费用	户均费用=资产组所耗成本/所属区域电表数			
	投诉	电量统计准确时率	电量统计准确时率=一定时期内抄表得到电量的准确时单数/总单数	日	ERP	运检部
	现场	员工人均直接费用	员工人均直接费用=资产组所耗期间费用/总人数	日	用正态分布或五分位法对指标值进行分段评价	财务部、人资部
	设备	输变电单位资产检修费用	输变电单位资产检修费用=输变电资产组检修费用/资产组原值	日	ERP PMS	运检部
		变电工程单位长度造价		年		基建部

续表

资产组	维度	指标	计算公式	时间属性	数据来源	负责部门
110kV变电站	停电	输变电可靠率	输变电可靠率 = $\left(1 - \dfrac{\text{用户平均停电时间}}{\text{统计期间时间}}\right) \times 100\%$ 其中： 用户平均停电时间（小时[户·年]） $= \dfrac{\sum(\text{每次停电持续时间} \times \text{每次停电用户数})}{\text{总用户数}}$	日	电能质量在线监测系统	发质部、运检部
	投资	项目储备金额	实际值来自公司统计数据	月	1. 下达值来自公司下达的综合计划或调整计划。 2. 实际完成值来自公司统计数据。 3. 项目可研批复个数、项目储备总个数来自规划计划管理系统	发展部
		投资三年内容载比达标率	投资三年内容载比达标率 =（实际容量 - 设计容量）/设计容量	月		发展部
		单位资产费用	单位资产费用 = 资产组检修维护费用/资产组资产原值	月		财务部
110kV线路	基本指标（电能）	员工人均完全费用	员工人均完全费用 =（资产组所耗制造成本 + 期间费用）/总人数	日	财务管控"一键式"报表	财务部、人资部
		户均费用	户均费用 = 资产组所耗成本/所属区域电表数		用正态分布或五分位法对指标值进行分段评价	

续表

资产组	维度	指标	计算公式	时间属性	数据来源	负责部门
110kV 线路	投诉	电量统计准确时率	电量统计准确时率=一定时期内抄表得到电量的准确准时单数/总单数	日	ERP	运检部
	现场	员工人均直接费用	员工人均直接费用=资产组所耗期间费用/总人数	日	用正态分布或五分位法对指标值进行分段评价	财务部、人资部
		全员劳动生产率	全员劳动生产率(%)=[工业增加值(人资口径)/(用工总量平均人数+劳务派遣用工人数)]×100%	日	用正态分布或五分位法对指标值进行分段评价	财务部、人资部
	设备	输变电单位资产组检修费用	输变电单位资产组检修费用=输变电资产组检修费用/资产组原值	日	ERP PMS	运检部
		输电工程单位长度造价		年		基建部

续表

资产组	维度	指标	计算公式	时间属性	数据来源	负责部门
110kV 线路	停电	输变电可靠率	输变电可靠率 $= \left(1 - \dfrac{\text{用户平均停电时间}}{\text{统计期间时间}}\right) \times 100\%$ 其中： 用户平均停电时间（小时[户·年]） $= \dfrac{\sum(\text{每次停电持续时间} \times \text{每次停电用户数})}{\text{总用户数}}$	日	电能质量在线监测系统	安质部、运检部
	投资	项目储备金额	实际值来自公司统计数据	月	1. 下达值来自公司下达的综合计划或调整计划。 2. 实际完成值来自公司统计数据。 3. 项目可研批复个数、项目储备总个数来自规划计划管理系统	发展部
		投资三年内容载比达标率	投资三年内容载比达标率 =（实际容量－设计容量）/设计容量	月		发展部

138

8.5 资产组各层级指标的内涵

8.5.1 资产组各层指标分类

电力公司资产组按照电压大小的等级分为了六层,在对资产组的综合绩效的分析上,有二十余个小指标对资产价值指数和资产管理能力指数这两大指数的分析提供了向上的支撑作用和向下的解释追溯作用。其中,这二十余个小指标内部也有一定的逻辑关系。

具体可以分为八个类别,分别为费用成本、资产价值、电量、线路长度、电量波动率、电压、停电时间、项目储备这八个方面。通过这八个方面全面综合地评价资产组状况,也是选定这二十余个评价指标的依据。如表 8-15 所示。

表 8-15   指标的分类

分类标准	指标
费用成本	资产综合折旧率、单位资产费用、输变电单位资产维修费用、员工人均费用、日均用工维护费用、电量统计维护费用、户均费用
资产价值	单位资产营业收入、输电工程单位造价、变电工程单位容量
电量	单位资产售电量、固定资产增售电量、户均售电量、电量统计准时准确率、投资三年内容载比达标率
线路长度	分项线损率、综合线损率
电量波动率	月均电量偏差、峰谷电量结构分布、日均电量偏差
电压稳定	电压合格率、重载率/轻载率、容载比
停电时间	输变电可靠性、日均故障次数
项目储备	项目储备金额

在费用成本方面,当其他指标相同时,费用成本这一类别耗费越大,说明该资产组效率越低,需要企业消耗大量的检修维护成本才能保证资产组的品质

优良。价值指数中的资产综合折旧率就反映了在评价资产组价值指数的时候，如果折旧率高，说明资产设备的使用年龄长，使用效率逐步下降，检修维护费用逐渐增长，需要格外重视。管理能力指标体系单位资产费用、输变电单位资产维修费用、员工人均费用也是反映了这个方面，资产组的单位资产费用越高意味着一定的供电能力耗费的费用越高，管理水平有待进一步提高，同理，输变电单位资产维修费用和员工人均费用较高，也预示着成本改善的空间。

在资产价值方面，能够直观体现资产价值的就是看该资产组能为企业带来多少现金流入。资产价值指数中的单位资产营业收入就能够衡量资产组每个最小单位能够为企业带来多少的收益。如果该资产组的单位资产营业收入低于标准水平，则说明该资产组在价值创造方面仍有漏洞需要改进。管理能力指标体系中的输电工程单位造价、变电工程单位容量造价反映了资产的价值情况。一般来说，单位造价越高，意味着设备的质量较好、自动化和智能化水平较高，资产相对更有价值。

在电量方面，对于电力企业来说，完成输配电最后一个环节，也是最重要的一个环节，就是售电。售电量的高低直接反映了企业的业绩好坏。其中，在资产价值指数当中，单位资产售电量、固定资产增售电量、户均售电量这三个指标，分别从现有资产、新投入资产和用户这三个方面说明了售电量增长的较关键因素。资产的管理能力指标体系中电量统计准时准确率刻画了电量统计的准确性和及时性，虽然电量的统计是辅助性环节，但是却是实现收入的基础性工作。此外，投资三年内容载比达标率从技术的角度分析了资产的利用效率，从侧面反映了电量的销售情况，这个指标越高，表明通过设备服务的电量越高，资源的利用效率越高。

在线路长度方面，电力企业进行输配电的工作，最重要的载体就是线路。如何降低线路的线损率是对线路长度的一个很大的难题。线损率低，电这个产品的供和售之间差距缩小，损耗减少，对于企业来说是增收创收的福音。所以在资产价值指数中，分别有分项线损率和综合线损率这两个指标，分别针对低层资产组和高层资产组的线路进行测算，如果线损率高于标准水平，说明该线路上的损耗过大，需要关注。

在电量波动率和电压稳定上，都是从供电售电的质量来看。其中，电量波动率是从供电质量，电压稳定是从售电质量来进行评价。对于供电环节来说，电压波动率越小，说明供电环节平稳，安全事故率小，整体供电水平比较稳定。对于售电环节来说，电压稳定，用户用电安全可靠，停电发生概率低，用户满意度比较高，也保证了资产组的整体质量，达到了资产组供售电稳步增长的预期。

停电时间用输变电可靠率衡量，电力公司最重要的目标之一便是保障电网的安全运行，重要性甚至大于经济目标。输变电可靠性越高，停电时间越短，说明电网运行越良好。一般来说，可以通过对资产定期检修维护、设立预警机制、尽量减少停电作业提高输变电可靠率，降低停电时间。

项目储备金额，是指当年没有列入预算，排队进入以后年度预算的项目规划。项目储备金额制度有利于科学地规划项目投资，分清轻重缓急。此外，对于电力公司，该指标还有现实的意义，当省公司下达预算时，市电力公司能迅速而准确地上报预算项目，减少部门之间的沟通成本。一般来说，该指标越大，意味着需要进行的投资越多。

8.5.2 资产组各类指标的功能

对于低压台区来说，作为最低层级和直接面对用户的资产组，能直接产生现金流。低压台区的存在的意义是相对独立，无论技术意义上还是经济意义上，独立核算有利于考核与决策。低压台区资产组需要考虑的最重要的因素就是售电量的多少和售电时用户用电是否稳定。所以，低压台区资产组的单位资产售电量和电压合格率的指标具有非常重要的意义。不仅对本资产组的运营状态有衡量评价的作用，对上一层级资产组，即10kV线路资产组的绩效评价也有重要意义。一方面，10kV线路资产组的售电收入的一个重要组成因素就是其下属低压台区资产组的售电量；另一方面，考察10kV线路资产组的电压合格率时，如果出现异常，可以直接透视其下属低压台区资产组，查看究竟是哪片区域的低压台区电压不稳定，直查病灶，高效快捷。

10kV线路资产组是由10kV路线和所辖台区组成，不含有变电站资产，具有承上启下的作用。一方连接变电站，可以衡量变电站的效率，另一方连接服务台区的客户，可以统计用电量等数据。考核指标中相对台区，还有衡量资产组设备运营是否过载的重载率和资产组设备运营效率是否低下的轻载率，以及衡量人力资源利用效率的人均客户服务数。这些对于10kV线路资产组来说也是非常重要的指标。一方面，10kV 线路资产组里有最直观的线路设备，对于线路运行效率的高低衡量对于整个企业都有十分重要的意义；另一方面，10kV 线路资产组对上一层资产组，即 35kV 变电站资产组运营状态评价系统也需要 10kV 线路资产组来解释其表现。35kV 变电站资产组连接了其下属的 10kV 线路资产组，10kV 线路资产组的表现如何，直接影响到 35kV 变电站资产组的表现。

35kV 变电站资产组含有变电站，一般为县公司所辖。作为一个相对完整的资产组，可以更全面的考察。除了上述指标，35kV 变电站资产组的分项线损率可以直接评价 35kV 变电站资产组的供售电差距及线路损耗情况。这不仅对 35kV 变电站资产组的运营检测有重要意义，对上一层级资产组，即 35kV 线路资产组的供电状态也有十分重要的意义。当 35kV 线路资产组的分项线损率在某一片区域特别高的时候，可以直接透视 35kV 变电站资产组来检测是哪一个点出现了问题。

35kV 线路资产组相对于 35kV 变电站资产组又增加了线路，考核内容更完整。35kV 线路资产组的固定资产增售电量是对于高层级资产组有了新的固定资产投入后的表现进行评定。在 35kV 线路资产组中，固定资产增售电量体现了新投入设备的运营状况和上年投资活动的效率。同样，35kV 线路资产组的评定也对上一层级资产组，110kV 变电站资产组的评定有一定的支撑作用，其上年投资活动的表现也可以作为 110kV 变电站资产组投资活动表现的一个重要因子，在 110kV 变电站资产组的表现中有明显的相关作用。

在当前电力体制管理下，110kV 以上由省公司直接管理，110kV 变电站资产组和 110kV 线路资产组是市公司管理的最高电压级别资产组。110kV 变电站资产组对资产的评价标准中多了资产综合折旧率，这个指标在评价 110kV 变电站资产组自身的同时，也间接反映出其上一级资产组，即 110kV 线路资产组的资产状况。如果 110kV 线路资产组在某一块区域的资产折旧率特别高，可以直接透视到 110kV 变电站资产组，查看具体位置和原因，迅速改善资产状况。

8.5.3 资产组各指标的信息源

为了减少新系统的开发成本和后期运行维护成本，价值指标体系和管理能力指标体系的指标在设计时就要考虑到数据的可得性，即数据的信息源问题。数据不是越多越好，太多的信息会将有用重要信息淹没其中，让管理者抓不住指标评价的重点。本书设计的指标绝大多数采用国网公司现运行系统中的指标，通过对现有指标的整合、结构化，既减少了系统运行的阻力，又不会对管理者产生新的负担（见表 8 –16）。此外，还有一小部分指标是通过对系统的数据初步加工而成，如员工营业收入指标，收入来源于财务系统，员工来源于人力资源系统，只需要将两者建立联系，在计算机工作环境下，所增加的额外成本几乎是可以忽略的。

表 8 –16　　　　　　　　　　　　指标信息源

指数	指标编号	指标名称	负责部门
资产组资产价值指数评价指标体系	GH000014 CW000274	单位资产售电量	财务部
	JX000574 ZH000847	电压合格率	运检部
		电压稳定率	
		日均故障次数	
		日均用工维护费用	
		月均电量偏差	
		峰谷电量结构分布	
		电量统计维护费用	
	CW000190	单位资产营业收入	财务部
	DD001285	重载率	发展部、运检部
		轻载率	发展部、运检部
	RZ001163	户均容量	人资部
	GH000001	容载比	发展部
	RZ001162	户均售电量	人资部
	GH000015	分项线损率	营销部
	CW000302	固定资产增收电量	发展部
	CW000246	资产综合折旧率	财务部
	GH000015	综合线损率	营销部

续表

指数	指标编号	指标名称	负责部门
资产组资产管理能力指数指标体系	CW000208 CW000209 CW000274	单位资产费用	财务部
	YX000745	抄表准确准时率	运检部
		电量统计准确准时率	运检部
	CW000209 CW000210 RZ001165	员工人均费用	财务部、人资部
		户均费用	
	CW000263 CW000274	变电单位资产检修费用	运检部
	JX000408	变电可靠率	安质部、运检部
	汇总值	项目储备金额	发展部
	JX000406	输变电可靠率	安质部、运检部
	GH000047	投资三年内容载比达标率	发展部
	RZ001153	全员劳动生产率	财务部、人资部
	JS000951 JS000952	输/变电工程单位长度造价	基建部

注：指标标号来自国网口径。

8.6 资产组各层级指标的逻辑关系

8.6.1 定量逻辑关系

8.6.1.1 价值指数

六层资产组二十余个指标之间，无论是横向延展还是纵向追溯，都有着相互作用的联系。对于横向延展来说，同一层级的指标之间有着相辅相成的关系。比如单位资产收入和单位资产售电量之间就隔着乘以平均电价的因素。从纵向追溯来说，每一层级资产组的指标对上层指标都是支撑支持的作用，而对下层指标都有解释追溯的权利，这样上下贯通，形成了如图8-3所示的六层资产组指标体系。

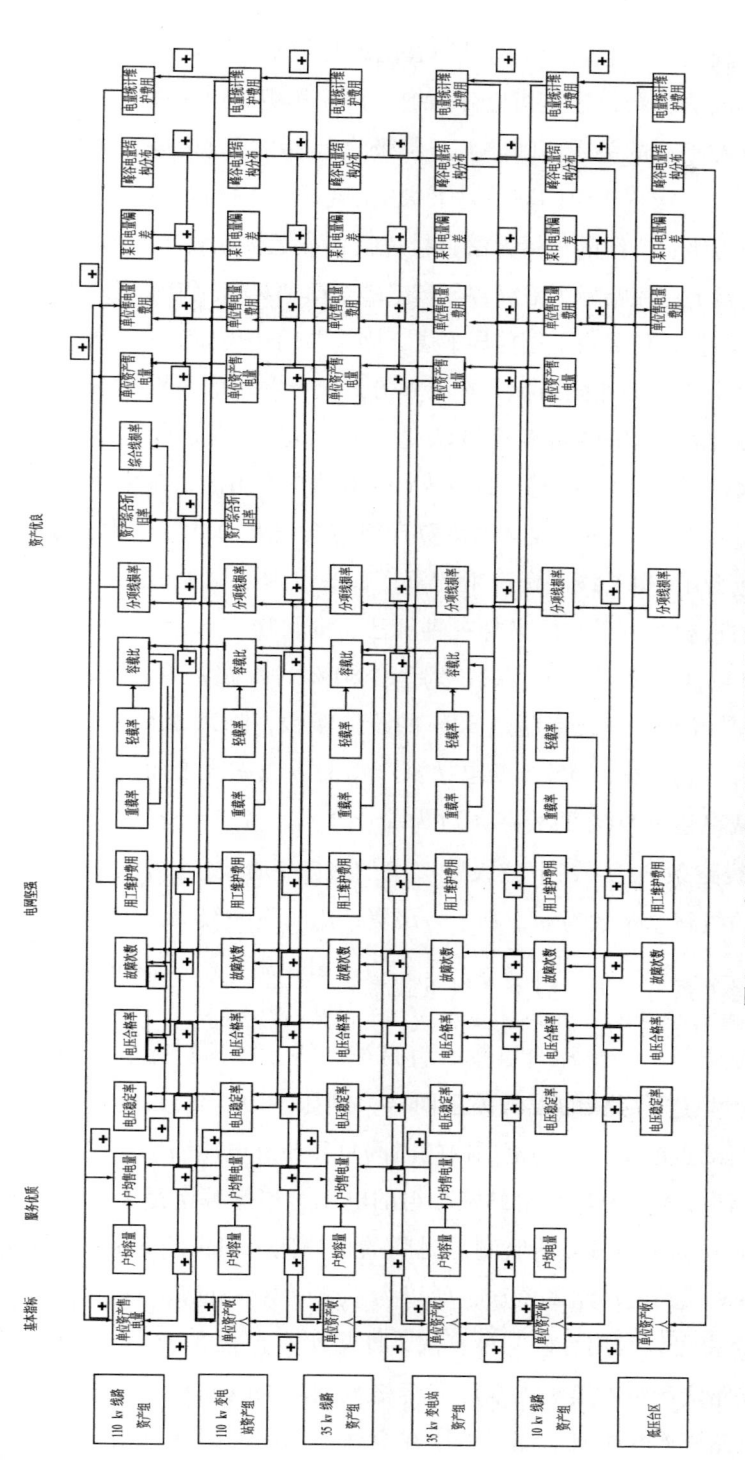

图 8-3 各层级资产组关系图(价值指数指标体系)

资产组各层级指标的逻辑关系有从下往上的加权平均、汇总求和，从上至下的迭代分解、减法求余，这是指标分为绝对指标和相对指标决定的。绝对指标上下级之间存在汇总的关系，因此上下层级的指标可以直接进行运算，如固定资产增售电量，上级资产组的数目是下级的汇总数。而相对指标由于存在分母的原因，上下层级资产组的指标无法直接进行加减运算，故需要加权与迭代，如单位资产售电量上层级指标由下级各资产组的规模和对应的单位资产售电量共同决定，而若要将指标任务由上层传导下层，则需要用迭代分解的方法。

作为上下级资产组的相同指标，在计算方式上有一定的逻辑关系。以重载率为例，10kV 线路资产组的重载率算法是容载比超过 80% 的线路条数除以 10kV 线路总条数，其上一层指标，即 35kV 变电站资产组的重载率算法是该资产组容载率超过 80% 的线路条数除以该资产组包含线路总条数。但由于 35kV 变电站资产组包含了 10kV 线路资产组的资产，所以为了避免重复计算，35kV 变电站资产组的重载率可以利用另外一种算法，即将所有包含在 35kV 变电站资产组里的 10kV 线路资产组的容载率超过 80% 的线路加在一起，再加上 35kV 变电站资产组本身容载率超过 80% 的线路条数，除以 35kV 变电站资产组线路的总条数，就能得出 35kV 变电站资产组的重载率。推而广之，设下一级资产组的容载率超过 80% 的线路条数为 $a_{1,2,3,4,5,\cdots}$，上一级资产组本身容载率超过 80% 的线路条数为 b，下一级资产组的线路总条数为 $n_{1,2,3,4,5,\cdots}$，上一级资产组本身的线路总条数为 m，则上一级资产组与下一级资产组在重载率这一指标上的逻辑关系是：上一级资产组重载率 $= \dfrac{a_1 + a_2 + a_3 + a_4 + a_5 + \cdots + b}{n_1 + n_2 + n_3 + n_4 + n_5 + \cdots + m}$。

在"电网坚强"中，电压合格率一直是被严格监控的指标，层层资产组都要重点关注。就上下层级的逻辑关系而言，例如，10kV 线路资产组的电压合格率算法是监测点电压在合格范围内的时间总和与月电压监测总时间的百分比，其上一层指标，即 35kV 变电站资产组的电压合格率算法是监测点电压在合格范围内的时间总和与月电压监测总时间的百分比。但由于 35kV 变电站资产组包含了 10kV 线路资产组的资产，所以为了避免重复计算，35kV 变电站资产组的电压合格率可以利用另外一种算法，即将所有包含在 35kV 变电站资产组里的 10kV 线路资产组的监测点电压在合格范围内的时间总和加在一起，再加上 35kV 变电站资产组本身监测点电压在合格范围内的时间总和，除以月电压监测总时间，就能得出35kV变电站资产组的电压合格率。推而广之，设下一级资产组的监测点电压在合格范围内的时间总和为 $a_{1,2,3,4,5,\cdots}$，上一级资产组本身监测点电压在合格范围内的时间总和为b，下一级资产组的月电压监测总时间为 $n_{1,2,3,4,5,\cdots}$，上一级资产组本身的月电压监测总时间为m，则上一级资产组与下一级资产组在重载率这一指标上的逻辑关系是：上一级资产组重载率 = $\dfrac{a_1+a_2+a_3+a_4+a_5+\cdots+b}{n_1+n_2+n_3+n_4+n_5+\cdots+m}$。

户均售电量是衡量资产组价值中的优质服务这一目标的综合指标。以户均售电量的上下级逻辑关系为例，10kV线路资产组的户均售电量算法是归属于该资产组的售电量除以归属于该资产组的员工人数，其上一层指标，即35kV变电站资产组的户均售电量算法是该资产组售电量除以该资产组的员工人数。但由于35kV变电站资产组包含了10kV线路资产组的资产，所以为了避免重复计算，35kV变电站资产组的户均售电量可以利用另外一种算法，即将所有包含在35kV变电站资产组里的10kV线路资产组的售电量加在一起，再加上35kV变电站资产组本身的售电量，除以35kV变电站资产组员工的总人数，就能得出35kV变电站资产组的户均售电量。推而广之，设下一级资产组的售电量为 $a_{1,2,3,4,5,\cdots}$，上一级资产组总售电量为b，下一级资产组的员工总人数为 $n_{1,2,3,4,5,\cdots}$，上一级资产组本身的员工总人数为m，则上一级资产组与下一级资产组在户均售电量这一指标上的逻辑关系是：上一级资产组户均售电量 = $\dfrac{a_1+a_2+a_3+a_4+a_5+\cdots+b}{n_1+n_2+n_3+n_4+n_5+\cdots+m}$。

在业绩优秀这一目标中，资产价值指数分别从线路损耗、固定资产增收及单位资产售电量三个方面，综合衡量资产组的价值量。以分项线损率为例，10kV线路资产组的单位资产售电量算法是归属于该资产组的分项供电量减去归属于该资产组的分项售电量后再除以分项供电量乘以100%，其上一层指标，即35kV变电站资产组的分项线损率算法是归属于该资产组的分项供电量减去归属于该资产组的分项售电量后再除以分项供电量乘以100%。但由于35kV变电站资产组包含了10kV线路资产组的资产，所以为了避免重复计算，35kV变电站资产组的分项线损率可以利用另外一种算法，即将所有包含在35kV变电站资产组里的10kV线路资产组的分项供电量总和减去分项售电量总和，再加上35kV变电站资产组本身的供电和售电量之差，除以35kV变电站资产组供电量的总量,就能得出35kV变电站资产组的分项线损率。推而广之,设下一级资产组的供电量为 $a_{1,2,3,4,5,\cdots}$,下一级资产组的售电量为 $b_{1,2,3,4,5,\cdots}$,上一级资产组本身供电量为 c,下一级资产组的本身售电量为 d,则上一级资产组与下一级资产组在分项线损率这一指标上的逻辑关系是:上一级资产组分项线损率

$$=\frac{(a_1+a_2+a_3+a_4+a_5+\cdots+c)-(b_1+b_2+b_3+b_4+b_5+\cdots+d)}{(a_1+a_2+a_3+a_4+a_5+\cdots+c)}。$$

以固定资产增收电量为例,35kV线路资产组的固定资产增收电量算法是归属于该资产组的售电量减去上年售电量后再除以归属于该资产组的上年电网投资,其上一层指标,即110kV变电站资产组的固定资产增收电量归属于该资产组的售电量减去上年售电量后再除以归属于该资产组的上年电网投资。但由于110kV变电站资产组包含了35kV线路资产组的资产,所以为了避免重复计算,110kV变电站资产组的户均售电量可以利用另外一种算法,即将所有包含在110kV变电站资产组里的35kV线路资产组的增收电量加在一起,再加上110kV变电站资产组本身的增收电量,除以110kV变电站资产组上年电网投资,就能得出110kV变电站资产组的固定资产增收电量。推而广之,设下一级资产组的本年售电量为 $a_{1,2,3,4,5,\cdots}$,下一级资产组的上年售电量为 $b_{1,2,3,4,5,\cdots}$,下一级资产组的上年电网投资为 $n_{1,2,3,4,5,\cdots}$,上一级资产组本身本年售电量为 c,下一级资产组的本身上年售电量为 d,上一级资产组本身上年电网投资为 m,则上一级资产组与下一级资产组在固定资产增售电量这一指标上的逻辑关系是:上一级资产组固定资产增售电量

$$=\frac{(a_1+a_2+a_3+a_4+a_5+\cdots+c)-(b_1+b_2+b_3+b_4+b_5+\cdots+d)}{n_1+n_2+n_3+n_4+n_5+\cdots+m}。$$

以电量统计维护费用为例,35kV线路资产组的电量统计维护费用算法是归属于该资产组的电量统计维护费用,其上一层指标,即110kV变电站资产组的电量统计维护费用归属于该资产组的电量统计维护费用。但由于110kV变电站资产组包含了35kV线路资产组的资产,所以为了避免重复计算,110kV变电站资产组的电量统计维护费用可以利用另外一种算法,即将所有包含在110kV变电站资产组里的35kV线路资产组的电量统计维护费用加在一起,再加上110kV变电站资产组本身的增收电量,就能得出110kV变电站资产组的电量统计维护费用。推而广之,设下一级资产组的本年电量统计维护费用为 $a_{1,2,3,4,5,\cdots}$,上一级资产组本身本年电量统计维护费用为 b,则上一级资产组与下一级资产组在电量统计维护费用这一指标上的逻辑关系是:上一级资产

组电量统计维护费用 = $a_1 + a_2 + a_3 + a_4 + a_5 + \cdots + b$。

以单位资产售电量为例，10kV 线路资产组的单位资产售电量算法是归属于该资产组的售电量除以归属于该资产组的总资产量，其上一层指标，即35kV 变电站资产组的单位资产售电量算法是该资产组售电量除以该资产组的总资产量。但由于 35kV 变电站资产组包含了 10kV 线路资产组的资产，所以为了避免重复计算，35kV 变电站资产组的单位资产售电量可以利用另外一种算法，即将所有包含在 35kV 变电站资产组里的 10kV 线路资产组的售电量加在一起，再加上 35kV 变电站资产组本身的售电量，除以 35kV 变电站资产组资产的总量，就能得出 35kV 变电站资产组的单位资产售电量。推而广之，设下一级资产组的售电量为 $a_{1,2,3,4,5,\cdots}$，上一级资产组总售电量为 b，下一级资产组的总资产量为 $n_{1,2,3,4,5,\cdots}$，上一级资产组本身的总资产量为 m，则上一级资产组与下一级资产组在单位资产售电量这一指标上的逻辑关系是：上一级资产组单位资产售电量 = $\dfrac{a_1 + a_2 + a_3 + a_4 + a_5 + \cdots + b}{n_1 + n_2 + n_3 + n_4 + n_5 + \cdots + m}$。

8.6.1.2　管理能力指数

资产的管理能力指标体系基本指标为单位资产费用，其中费用为资产组检修维护费用，该项指标越低，反映企业关于资产维护修理支出较少，资产的管理效果较好。设下一级资产组的变电资产组检修费用为 $a_{1,2,3,4,5,\cdots}$，上一级资产组本身资产组变电资产组检修费用为 b，下一级资产组的资产组资产原值为 $n_{1,2,3,4,5,\cdots}$，上一级资产组本身的资产组资产原值为 m，则上一级资产组与下一级资产组在资产组检修维护费用这一指标上的逻辑关系是：上一级资产组检修维护费用 = $\dfrac{a_1 + a_2 + a_3 + a_4 + a_5 + \cdots + b}{n_1 + n_2 + n_3 + n_4 + n_5 + \cdots + m}$。

110kV 线路资产组的单位资产费用由 110kV 线路和 110kV 变压器的单位资产费用加权而成，而 110kV 变电站资产组的单位资产费用由 110kV 变压器和 35kV 变压器资产组共同决定。以此类推，高层级资产组的单位资产费用由本层级资产组专有资产与低层级资产组共同决定。设下一级资产组的资产组检修维护费用为 $a_{1,2,3,4,5,\cdots}$，上一级资产组本身资产组检修维护费用为 b，下一级资产组的资产组资产原值为 $n_{1,2,3,4,5,\cdots}$，上一级资产组本身的资产组资产原值为 m，则上一级资产组与下一级资产组在资产组检修维护费用这一指标上的

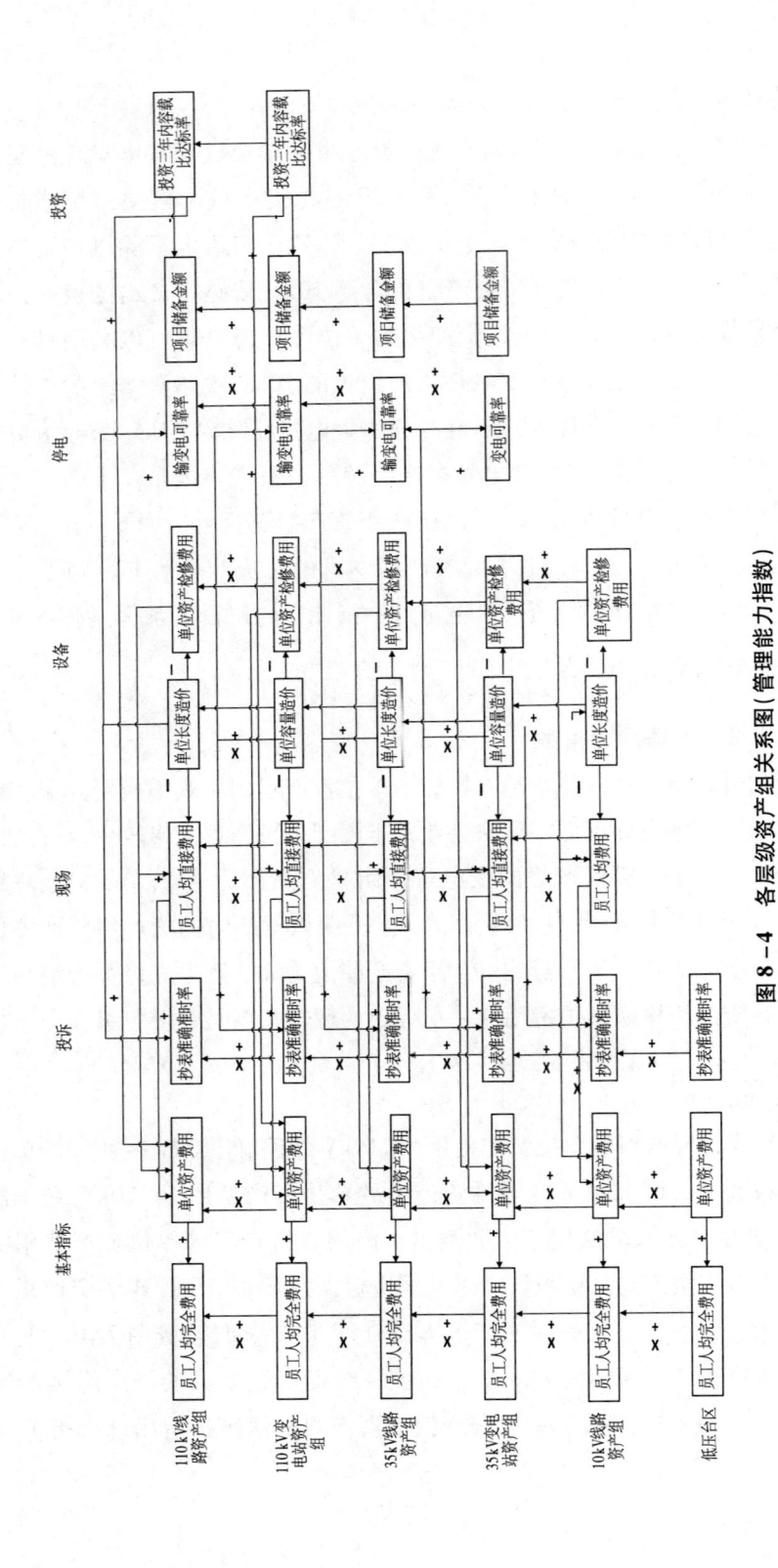

图 8-4 各层级资产组关系图（管理能力指数）

逻辑关系是：上一级资产组检修维护费用 = $\dfrac{a_1 + a_2 + a_3 + a_4 + a_5 + \cdots + b}{n_1 + n_2 + n_3 + n_4 + n_5 + \cdots + m}$。与单位资产费用一样，电量统计准时准确率、员工人均费用、输变电单位资产检修费用、输变电储备金额等指标可以进行类似的分解追溯，沿着资产组层级的方向绩效考核与目标管理。

线路与变电站为两类差异较大的资产类别，除了上述通用型指标，也可以分别采用专属性指标，如评价线路用单位长度造价，评价变电站用单位容量造价。因为 10kV 以上资产组既含有变电站，也含有线路资产，所以上述指标不适用于评价整个资产组，而只针对各个电压层级的变电站资产和线路资产。与通用型指标可以沿着资产组层级分解不同的是，单位长度造价指标和单位容量造价指标通常进行横向比较，奖惩激励。

综上，评价指标体可以分为通用型和专属性，对于通用型指标评价，首先进行横向或纵向对比，寻找差异，然后再沿着资产组层级的方向追溯，发现责任原因，控制奖惩；对于专属性指标评价，通常只进行横向对比，判断该资产的相对位置，从而进行考评。

8.6.2 定性逻辑关系

在前述的资产价值指数和管理能力指数中，各个综合指标的上下层不仅定量关系有严格的逻辑公式，其定性关系也十分明确。上级资产组指标由下级指标汇集加权而成，下级资产组指标支撑着上级资产组指标。一方面，只有低层级资产组指标普遍提高，更高层级的资产组指标才获得大幅度改善；另一方面，当高层级资产组获得改善或者出现异常时，可以沿着资产组层级的方向分解，追溯责任源头，从而对应维持进步或者提出改进措施。

除此之外，各层级指标内部也有牵一发而动全身的关系。例如，售电量和售电收入之间有一个"电价"的因素。但是由于电价这个因素并非电力企业可以左右，所以售电量体现了企业运营的效率，而售电收入则是体现了企业最后的运营成果。再例如，单位资产售电量和固定资产增售电量之间，前者是说现有资产对售电量的影响程度，后者是说新投入的固定资产对售电量起到了新鲜血液的创收作用。两者之间有联系有区别，分别从不同的资产角度说明了售电量的影响因素。

第9章
基于资产组的报告与应用体系（目标模式）

9.1 报告制度建立

9.1.1 报告制度定位

企业的日常经营中资产组信息平台的建立从整体上持续提升公司价值创造的过程提供了保障——资产组报告体系。

战略已成为企业成功的关键所在。在市场激烈的竞争中，成也战略，败也战略。通过分析顾客的需求、市场和竞争状况以及企业所处的竞争地位，而制定合理的战略。电网企业作为共用事业单位，其在制定战略时不仅要考虑经济价值最大化，还要考虑社会价值最大化。

电网企业"一强三优"作为电网企业的战略，契合企业价值创造和可持续发展，兼顾社会对电网公司职能发挥需求和国有资产增值保值，体现了电网企业的宗旨使命，而这是与资产组的价值创造体系相统一的。"一强三优"中的电网坚强是考察质量因素、资产优良考察资产因素、业绩优秀反映销量、耗费因素、服务优质考察质量因素，而质量、销量、耗费都是构成资产组价值创造体系的基本要素，因此，二者在本质上是一致的。价值创造作为企业经营发展的本源，基于资产组的价值创造体系的实现就是"一强三优"的实现。此外，传统上"一强三优"是利用对标体系进行评价，缺乏足够合理的数据支撑，而基于资产组的价值创造体系提供更多基础性会计信息，为"一强三优"战略落地提供考核的标准，如此，战略落地有了更可靠的保障。

资源是战略赖以落地的基础和保障，也是制定战略时必须考虑的限制性因素。对企业来说，人、财、物是最基本的三种资源，人是企业的核心资源，这一点理论界和实务界早已达成共识；财是企业流动性最强的资源，也是企业的价值表现；物是企业价值存在的载体，是企业生产运营的主要工具和对象。资源分为存量资源和增量资源，通过用好增量，盘活存量，从而不断提高企业的资源配置效率。

经营是企业的日常管理活动，是对资源效能的运用和发挥，作为战略的实施细化，日常的经营活动效率直接影响企业战略能否实现。在战略确定和资源一定的情况下，如何提高管理决策的科学性、优化企业流程、合理架构企业组织体现了企业的核心竞争力。经营能力强的企业表现为成本低、质量高、员工创新能力被激发，这构成了企业的直接竞争优势。

企业的运营过程也是价值流动的过程，会计通过对价值信息的反映，使企业的管理者及时了解战略、资源和经营情况，进而采取管控措施，从而保障战略实现、资源优化配置和企业日常经营改善。经济越发展，会计越重要。随着市场竞争加剧和企业组织变革，管理对会计提出了越来越高的要求。新的时代背景下，会计定位在企业经营绩效的持续改善发挥导向作用更符合会计的职能和管理的期待。资产组为企业精细化管控、缩小管理的颗粒度提供了抓手，有利于实现会计的导向作用。

报告体系的到位，为企业的进一步优化提供了参考依据，每个企业根据外在的市场竞争需求和内在的资源禀赋确定企业的战略，战略的实现离不开人、财、物资源的支持，经营是对人、财、物的组织与优化，是对资源的配置，会计在其中发挥着指示和导向作用，报告将战略执行、资源配置和经营状况及时反馈给决策者，此时管理循环完成闭环，反馈机制建立。

具体的实施路径如图 9-1 所示。

9.1.2 评估结果与对标体系的一致性

评价公司业绩指标众多，按照不同的标准选取指标，并赋予对应权重即可得到一个指标体系。很难说某个指标体系显著优于另外一个，但是好的指标体系是存在共性并内在相通的。一个好的指标体系应能很好地反映各单位经营发展的实际成果、管理水平和努力程度，对于电网企业来说，还要结合电网企业基本特点。

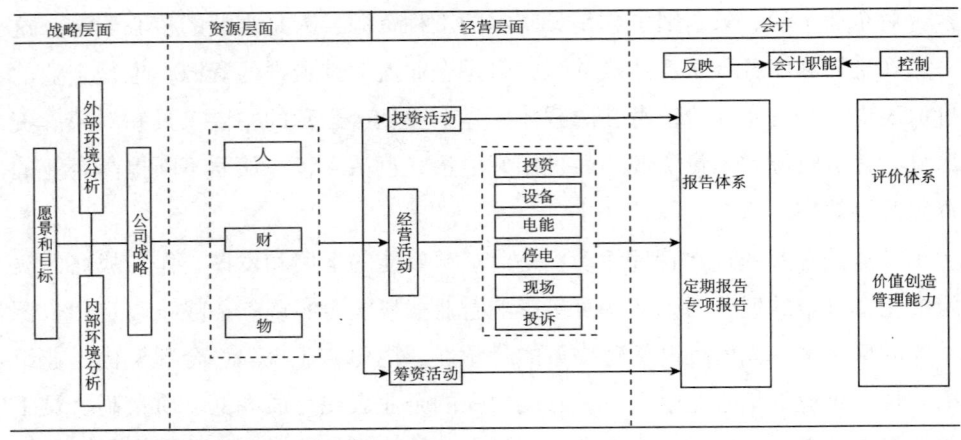

该公司的愿景和目标为"一强三优"。

图 9-1 报告制度实施路径

国网公司编制的《国家电网公司 2012 版同业对标指标体系（试行）》，重点解决现行体系指标繁杂、结构层次不清晰，对管理水平分析评价不够准确，衡量公司和电网发展的关键成果性指标不够突出等问题，将业绩与管理，结果与过程结合，构建"业绩对标+管理指标"的体系框架。

而本书资产组的价值创造体系资产中的重载率、轻载率、容载比用来反映电网结构的科学合理性、装备水平的先进性、是否协调发展，重载率和电压合格率可以反映资产组的安全可靠性；单位资产收入和新增固定资产售电量用来衡量资产效率，变电工程单位容量造价和输电工程单位长度造价可以衡量资产质量，因为市电力公司非独立法人，不能对外独立借债，故偿债能力本书不予考虑，新增固定资产售电量和项目储备金额反映了企业的发展能力；电压合格率可以反映供电质量，户均售电量则反映服务客户方面；变电可靠性可以反映安全事故，户均售电量用来反映人员效率及素质，单位资产营业收入可以反映市场及电费回收，单位资产售电量可以反映节能降耗，单位资产费用很好地反映成本水平，单位资产收入和单位资产费用共同用来评价经营效益。

国网公司管理指标通过对人力资源、财务管理等九个职能部门考核，主要关注管理规范性、管理成效和管理手段三个维度，从而衡量电力企业的运行情况。指标方面选取的非财务指标较多，几乎涵盖电力公司所有的部门。本书管理方面以"投资、设备、电能、停电、现场、投诉"这六项要素管理为主线，选取的指标以财务指标为主，非财务指标为辅，指标少而精，更符合电力公司管理实践。具体地说，投资形成设备，考核注重投资规划和投资收益，项目储备反映了投资与设备的规范性，投资三年内容载比达标率用来衡量投资的成效；电量主要关注结果，单位资产费用用来反映企业生产费用和成本控制情况；投诉和现场注重少停电，停电之后快恢复，输变电可靠率可以反映对停电的考核；投诉是顾客对电网服务不满意的表达，电量统计准确准时率反映基层员工的尽职尽责，这与投诉成反比。

由上可知，资产组的价值创造体系与国网公司对标在本质上是等价的，二者考察的具体指标、分类可能略有差异，但考察的方面、侧重大体是一致的，二者的结果也应该成高度正相关，也就是说，资产组的价值创造体系评价较好的电力公司在国网公司对标表现也应该优异，这也从侧面验证了资产组的价值创造体系的科学合理性。

9.2 报告制度分类（定期+专项）

资产组的价值在于使会计信息与企业的真实经营状况更为接近，提高了会计的反映能力，进而服务于管理决策。由此可见，如果想让资产组发挥更大作用，一个前提是将会计信息传递到管理者手中，为管理者所接受，这要求报告在形式上要尽量直观，在内容上尽量简洁，在语言上更具有可理解性。报告分为定期报告制度和专项报告制度。

定期报告制度与时间周期同步，有利于管理者定期了解公司经营活动进展，反馈控制。不同于定期报告，专项报告制度为事件驱动，如项目结算，意外事故等，更具有针对性，有利于管理者责任考核。相对于定期报告制度标准规范，专项报告更像一盘大杂烩，集中了各种管理者认为重要的报告，如投资报告（包括投资前、投资中和投资后）。随着资产组应用的深入，其实务价值将会逐渐被发掘，将会有更多的报告服务于管理决策。企业根据管理的需要，选择专项报告的类型、内容，制定专项报告的模板、程序、页面展示、触发程序等。

专项报告因企业所处的行业产业和管理需求而表现出很大的多样性，其中具有普遍参考意义的关于投资前、中、后的报告在基于资产组的价值管理体系中会有详细的介绍，其他专项报告会随着报告制度的完善和业务财务沟通的推进而逐渐发展，本部分报告的重点为定期报告制度。

9.3 定期报告制度

定期报告制度与时间周期同步，有利于管理者定期了解公司经营活动进展，反馈控制。不同的指标具有不同的时间属性，在已有条件下最大限度满足管理者的需求，立足于现状，建立"日—周—月—年"四阶段报告制度。从日报告到年报告，报告的内容逐渐变得宏观，报告的对象从业务基层转向公司高层。较长时间周期的报告反映较短时间周期的报告，较短时间周期的报告支撑较长时间周期的报告。

9.3.1 日报告

9.3.1.1 指标选取说明

对于日报告来说，它反映的是资产价值创造核心资源的作用状况。对于企业来说，企业的工作质量是企业生命的核心资源。工作质量越好，表明企业具有更旺盛的生命活力，反之亦然。在日报告中体现出来的正是企业的资源活力及其规律。在日报告中，电力企业需要反映分时电量的波峰和波谷，需要根据售出电量统计归纳出客户用电量的高峰和低谷，并对此在收入和费用两方面做出相应的决策。其次，在设备的维护用工费用中，日报告反映出设备的维修运检的耗费和相关支出，一方面可以监测人力资源的效益是否达到标准水平，另一方面也可以通过对维护用工费用反映出设备的新旧程度，对设备的维修或再更新决策也有一定的影响。

在日报告中，选取的指标大多是与业务相关的指标，重载/轻载率反映了线路的使用效率，输/变电可靠率反映了供电平稳度，日均故障次数反映了在输配电过程中安全事故的设备故障的频繁程度。单位资产费用反映了为了生产运营所费人力物力，电量偏差、峰谷电量结构分布等反映了客户用电量的波动规律，而单位资产收入/售电量等反映了业绩运营水平。这些共同反映了价值创造的静态成果和价值创造可持续性的动态过程。静态成果是从单位资产收入/售电量中可以直接观测出来，而动态过程可以从业务指标、设备状况指标反映出来。这两大类指标相辅相成，共同反映了健康安全生产和价值创造两个问题。

基本指标是衡量资产组效率与效果的基准，因此，对基本指标实时监测，就能把握好资产组的大致状况。此外，考虑到安全生产的重要性，那些易发生风险的方面，一旦出现问题，会产生较为恶劣的影响，该类事项需要紧急处理，因此，考量高峰时期高负荷的容载比，衡量供电波动率的日均电量偏差等项目也需纳入实时监测范畴。如图 9-2 所示。

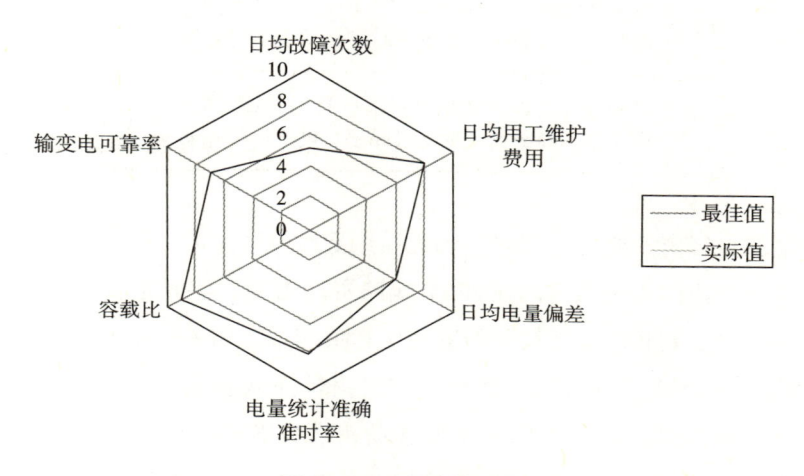

图 9-2 日报告指标表

日均故障次数、日均用工维护费用等指标，反映了资产使用的效用。资产设备的使用状况和安全运营等问题，对于电力企业来说是与业绩和利润息息相关的。这类问题是健康安全运营状况里的充分运营指标，可以看出资产是否得到了安全的保护和运营措施。

9.3.1.2 各层级资产组的日报告

各层级资产组的日报告见表 10-1。

表 10-1 各层级资产组的日报告

资产组等级	报告中所含指标
低压台区资产组	日均故障次数、日均用工维护费用、日均电量偏差、抄表准确准时率
10kV 线路资产组	日均故障次数、日均用工维护费用、日均电量偏差、电量统计准确准时率、员工人均直接费用
35kV 变电站资产组	日均故障次数、日均用工维护费用、日均电量偏差、电量统计准确准时率、容载比、变电可靠率

续表

资产组等级	报告中所含指标
35kV 线路资产组	日均故障次数、日均用工维护费用、日均电量偏差、电量统计准准时率、容载比、变电可靠率、输变电可靠率
110kV 变电站资产组	日均故障次数、日均用工维护费用、日均电量偏差、电量统计准准时率、容载比、变电可靠率、输变电可靠率
110kV 线路资产组	日均故障次数、日均用工维护费用、日均电量偏差、电量统计准准时率、容载比、变电可靠率、输变电可靠率

在低压台区资产组中，实时报告提供给低压台区专员，以供专员能够监测低压台区资产组的供电稳定。在10kV线路资产组中，实时报告提供给线路专员，以供专员能够实时监控线路的容载比和负荷量，如果线路重载要及时采取防备措施。在35kV变电站资产组中，实时报告提供给变电站的财务人员，如果变电站配电的相应财务指标有明显波动，人员需要谨慎以防出现问题。在35kV线路资产组中，实时报告提供给线路的财务人员，如果在该资产组中的某一片区域都出现了线路过载等问题，需要追溯下去查看具体问题。在110kV变电站资产组中，实时报告提供给变电站财务人员，同样，如果输配电的相应财务指标出现了不稳定的状况需要格外注意。在110kV线路资产组中，实时报告提供给线路的财务人员，对于整个资产组进行管控检测，如果资产组中有某一块问题特别明显，可以直接寻求解释，透视下一层级甚至最低层级资产组，直接发现原因。

9.3.2 周报告

9.3.2.1 指标选取说明

在周报告中，资产价值创造基本驱动因素保障状况时期反映的核心内容。对于电力企业来说，健康安全的运营是企业生存的基本保证。以周度为单位，在资产价值创造过程中，是否存在安全生产的事故或隐患是非常重要的信息。对于报告使用者来说，了解资产的健康安全生产是对企业资产价值创造最基本的保障。在周报告中，通过反映设备的折旧和磨损，以及反映员工工作质量的及时准确性，从固定资产和人力资源这两个基本驱动因素来考察价值创造的保障程度状况。

在周报告中，选取的新增指标都是与财务相关的指标，它们很好地从财务的角度解释了业务的问题。比如资产综合折旧率越高，代表需要维护的设备数量越多，维修程度也越高，也间接说明了线损率等设备的问题比较大。领导层也需要从财务指标上看出这些业务可能存在的问题，并对这些设备作出维修或再更新的决策。同样，就固定资产增售电量来说，固定资产增售电量越高，可以透视出线损率比较低，线路损耗比较小，轻载率也比较低，新投资的设备运营效率比较高等。这些共同反映了价值创造的静态成果和价值创造可持续性的动态过程。静态成果是从固定资产增售电量中可以直接观测出来，而动态过程可以通过资产综合折旧率等指标反映出来。这两大类指标相辅相成，共同反映了健康安全生产和价值创造两个问题。

以电网运行维护为例，生产技术部门的考核指标多侧重于纯粹的技术性指标，因此难以和财务信息直接挂钩。但是在电网运行过程中，无论什么指标的实现与达标，如电压合格率、供电可靠性，以及线损率的降低，都需要生产技术部门日常的精心维护、持续的巡视和维修作业。这些活动无一不需要物料及人工的消耗，修理费、材料费、其他可控费用均属于三项可控费用的范围。那么，为了达到既定的电网运行的技术水平，需要投入多少资源进行维护呢？这两者之间存在着某种联系，在以往的三流分立局面下是无法打通的，步入三流合一之后，财务信息为业务信息提供了另一种展现方式。

此时，财务指标反馈的不单单是对企业运营的货币结果，也能从一定程度上窥探出日常经营业务表现。并且，财务信息作为传统意义上能够综合、全面、准确评价企业运营效率与效果的信息，在财务还未实现与业务完美协同之时，使用财务信息更为合理与可行。因此，选取归责于财务部门的财务管理方面的指标构成周报告对象。

由于周度报告包含了日度报告的数据，除去日报告中的日均故障次数、日均用工维护费用等指标之外，还增加了"固定资产增售电量""综合资产折旧率"等多个财务类指标。例如，"固定资产增售电量"指标能反映投资的效率，还能反映电网企业的发展潜力，如果连续几个统计区间该项指标低于正常值则能证明两点：（1）资产利用效率不高；（2）投资趋近于饱和，继续投资只会徒增机会成本。在这个指标当中，上年电网投资作为分母，对这个指标的增减有着很大的影响。当上年电网投资值大时，报告的使用者可以判断，售电量的增长是由固定资产投资的增大带来的，而不是投资效率有所提高；同理，当上年电网投资值小时，也可以判断，售电量的增长是由投资的效率提高而带动的，这正是发展部的业务体现。通过这个财务指标，报告的使用者可以直接透视到上年电网投资值的高低，从而判断现存固定资产的效率和发展部的业务水平。"资产综合折旧率"对于高压资产组参考意义较大，因为高电压等级的资产组使用年限较长且故障风险所能带来的损失极大，所以有必要考察其折旧情况。当作为分子的资产折旧额较大时，资产综合折旧率随之提升，说明设备老化折旧的概率较大，运检部在维护设备时就应格外注意，加强维护力度；同理，当资产折旧额较小时，说明设备运营维护得很妥当，运检部的业务水平也得到了体现。

在这种周报告中，也将按照资产组分层分为六个层级。

这5项指标中"单位资产营业收入""单位资产售电量""单位资产费用"最具代表性，其形成的周报告数据可以及时反映每周的经营状况，甚至可以将这些周度数据每周归集起来通过统计分析的手段发现其内在规律，通过建立模型进行预测预警，使得决策层能够对于未来的经营情况进行前瞻。

"固定资产增售电量"则适合进行海量周度数据分析，因为其每日变动不大，有时甚至为0，但是在大数据时代背景下，如果将其归类为"月"或者"年"甚至更高，则失去了参考意义。就拿"固定资产增售电量"来说，如果以"月"或"年"为维度进行统计，很可能得出一个较为稳定的数据，但是如果以"周"为维度进行统计，则很可能得到一个脉冲响应函数模型，这对于研究是十分有意义的。

资产综合折旧率这一指标反映了资产健康安全生产状况中，资产生命周期这一问题。每周测算资产综合折旧率，计量资产组中的资产使用剩余年限，对资产折旧有一个动态清晰的认识，这也是健康安全生产中一个综合折旧的指标。

对于周报告来说，之所以要每周汇总每周报告，就是因为周报告兼具了健康安全生产和价值创造两方面的问题。一方面，安全问题在周报告包含的实时报告中有所体现，周报告中会将今天发生的各资产组发生的运营异常报告其中，由此对健康安全生产问题做一个解释；另一方面，对于价值创造来说，从周报告中可以看出售电量、售电收入等业绩成果类指标，在周报告中可以体现出当周各个资产组的售电业绩表现如何。

在低压台区资产组中，周报告提供给低压台区专员，以供专员能够在监测低压台区资产组是否平稳运营的同时，还可以观察该低压台区资产组为企业做出的贡献。在10kV线路资产组中，周报告提供给线路专员，以供专员在大致监控线路的容载比和负荷量周变化的同时，能够直接了解线路为企业创造的价值。在35kV变电站资产组中，周报告提供给变电站的财务人员，除了能够观测变电站配电的相应财务指标是否有明显波动外，还可以观察单位资产的售电量和售电收入，对企业是创造价值，对员工来说是证明价值。在35kV线路资产组中，周报告提供给线路的财务人员，一方面如果该资产组中健康安全生产有问题可以直接追溯下去查询，另一方面该资产组的创收能力如何，也在周报告中有所体现。在110kV变电站资产组中，周报告提供给变电站财务人员，同样，如果输配电的相应财务指标出现了不稳定的状况需要格外注意，对于售电成果与前期的比较，也需要注意是否有波动。在110kV线路资产组中，周报告提供给线路的财务人员，作为对于整个资产组进行健康安全生产和价值创造的最小时间单位的报告，如果资产组中有某一块问题特别明显，可以直接寻求解释，透视下一层级甚至最低层级资产组，直接发现原因，达到见微知著的效果。

在"三流合一、时空一体"的大背景下，业财融合的趋势愈来愈明显，在周报告中将由财务部所负责的信息集合列示有一定的合理性。一方面，会计系统作为企业中最先建立起来的信息系统，成熟的会计信息系统在数据搜集与汇总方面相比其他信息更易取得。另一方面，财务与业务一体化趋势赋予了财务的综合性内涵，能够通过财务信息的整理搭建起一个业务平台，从而起到对日报告中的财务与业务信息之外，也能够对未在周报告中报告的业务情况做一个大致的了解。

对于周报告来说，每一层级的周报告实际上都对上下层级资产组的周报告负责。对上层级的周报告来说，下层级报告是解释追溯的作用；而对下层级的周报告来说，上层级报告有一个加权汇总的统筹作用。如图9-3和表9-2所示。

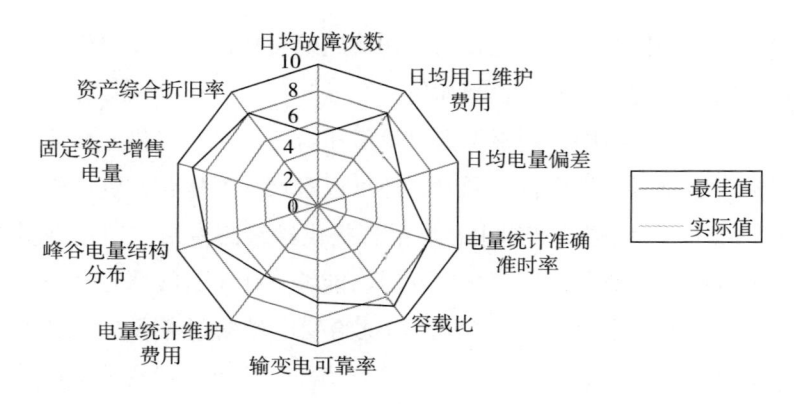

图 9-3 周报告的指标体系

表 9-2　　　　　　　　　　　周报告指标

资产组等级	报告中所含指标
低压台区资产组	日均故障次数、日均用工维护费用、日均电量偏差、抄表准确准时率、电量统计维护费用、峰谷电量结构分布
10kV 线路资产组	日均故障次数、日均用工维护费用、日均电量偏差、电量统计准确准时率、员工人均直接费用、电量统计维护费用、峰谷电量结构分布
35kV 变电站资产组	日均故障次数、日均用工维护费用、日均电量偏差、电量统计准确准时率、容载比、变电可靠率、电量统计维护费用、峰谷电量结构分布
35kV 线路资产组	日均故障次数、日均用工维护费用、日均电量偏差、电量统计准确准时率、容载比、变电可靠率、输变电可靠率、电量统计维护费用、峰谷电量结构分布、固定资产增售电量
110kV 变电站资产组	日均故障次数、日均用工维护费用、日均电量偏差、电量统计准确准时率、容载比、变电可靠率、输变电可靠率、电量统计维护费用、峰谷电量结构分布、固定资产增售电量、资产综合折旧率
110kV 线路资产组	日均故障次数、日均用工维护费用、日均电量偏差、电量统计准确准时率、容载比、变电可靠率、输变电可靠率、电量统计维护费用、峰谷电量结构分布、固定资产增售电量、资产综合折旧率

9.3.2.2　通过财务信息搭建业务平台

将指标拆分，不难发现，指标之间互相钩稽。指标自身也能根据财务数据之间的逻辑关系分解至财务报表中的具体"科目",从而实现财务信息元的汇集与联动。如图9-4和图9-5所示。

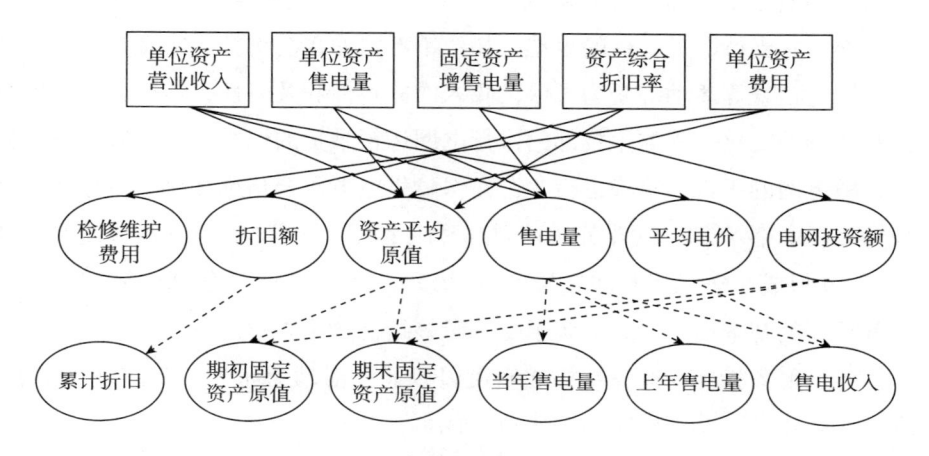

图9-4 周指标之间的联动

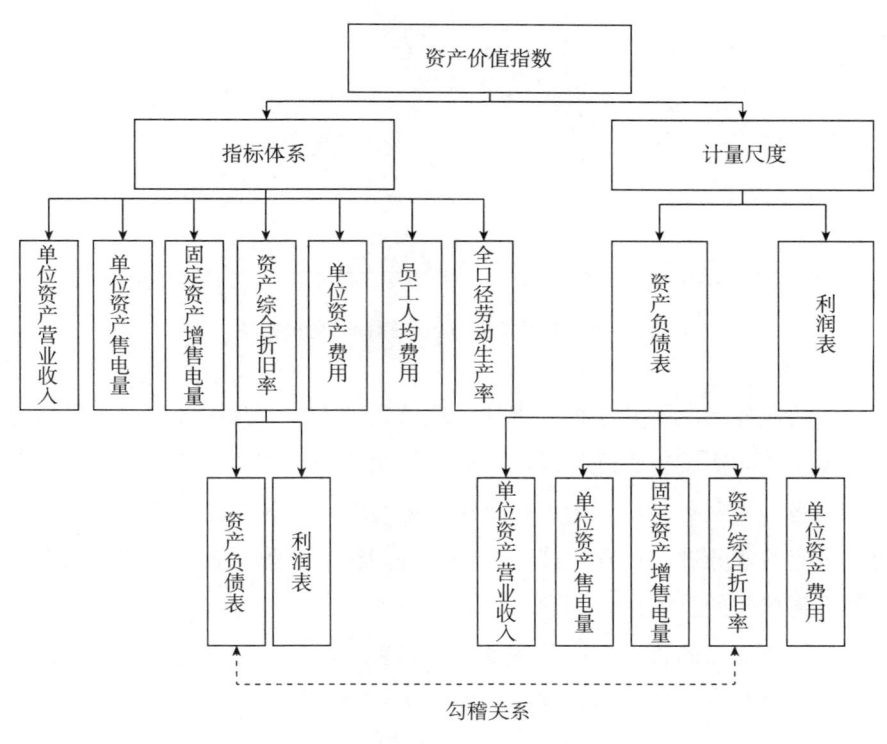

图9-5 周指标的勾稽关系

财务指标评价结果的产生源自业务活动。业务一方面产生业务信息，支持业务指标的实现；与此同时，业务的发生会产生收入或成本、耗费等，产生财务信息，影响财务指标。具体来说：（1）各个部门的业务活动总是服务于特定的方面，并支持财务指标的表现。如营销部门的系统维护、电费计量、电费回收、用电稽查等活动都是为了保证收入的完整性和及时性，体现为应收账款余额和比例的变化，再如生技部门进行电网运行维护的巡视、修理等活动，是为了保障电网的正常、平稳运行，进而保障供电电压合格率和供电可靠率等技术指标；（2）各个部门的业务活动同时又产生收入（营销）、成本和耗费（各部门），并形成在建工程和固定资产（基建）、流动资产（各部门）等，构成了财务核算的基本内容，并对各项财务考核指标产生影响。

因此，财务指标与业务指标之间可以以业务活动为纽带，双向进行扩展，实现相互转化。其基本思路如图9-6所示。

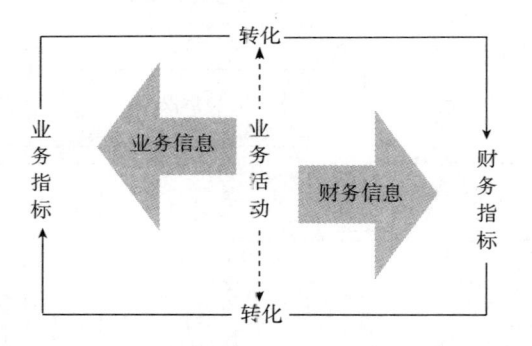

图9-6 财务指标与业务指标转化概念图

具体的业务活动及其成果，责任必须落实到人或者具体部门，否则就会形同虚设，无法切实实行管理。因此在后续使用阶段，需要对相关指标实行归口管理。最终，由财务指标开始进行分解，通过费用或收入的子项目、相关业务活动、对应的业务部门、支持或服务的业务指标的过程，就实现了从财务指标到业务再到部门的分解过程。

基于财务部门的管理指标分解细化的结果，以各业务部门为口径对同类信息进行归集。对指标的具体分解过程如图9-7所示。

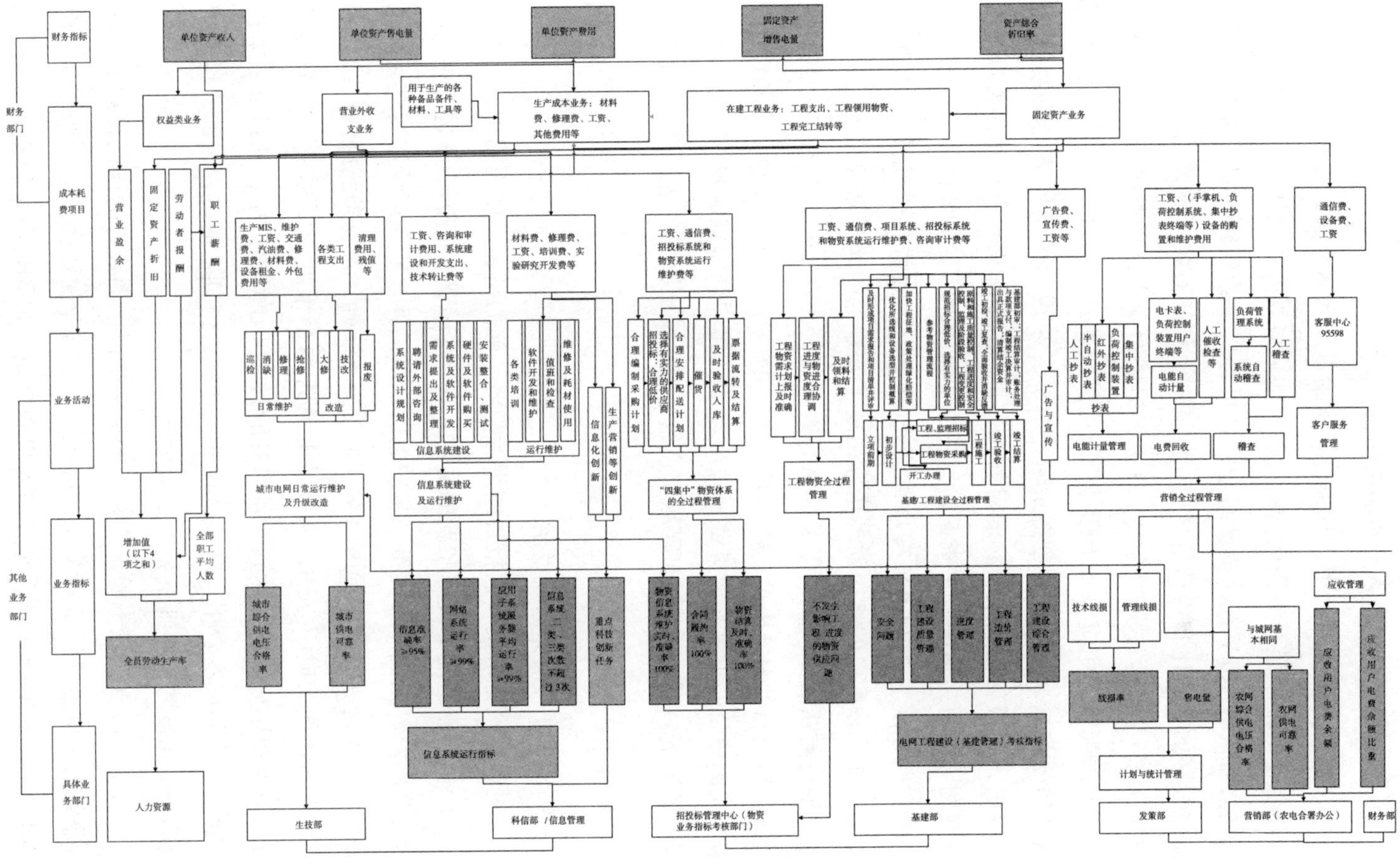
财务指标
单位资产收入
单位资产售电量
单位资产费用
固定资产增售电量
资产综合折旧率
财务部门
成本耗费项目
权益类业务
营业外收支业务
用于生产的各种备品备件、材料、工具等
生产成本业务：材料费、修理费、工资、其他费用等
在建工程业务：工程支出、工程领用物资、工程完工结转等
固定资产业务
营业盈余
固定资产折旧
劳动者报酬
职工薪酬
生产MIS、维护费、工资、交通费、汽油费、修理费、材料费、设备租金、外包费用等
各类工程支出
清理费用、残值等
工资、咨询和审计费用、系统建设和开发支出、技术转让费等
材料费、修理费、工资、培训费、实验研究开发费等
工资、通信费、招投标系统和物资系统运行维护费等
工资、通信费、项目系统、招投标系统和物资系统运行维护费、咨询审计费等
广告费、宣传费、工资等
工资、（手掌机、负荷控制系统、集中抄表终端等）设备的购置和维护费用
通信费、设备费、工资
巡检
消缺
修理
抢修
日常维护
大修
技改
改造
报废
系统设计规划
聘请外部咨询
需求提出及整理
系统及软件开发
硬件及软件购买
安装整合、测试
信息系统建设
各类培训
软件开发和维护
值班和检查
维修及耗材使用
运行维护
信息化创新
生产营销等创新
合理编制采购计划
选择有实力的供应商招投标：合理低价
合理安排配送计划
催货
及时验收入库
票据流转及结算
工程物资需求计划上报及时准确
工程进度与物资进度合理协调
及时领料和结算
立项前期
初步设计
工程、监理招标
工程物资采购
开工办理
工程施工
竣工验收
竣工结算
基建/工程建设全过程管理
人工抄表
半自动抄表
红外抄表
负荷控制装置
集中抄表
抄表
电卡表、负荷控制装置用户终端等
电能自动计量
人工催收检查等
负荷管理系统
系统自动稽查
人工稽查
客服中心95598
客户服务管理
广告与宣传
电能计量管理
电费回收
稽查
营销全过程管理
城市电网日常运行维护及升级改造
信息系统建设及运行维护
"四集中"物资体系的全过程管理
工程物资全过程管理
业务活动
增加值（以下4项之和）
全部职工平均人数
其他业务部门
业务指标
城市综合供电电压合格率
城市供电可靠率
信息准确率≥95%
网络系统运行率≥99%
应用子系统服务器平均运行率≥99%
信息系统二类、三类次数不超过3次
重点科技创新任务
物资信息系统维护实时、准确率100%
合同履约率100%
物资结算及时、准确率100%
不发生影响工程进度的物资供应问题
安全问题
工程建设质量管理
进度管理
工程造价管理
工程建设综合管理
技术线损
管理线损
与城网基本相同
应收管理
全员劳动生产率
线损率
售电量
农网综合供电电压合格率
农网供电可靠率
应收用户电费余额
应收用户电费余额比重
信息系统运行指标
电网工程建设（基建管理）考核指标
计划与统计管理
具体业务部门
人力资源
生技部
科信部 /信息管理
招投标管理中心（物资业务指标考核部门）
基建部
发策部
营销部（农电合署办公）
财务部

图9-7　指标信息集成图

9.3.2.3 各层级资产组的周报告

在低压台区资产组中,日报告提供给低压台区专员,以供专员能够在监测低压台区资产组是否平稳运营的同时,还可以观察该低压台区资产组为企业做出的贡献。在10kV线路资产组中,日报告提供给线路专员,以供专员在大致监控线路的容载比和负荷量日变化的同时,能够直接了解线路为企业创造的价值。在35kV变电站资产组中,日报告提供给变电站的财务人员,除了能够观测变电站配电的相应财务指标是否有明显波动外,还可以观察单位资产的售电量和售电收入,对企业是创造价值,对员工来说是证明价值。在35kV线路资产组中,日报告提供给线路的财务人员,一方面如果该资产组中健康安全生产有问题可以直接追溯下去查询,另一方面该资产组的创收能力如何,也在日报告中有所体现。在110kV变电站资产组中,日报告提供给变电站财务人员,同样,如果输配电的相应财务指标出现了不稳定的状况需要格外注意,对于售电成果与前期的比较,也需要注意是否有波动。在110kV线路资产组中,日报告提供给线路的财务人员,作为对于整个资产组进行健康安全生产和价值创造的最小时间单位的报告,如果资产组中有某一块问题特别明显,可以直接寻求解释,透视下一层级甚至最低层级资产组,直接发现原因,达到见微知著的效果。

9.3.3 月报告

9.3.3.1 指标选取说明

对于月报告来说,其报告使用者需要了解的是在月度周期中,企业所掌握的资产价值创造能力发挥状况的优劣。在整个资产价值创造的进程中,从客户的角度出发,企业需要提供稳定的电压,以供客户安全持续地用电,满足客户的需求;从企业的成本费用出发,企业需要准确计量每条线路的线损,考察设备线损和管理线损两方面,从技术和管理两个维度分别尽最大的努力降低线损,减少费用成本,以达到效益提升的目的。在月报告中,通过反映电压的稳定度和企业的成本费用,观察企业的资产在价值创造的过程中的营运表现,从全流程的角度考察企业的资产价值创造。

对于月报告相较于周报告新增的指标来说,周报告的指标是对于企业财务与业务的关键点进行重点关注,虽然抓住了财业的要害,但不够综合全面。在月报告中的新增指标中,通过加入户均容量、户均售电量等指标,分别从人、财、物三个要素明晰指标的涵义与功能，也综合反映了报告的意义，让报告的使用者能够宏观把握企业的静态健康安全状况和动态的价值创造过程，对下一阶段的业绩进行比较准确的预测。

在低压台区资产组中，月报告提供给低压台区负责人和专员，以供负责人和专员能够在较长时间内监测低压台区资产组是否平稳运营，并且观察低压台区资产组是否有波动规律的出现或异常，还可以观察该低压台区资产组在周循环中的价值创造贡献。在10kV线路资产组中，月报告提供给线路负责人，以供负责人和专员在本月的时间内监控线路指标周变化，也可以观测线路对企业的价值创造在月循环中是否有波动趋势。在35kV变电站资产组中，月报告提供给变电站的财务人员，除了能够观测变电站配电的相应财务指标是否有明显波动外，还可以观察单位资产的售电量和售电收入。在35kV线路资产组中，月报告提供给线路的财务人员，一方面如果该资产组中健康安全生产有问题可以直接追溯下去查询，另一方面该资产组的创收能力如何，也在月报告中有所体现。在110kV变电站资产组中，月报告提供给变电站财务人员，同样，如果输配电的相应财务指标出现了不稳定的状况需要格外注意，对于售电成果与前期的比较，也需要注意是否有波动。在110kV线路资产组中，月报告提供给线路的财务人员，可以观察总体资产组在"月"这个时间单位中是否有明显的健康安全生产周期和价值创造周期，并可以以此作为规律。如果在"月"这个时间单位里出现了规律的波动，可以就此来进行预测，对资产组的未来收入和贬损预测都有一定的价值。

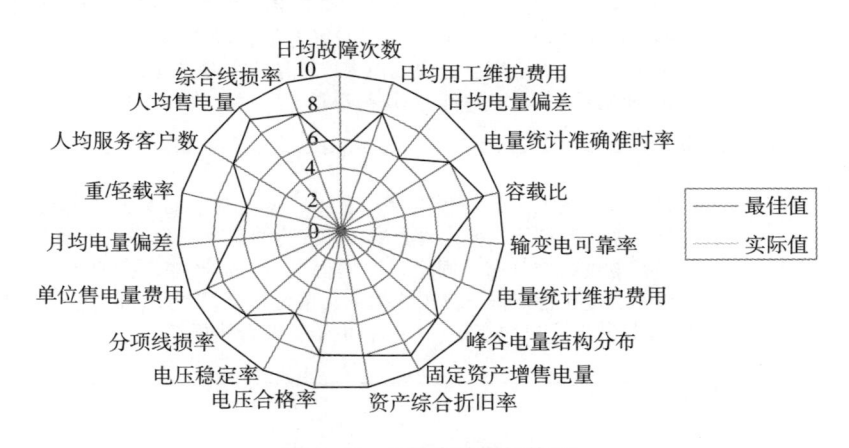

图9-8　月报告的指标体系

9.3.3.2 各层级资产组的月报告

表9-3　　　　　　　　　各层级资产组的月报告

资产组等级	报告中所含指标
低压台区资产组	日均故障次数、日均用工维护费用、日均电量偏差、抄表准确准时率、电量统计维护费用、峰谷电量结构分布、电压合格率、电压稳定率、分项线损率、单位售电量费用、月均电量偏差
10kV线路资产组	日均故障次数、日均用工维护费用、日均电量偏差、电量统计准确准时率、员工人均直接费用、电量统计维护费用、峰谷电量结构分布、电压合格率、电压稳定率、分项线损率、单位售电量费用、月均电量偏差、重/轻载率、户均容量
35kV变电站资产组	日均故障次数、日均用工维护费用、日均电量偏差、电量统计准确准时率、容载比、变电可靠率、电量统计维护费用、峰谷电量结构分布、电压合格率、电压稳定率、分项线损率、单位售电量费用、月均电量偏差、重/轻载率、户均容量、户均售电量
35kV线路资产组	日均故障次数、日均用工维护费用、日均电量偏差、电量统计准确准时率、容载比、变电可靠率、输变电可靠率、电量统计维护费用、峰谷电量结构分布、固定资产增售电量、电压合格率、电压稳定率、分项线损率、单位售电量费用、月均电量偏差、重/轻载率、户均容量、户均售电量
110kV变电站资产组	日均故障次数、日均用工维护费用、日均电量偏差、电量统计准确准时率、容载比、变电可靠率、输变电可靠率、电量统计维护费用、峰谷电量结构分布、固定资产增售电量、资产综合折旧率、电压合格率、电压稳定率、分项线损率、单位售电量费用、月均电量偏差、重/轻载率、户均容量、户均售电量
110kV线路资产组	日均故障次数、日均用工维护费用、日均电量偏差、电量统计准确准时率、容载比、变电可靠率、输变电可靠率、电量统计维护费用、峰谷电量结构分布、固定资产增售电量、资产综合折旧率、电压合格率、电压稳定率、分项线损率、单位售电量费用、月均电量偏差、重/轻载率、户均容量、户均售电量、综合线损率

9.3.4 年报告

9.3.4.1 指标选取说明

对于年报告来说，其报告使用者需要考核了解在年度这一周期里企业的运营状况。这种运营状况不仅包括企业的经营结果，例如销售收入、销售量；也包括企业考察投资回报的效率。在"年"这个相对较长的时间段里，企业应该直接运用上述两大指数，即资产价值指数和资产管理能力指数来衡量企业在这段时间内的绩效。综合考虑这两大指数的二十余个小指标，并深入挖掘这些指标背后的含义，是在年报告中要深刻体会的。在这两大指数中，可以通过不同的指标分别表现静态的企业成果，比如收入和动态的设备、新项目的投资，是电力企业的原始成本，测算投资与收益之间的回报率，可以帮助报告使用者明确下一阶段的投资方向。对于年报告使用者来说，最关键的就是宏观掌控企业资产的价值创造能力。通过考核企业的最终经营结果和投资过程中的回报效率，年报告反映了企业在年度周期中对所掌握的资源的运用成果和对企业资产的价值创造。

在年报告中，已经不再用单向的指标衡量可持续性发展，比如健康安全生产。对于企业来说，价值创造和价值创造的可持续性缺一不可。对于电力企业来说，健康安全生产和价值创造两方面，一方都不能丢。

9.3.4.2 各层级资产组的年报告

在低压台区资产组中，年报告提供给低压台区负责人，以供负责人能够了解在一个年度内，所管辖的低压台区资产组一是是否平稳运行，二是波动是否有规律可循，三是可以为企业做出多少贡献，通过了解这三个方面，让低压台区资产组在健康安全生产和价值创造两个方面的指标中进行正确评估。在10kV线路资产组中，年报告提供给线路负责人，以供负责人在年的时间单位中观测线路设备是否需要检测维修，也可以观测线路对企业的价值创造在年循环中是否有波动趋势。在35kV变电站资产组中，年报告提供给变电站的财务人员，除了能够观测变电站配电的相应财务指标是否有明显波动外，还可以观察单位资产的售电量和售电收入，对于售电成果与前期的比较，是否有明显的进步或退步。在35kV线路资产组中，年报告提供给线路的财务人员，对于线路的维修检测费用可以具体细化，以便内部控制。在110kV变电站资产组中，年报告提供给变电站财务人员，对于变电站这个资产组来说，在健康安全生产方面是否能够做到输配电安全稳定运行，在价值创造方面是否可以做到物尽其用，都是对110kV变电站资产组的考验。在110kV线路资产组中，年报告提供给线路的财务人员，可以观察总体资产组在"年"这个时间单位中是否有明显的健康安全生产问题，也可以具体测算在"年"这个时间单位里，最大的资产组一共创造了多少价值，一方面可以评价本年度资产组的总价值和总成本，另一方面可以预测未来，在下一个月中，最大的资产组会有何表现，需要企业更加注意哪些方面。如表9-4和图9-9所示。

表9-4　　　　　　　　　各层级资产的年报告

资产组等级	报告中所含指标
低压台区资产组	日均故障次数、日均用工维护费用、日均电量偏差、抄表准确准时率、电量统计维护费用、峰谷电量结构分布、电压合格率、电压稳定率、分项线损率、单位售电量费用、月均电量偏差、单位资产售电量、户均费用、人均完全费用、单位资产费用
10kV线路资产组	日均故障次数、日均用工维护费用、日均电量偏差、电量统计准确准时率、员工人均直接费用、电量统计维护费用、峰谷电量结构分布、电压合格率、电压稳定率、分项线损率、单位售电量费用、月均电量偏差、重/轻载率、户均容量、单位资产营业收入、户均费用、人均完全费用、单位资产费用
35kV变电站资产组	日均故障次数、日均用工维护费用、日均电量偏差、电量统计准确准时率、容载比、变电可靠率、电量统计维护费用、峰谷电量结构分布、电压合格率、电压稳定率、分项线损率、单位售电量费用、月均电量偏差、重/轻载率、户均容量、户均售电量、单位资产营业收入、单位资产营业收入、户均费用、人均完全费用、单位资产费用
35kV线路资产组	日均故障次数、日均用工维护费用、日均电量偏差、电量统计准确准时率、容载比、变电可靠率、输变电可靠率、电量统计维护费用、峰谷电量结构分布、固定资产增售电量、电压合格率、电压稳定率、分项线损率、单位售电量费用、月均电量偏差、重/轻载率、户均容量、户均售电量、单位资产营业收入、户均费用、人均完全费用、单位资产费用

续表

资产组等级	报告中所含指标
110kV 变电站资产组	日均故障次数、日均用工维护费用、日均电量偏差、电量统计准确准时率、容载比、变电可靠率、输变电可靠率、电量统计维护费用、峰谷电量结构分布、固定资产增售电量、资产综合折旧率、电压合格率、电压稳定率、分项线损率、单位售电量费用、月均电量偏差、重/轻载率、户均容量、户均售电量、单位资产营业收入、户均费用、人均完全费用、单位资产费用
110kV 线路资产组	日均故障次数、日均用工维护费用、日均电量偏差、电量统计准确准时率、容载比、变电可靠率、输变电可靠率、电量统计维护费用、峰谷电量结构分布、固定资产增售电量、资产综合折旧率、电压合格率、电压稳定率、分项线损率、单位售电量费用、月均电量偏差、重/轻载率、全口径劳动生产率、户均容量、户均售电量、综合线损率、单位资产营业收入、户均费用、人均完全费用、单位资产费用

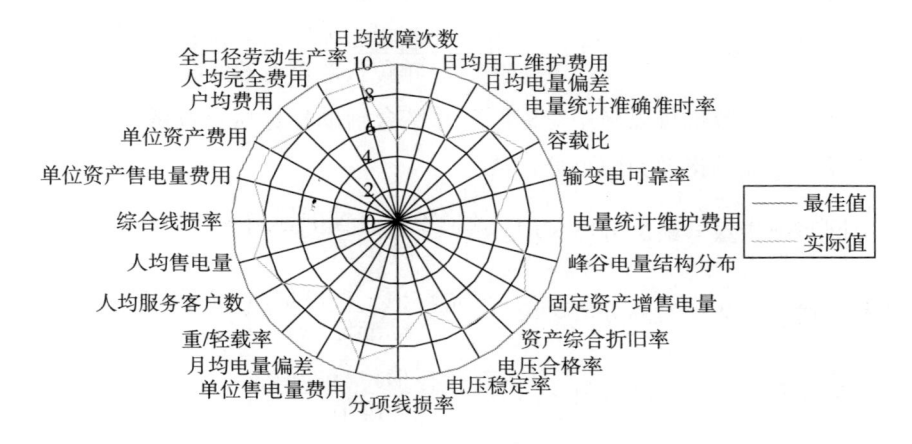

图 9-9 年报告的指标

9.3.5 资产价值指数形成与分析

9.3.5.1 资产价值指数的计量

通过上述分析，采取核心指标综合辅助指标的方法。基本指标只包含"单位资产售电量"或者"单位资产营业收入"一个指标，而辅助指标包含"一强三优"的综合支撑指标。这些指标通过一定的计算方法共同合成"资产价值指数"（见图 9-10）。

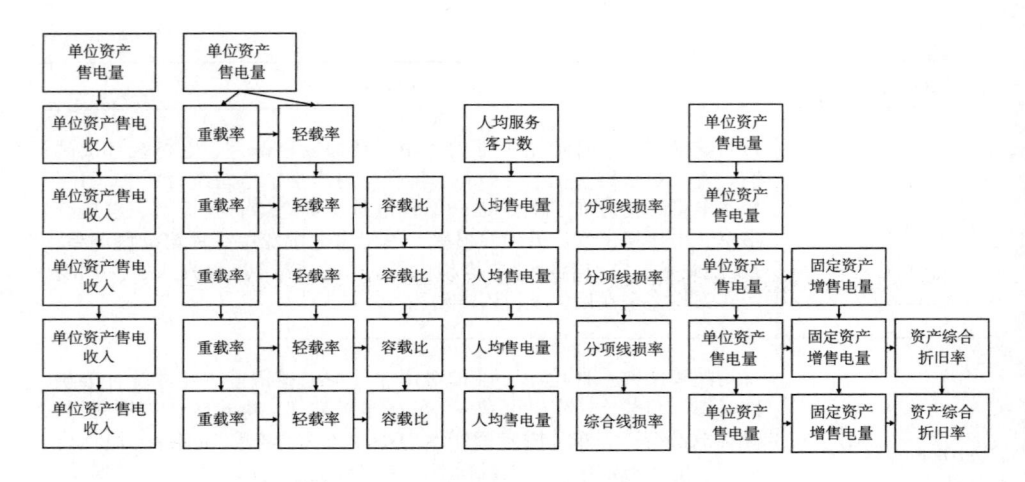

图 9-10　资产价值指数指标分级分层图

核心指数可以使用对标的方法对基本指标的计算而得：

$$基本指数 = 最高分值 \times \left(1 - \frac{|单位资产售电量实际值 - 核心指标标准值|}{单位资产售电量标准值}\right)$$

同理辅助指数也可以采用对标原理并结合辅助指标所贯彻的"一强三优"方针，具体化辅助指数为四个分指数：

$$电网坚强指数 = 最高分值 \times \left(1 - \frac{|指标值 - 标准值|}{标准值}\right)$$

$$资产优良指数 = 最高分值 \times \left(1 - \frac{|指标值 - 标准值|}{标准值}\right)$$

$$服务优质指数 = 最高分值 \times \left(1 - \frac{|指标值 - 标准值|}{标准值}\right)$$

$$业绩优秀指数 = 最高分值 \times \left(1 - \frac{|指标值 - 标准值|}{标准值}\right)$$

辅助指数 = $\beta_1 \times$ 电网坚强指数 + $\beta_2 \times$ 资产优良指数 + $\beta_3 \times$ 服务优质指数 + $\beta_4 \times$ 业绩优秀指数

其中，β_1、β_2、β_3、β_4 分别为"电网坚强指数""资产优良指数""服务优质指数""业绩优秀指数"的权重。

最终，基本指数和辅助指数采取加权平均的方法计算第 N 层中第 m 个单项资产（注意：是"单项资产"而非"资产组"）的资产价值指数 $P_{N,m}$：

$P_{N,m}$ = 核心指数权重 × 核心指数 + 辅助指数权重 × 辅助指数

9.3.5.2 不同层次资产组价值指数的评价与应用

根据对资产组的定义，各个层次的资产组都能独立计算基本指标和辅助指标，因为即使在分类层级中处于最低层级的资产组也包含了可以创造价值流的低压台区部分，所以基本指标将始终贯穿于每一层级资产组。对于辅助指标而言，它们的设立均是以实现"一强三优"战略为导向，以财务指标为统领，同时综合财务信息与业务信息的评价。总而言之，资产价值指数是可以贯穿各层级资产组的用于评价资产组内在价值的综合性指标（见图9-11）。

以不同微观效益和以供电公司为代表的整体效益之间的互相转化和有效衔接，以此对不同口径的资产组的效益进行评价，便能够实现从微观到宏观的多层次的综合分析和全面透视。

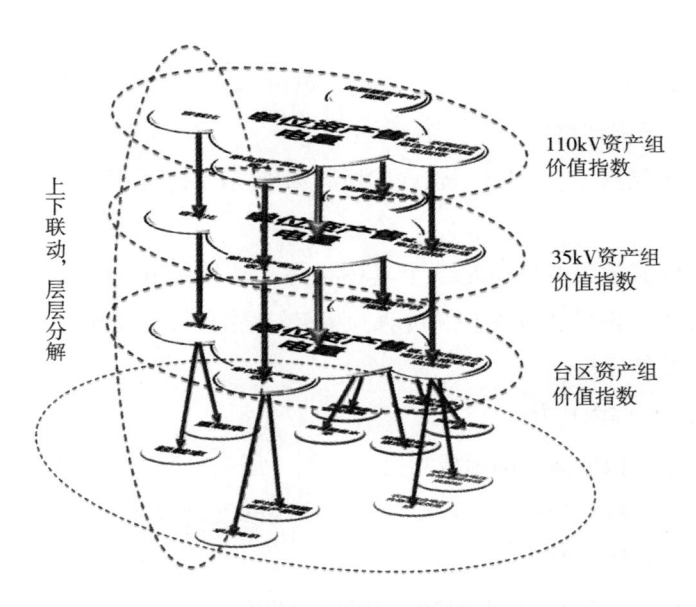

图9-11 不同资产组价值指数的逻辑关系

9.3.5.3 纵向追溯

每级资产组的价值指数都能从基本与辅助指标得到。并且，上层的指标正是由下层的资产组层层汇总从而得到的，因此，将该层各个资产组的价值指数加权平均即可得到上一层次资产组的价值指数。比如，10kV 线路资产组由若干台区和线路资产组成，那么，它的价值指数就是低压台区资产组价值指数的加权平均,以此类推可得到市电力公司的价值指数。

传统上以组织角度对电网资产进行划分,侧重于对区域的切块,忽视了真正的成本驱动因素,不利于精细化管理。而以资产组为主线,将最高层价值指数分解到更低乃至于台区价值指数评价,从而有利于目标管理和差异分析。

当更高资产组发现某个时期价值指数出现异常时,往往在该层次很难厘清异常的来源。如果通过对资产组价值指数的纵向追溯,异常原因逐渐被定位,这无疑为下一步的管理改善指明了方向。与此同时,当管理者确定一个价值指数目标时,可以通过资产组的层次性,将目标从上到下进行分解,为目标管理提供了良好的落地工具。第 N 层第 m 个资产组的资产价值指数 $I_{N,m}$ 计算参考公式:

$$I_{N,m} = P_{N,m} + \sum_{i=1}^{k} \delta_i \times I_{N-1,i}$$

$I_{N-1,1}$、$I_{N-1,2}$、$I_{N-1,3}$、…,$I_{N-1,k}$ 表示第 N 层第 m 个资产组所包含的第 N-1 层的 k 个子资产组。

δ_i 为第 N 层第 m 个资产组包含的所有第 N-1 层的各个子资产组价值指数的核算权重。

无论是价值指数本身还是某个具体指标,从顶级的 110kV 线路资产组到最底层的台区,它们之间的上下联动、互相勾稽的联系,能够从一定程度上解释上层资产组的异常。

9.3.5.4 横向比较

每一层级上价值指数的形成均是基于同一层级上几个维度共同导致的,因此,对于价值指数的分析首先可以从该资产组的支撑指标入手,逐一观测指标是否异常,实现横向对比。

第 N 层的所有资产组的综合资产价值指数 CI(composite index)的计算可参照如下公式:

$$Cl_N = \sum_{i=1}^{n} \rho_i \times I_{N,i}$$

ρ_i 为第 N 层各个资产组在计算 CI 时的权重。

以不同微观效益和以供电公司为代表的整体效益之间的互相转化和有效衔接:以此对不同口径的资产组的效益进行评价,便能够实现从微观到宏观的多层次的综合分析和全面透视。

9.3.5.5 价值指数与管理能力指数的对应关系

本书的研究中，资产价值指数与管理能力指数两个指数两相呼应、相互联动、密不可分。在整个体系中小到一个低压台区，大到整个企业，资产价值指数都能够直接敏锐地反映出来。而管理能力指数是为资产价值指数服务的，管理能力指数中运用的各种指标为资产价值指数提供背景和数据，是资产价值指数的"智囊团""大地图"。在这两个指数体系之间，相互对应的关系随处可见。

一般来说，这两个指数体系应该是同向进退。在企业中，最有可能出现的是图 9-12 中双高或双低的情景。当管理能力指数比较低时，资产价值指数一般不太高；同理，当管理能力指数比较高时，资产价值指数不会差。但是，在某些时候也会出现两者反向的情况，出现一高一低的情景。

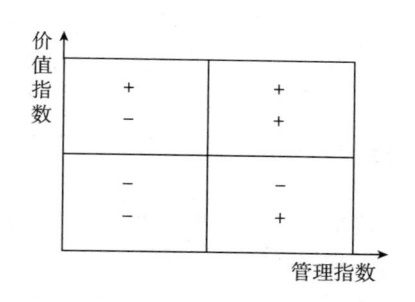

图 9-12 价值指数与管理能力的双重排名

（1）资产价值指数高而管理能力指数低的情况，往往是由于企业过分重视利益，没有考虑到客户的用户体验和实际感受。例如，企业在用电恢复时间上的消极怠慢，企业在抄表准确准时率等的不够重视，都会导致虽然资产价值指数很高，但管理能力指数没有得到提升的状况。

（2）管理能力指数高而资产价值指数低的情况，往往是由于企业在营销安全设备方面投入了太多的资金。例如，企业在设备的安全上投入了大量的人力物力，保证了变电站和线路的安全稳定，或者在优质服务和营销工作上投入了大量的精力，但在电价上做出了牺牲，就会出现管理能力指数高而资金价值指数低的状况。

9.3.5.6 资产管理能力指数形成与分析

与资产价值指数的计量方法类似，采取指标综合辅助指标的方法，形成"电能"基本指数与"投资、设备、电能、停电、现场、投诉"五个辅助指数，共同合成"管理能力指数"。

$$基本指数 = 最高分值 \times \left(1 - \frac{|单位资产费用实际值 - 核心指标标准值|}{单位资产费用标准值}\right)$$

辅助指数 = $\beta_1 \times$ 投诉指数 + $\beta_2 \times$ 现场指数 + $\beta_3 \times$ 设备指数 + $\beta_4 \times$ 停电指数 + $\beta_5 \times$ 投资指数

其中，β_1、β_2、β_3、β_4、β_5 分别为"投诉指数""现场指数""设备指数""停电指数""投资指数"的权重。

第 N 层中第 m 个单项资产的资产价值指数 $P_{N,m}$：

$P_{N,m}$ = 核心指数权重 × 核心指数 + 辅助指数权重 × 辅助指数

另外，纵向追溯和横向对比方法同价值指数。

9.4 评估结果的分析与改进

9.4.1 对报告结果的分析

传统的电网经济效益衡量方法，只能针对一个单独的会计主体，如市县供电公司进行，无法对电网中某一组或某一类资产进行，其最大障碍便是资产的成本无法有效衡量与归集。按照各不同口径资产组进行效益评价后，由于不同口径资产组均有电量或收入信息，便能将原先只能在供电公司层面使用的每万元资产售电量、投入收入比等指标在资产组这一微观层面上进行应用。

特别是通过"年—月—周—日"的四阶段报告制度，通过各周期报告之间相互的支撑与反映，能够实现年度指标的优化目标体现在月度指标上，月度指标再作用在周指标上，最终实现日指标的改善依次带动周、月、年指标的改善的持续优化功能。

在整个报告体系中，从最宏观的年报告到最基础的日报告，其中报告的大部分指标都是财务指标。但是报告的使月者可以通过财务指标观察到业务流程中驱动因素的效率和效果。财务的综合指标反映驱动因素指标使企业实现了以实物流为依据、以信息流为核心、以资金流为主体的全新运作方式。企业通过财务反映驱动因素，在整合并组织各种经济活动的过程中可以体现出比以往任何时候都强的竞争力，对于电力企业来说，在健康安全生产的经营管理和价值创造的流程

管理上都发生了巨大的变化：现代化的管理信息平台使基于流程管理的驱动因素在运行过程中逐步规范化，管理信息透明化，管理控制的有效性得以提高；同时，它促进了企业基础工作的加强，实现了信息高度集成与共享，改变了过去"信息孤岛"状况；财务信息反映驱动因素提高了管理工作的效率，管理控制和效率的矛盾得到改善，可以直接通过财务综合指标分析得出驱动因素在流程处理中的哪一环节需要格外注意，并且在驱动因素处理的同时自动产生会计信息，使业务与财务有机衔接；企业价值创造能力和价值创造可持续性能力得到增强，为管理者特别是中高层管理人员提供了多角度查询、统计和分析功能及手段。

从驱动因素的指标看下去，其指标也大多是复合式的指标。真正在组织里落地的因素是人、财、物。资产组的管理过程并不是一次性的，而是一个循环往复的过程。随着信息系统的构建和完善，从财务综合指标反映到下面的驱动因素复合指标，再从驱动因素复合指标透视到真正落地的人、财、物三要素的时候，就可以在问题出现了以后迅速找到切入点，能够从三要素中找到解决和优化方案，从而达到从落地处可以直接优化，一层层地向上传递优化信息，从而形成"闭环"，达到持续优化的结果。因此，资产组存在的意义并不是单纯的评价分析，而是应该落地在对企业的生产经营起指导作用，最终能够促使企业创造价值的提升。因此，最终应该确保在人、财、物三者上。企业是人财物的集合体，以人财物为抓手，找到其中的"短板"；解决瓶颈，最终确保资产组的切实可控。

9.4.2 报告制度对管理的改进

从资产组建立、分级分层到评价指标设计、报告应用，都紧紧围绕着会计的反映和控制职能。报告作为反映的主要表现和控制的直接基础，是二者的结合点。新时期下的会计工作更突出会计对于企业管理的贡献，报告尤其是对内报告制度则提供了一个很好的转型尝试，由原来对外报告重心的财务会计转移到对内报告重心的管理会计，会计对管理决策将会更多地起到咨询作用。

会计的控制为信息控制，是一种间接控制，而其发挥作用的前提就是将信息传递给决策者。基于资产组的报告体系能持续动态地反映企业的经营状况，为企业管理者及时了解公司运转并及时采取应对措施提供支持。需要指出的是，报告体系和管理需求是一种良性互动的关系，为了更好地发挥报告体系的作用，需要根据管理的需求对报告体系及时修正，要以信息消费者的需求为导向。

第10章
基于资产组的价值管理体系（试运行）

以南通电力公司为试点，率先建立了"基于资产组的价值管理体系"（5C体系）。整个价值管理体系包括价值分类管理体系（contribution）、优化资源配置决策体系（capital）、价值能力管控体系（control）、业财融合的动态反映体系（convergence）和推动组织转型（change）五个方面的综合体系。5C价值管理体系总体架构如图10-1所示。其中，价值分类管理体系、优化资源配置决策体系、价值能力管控体系构成管理循环，价值分类管理体系既是对资产组的分类，亦是价值贡献的表现，从对资产组的分类管理出发，参照存货的ABC管理方法，对资产组进行区别对待，投入不同管理强度，资源配置决策体系强调用好流量，盘活存量，不断提高企业的资产效益，价值能力管控体系则是对上述过程的持续跟进与控制，为目标实现提供保障，以上制度的良好运行将会直接导致价值贡献的改善，如此管理循环完成闭环。动态反映体系则为上述循环提供数据支持，推动组织转型则提供组织保障和制度上的支持。值得一提的是，后两者与管理循环是相互促进、相辅相成的，只有其实现良性互动，企业的管理才能持续改进。资产组的价值管理体系是原有信息系统的改进和补充，出于经济型和发展持续性的要求，其数据来源，指数选取必然借鉴原有的ERP系统、用采、PMIS等，上述系统构成了资产组价值管理体系的基础。现行的企业管理模式基于职能管理，因此，电力公司的各大职能管理系统构成整个价值管理体系的最底层，支撑所有的价值管理体系。

需要指出的是，选择南通电力公司作为本次资产组创新的试点，是有其合理性和可行的。首先，南通市电力公司在之前做了很多关于投资决策的测算分析，在对台区、10kV 线路口径确认、类别划分、效益分布积累了丰富的经验，这些为资产组的确认划分提供了直接的参考依据；其次，南通市电力公司现行的组织架构和管理信息系统较为完善，能够为资产组创新提供基础数据支持；最后，南通市电力公司本身也作为财务共享中心的试点，探索信息化条件下的县级财务组织变革，这与资产组创新相辅相成，共同促进。综上，南通市电力公司前期的财务创新和现有的技术平台为资产组创新的顺利推进提供了强大的保证。

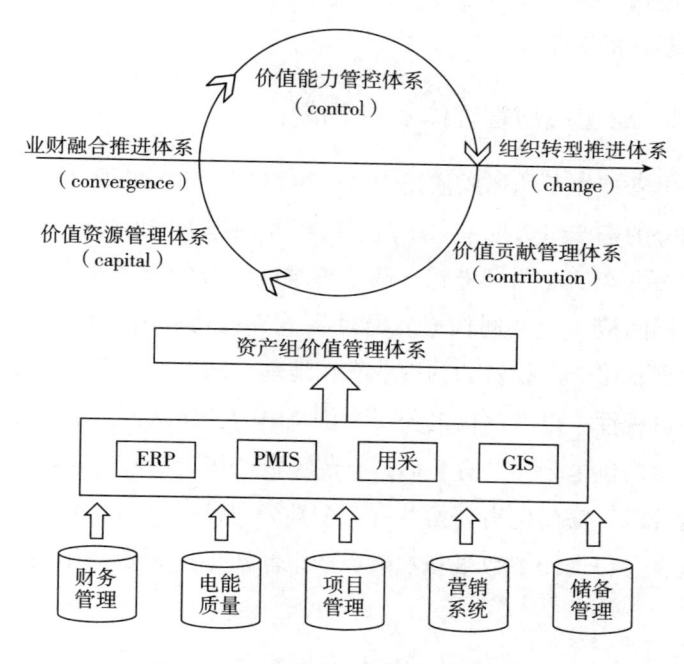

图 10－1　5C 价值管理体系总体架构

经过前期的准备，以资产组为基础的信息系统已正式上线。虽然还未达到预期设想，但是现阶段的设立为进一步实施起到了示范与引领作用，它的施行效果也从侧面印证了基于资产组的管理会计体系的可行性与意义。

10.1　资产组的价值贡献管理体系（Contribution）

借鉴存货 ABC 分类管理方法，价值分类管理体系是将资产组按照一定的指标进行分类，进而对于不同类的资产组采取不同管理强度和管理手段。价值分类管理体系作为整个价值管理体系的基础，根本性地转变为价值驱动视角，给原先松散、性质各异的资产提供了一把价值标尺，从而为管理者直观、科学地进行各资产效用效益评价与取舍提供了有力的抓手。通过对资产组的细分类，有助于管理者对症下药，减少决策的盲目性，促进企业的精细化管理。

值得一提的是，南通电力公司试运行的价值贡献体系只是目标理想模式的一部分，系统的建设需要一个过程，尤其是资产组的信息化落地平台作为创新更需要不断的摸索，但这不等于说理想模式不能实现，相信随着资产组信息化平台的投入使用，越来越多的管理者将意识并受益其优点，资产组信息化平台的功能将不断推进深化。

10.1.1 价值品质管理体系的形成

价值分类管理体系的形成依托于基于组织维度和技术维度的双重划分。按组织维度划分的资产组数据来源于该层级组织控制下的所有资产，以管辖权为依据，通过对资产的汇总而得到；按组织维度划分的资产组数据由电网资产、分配而来电网间接资产共同构成。通过将计算而得到的指标与地理信息相结合，直观地展示出资产投资和利用效率在地理空间上的分布，这极大地增强了会计数据的可视性。以海门供电公司为例，电力公司资产组的分级结果按技术维度分级，海门供电公司共有 5 693 个台区资产组，223 个 10kV 线路资产组。从组织维度分级，海门电力公司共有 1 个县公司资产组和供电所资产组。

具体地，各级资产组数量和本级资产组涵盖下一级资产组数量如表 10 – 1 所示。

表 10 – 1　　　　　　资产组数量（以海门供电公司为例）

序号	资产组	数量和上级资产组报告（个）
1	台区资产组	5 693
2	供电所资产组	29
3	10kV 线路资产组	223
4	县级供电公司资产组	1

10.1.2 价值品质管理体系功能定位

按照单位资产售电量等指标，利用五分法将资产组分为五类，通过判断资产组效率在同类中的相对水平，进而采取相对应的措施，这对于设备管理和负荷管理都具有重要现实意义。资产组分类管理体系的采用将会从以下几个方面帮助海门供电公司提高资源的利用效率，持续提高企业的价值。

第一，方便管理者观测到各个资产组的效率，进而采取措施。电网公司网状资产结构决定了其核算、评价的复杂性，资产组的采用大大增强了会计的业务核算能力和反映能力。基于资产组的分类管理体系有助于管理者判断资产组效益水平，作为以后的项目投资的决策依据。值得一提的是，对于用电设备来说，过高和过低的单位资产售电量都不利于企业的可持续发展，过低的单位资产售电量意味着资产的低效使用状态，过高的单位资产售电量对于设备的损耗较为严重。电网公司独特的负荷切割、转移使资产组的分类管理体系多了额外的管理职能，即为负荷管理提供参考依据。

第二，传统会计工作报告为一系列抽象的数字文字组合，需要一定会计知识的信息需求者花费大量时间才能大体领会所要表达的现实含义，高昂的沟通成本让很多管理者对会计理解不深，没有发挥会计应有的辅助决策作用。资产组的价值分类管理体系通过地理图像的展示，无疑降低了沟通成本，让会计信息更多地为管理者所得到、倚重。

第三，单位资产售电量等指标在地图上的显示有利于帮助管理者横向对比，督促提升。基于资产组的价值贡献图将通过邮件、纸质报告、大屏展示等方式对外报告，一方面有助于业务部门和财务部门深化对企业资产运行状况的了解，促进投资效率的提升，另一方面横向的对比给予落后资产组负责人以强大的压力，督促其相关领域的管理改进。

10.2 资产组的价值资源管理体系（Capital）

10.2.1 价值资源管理体系的形成

以往进行投资决策更多地考虑技术指标，即非财务因素的影响。即使很多项目投资进行了所谓的经济性评价，但由于缺乏资产组框架的数据支持，经济指标和经济型评价的结果远不如其得出的数字那么精确。电力公司在投资决策时，往往是经济效益和社会效益的权衡，电网发展与地方政府经济发展协调，适度超前发展与前景预测的综合，财务指标和非财务指标有助于决策者权衡利弊，使决策的结果更趋于科学。

资产组框架内，共同成本和管理用资产得到合理分摊，使财务工作向三流合一、时空一体趋近，根据资产组的定义，其是联合发挥作用资产的集合，与实物发挥效能具有逻辑的一致性，通过资产组的框架，获得更多准确的成本、费用信息，这是资产组发挥其他作用的基础。

决定公司价值的关键在于其资源配置的领域和效率，基于资产组的决策体重点针对覆盖项目全生命周期投资前、中、后的决策分析，通过定量模型的使用，使决策更具科学性。决策分为定性决策和定量决策，传统上大多数业务问题被认为是定性决策，基于资产组的会计在信息化条件下的帮助下，能够大幅度扩大会计的视野范围，会计人员亦应该发挥主动性，用灵活的思路和手段积极拓展，建立更加科学合理的决策体系。

10.2.2 价值资源管理体系的功能定位

第一，发挥会计辅助决策作用，使会计自觉走向企业业务前端。

在会计职能转变的大环境下，资产组的建立和应用提供这样一个契机。传统会计工作模式下，财务部门充当提议提供者，不利于会计部门与业务部门的沟通和联系，基于资产组的管理会计体系主张主动与业务部门分享财务信息，在事前发现问题解决问题；项目投资中站在企业整体的角度为项目执行人员确定最佳施工日期，充当业余部门参谋、咨询的伙伴关系；投资后对效益、完成进度进行评价，不仅奖优惩劣，考核责任人，更重要的是督促项目的保质保量完工。

第二，定量化决策。

南通市电力公司资产组投入使用后，不仅给财务部门带来新的考评手段，支持财务从后端向前端支持评价转型，也为业务部门量化决策，提高决策的合理性和科学性提供了理想的工具。传统南通电力公司的投资行为由于缺乏资产组的有效支撑，效益多少，收益率高低等很难说得清。财务管理关于项目投资最常见的评价指标：NPV、ARR 等由于缺乏足够数据的支撑，而无法计算，对项目评价仅仅局限于一些技术类指标，这很难真正督促资源利用效率的提高。成本、费用信息的完善，直接有助于投资的前、中、后评价，优化资源的配置。将资产归类资产组后，由于拥有了更多的基础性信息，NPV、ARR等定量模型为投资提供参考。

第三，跟踪投资全生命周期，提升增量投资效率。

新常态下，南通市资产管理的思路是盘活存量，用好增量，而当务之急便是利用好现在的增量投资。南通市电力公司通过对项目投资的全生命周期把握，投资前期严格审批项目、投资中期寻找成本节省途径、投资后期合理考评，从而提高项目的立项、执行效率。传统会计侧重于事后评价，一则木已成舟，改动成本很高，二则不利于财务部门与业务部门展开合作，基于资产组的决策体系强调发挥辅助决策作用，主动走向前端，服务业务，更好地发挥会计管理方面的作用。

10.2.3 价值资源管理体系的构成

基于资产组的价值管理体系目前包括投资前基于资产组分析提出未来建议、投资中对预算执行、反应与控制和投资后是否达到预期目标三个方面。其中投资前主要关注对项目的财务审核，保证预算资源的使用效率；投资中关注项目执行的科学性，及时采取措施，提高项目预算执行效果；投资后关注已完工项目的评价，未总结经验教训和考核责任人，督促提升提供依据。

10.2.3.1 投资前：基于资产组分析提出未来建议

传统上的投资决策更多建立在经验的基础之上，虽然具有一定的合理性，但更多的是头痛医头脚痛医脚，很难站在更高层面上进行决策。基于资产组的会计信息反映和管理评价框架，有助于管理者定量化决策，提高管理决策的科学性和准确性，从而提高电网公司的资源配置效率。从资产的全生命周期来看，越是在项目的前期乃至立项期，发现问题，改动的成本越低，越到后面，进行更改的成本越高。投资前储备项目审核报告通过对项目的规范性审核、合理性审核和经济性审核，从财务的角度为投资决策提供参考。如连续两年高强度投资，需要运检部提供原因，这样便发挥财务监督的作用。此外，通过对五分法的分析，可以对不同类型的资产组进行经济性提示，使储备项目安排更合理。

以海门电力公司10kV线路修理储备项目为例，投资前期注重规范性审核、合理性审核和经济性审核初步筛选，对剩下的项目实施根据轻重缓急进行，此外，还要及时提示最近三年已发生检修和农配网的信息。具体见附录5–1。

10.2.3.2 投资中：对预算执行的监控、反应与控制

项目建设期间，对于发现的问题及时解决，将损失降到最低，是对项目执行人员的现实要求。会计服务管理决策，如何在事中发挥会计的反映与控制职能，对会计理论与实务探索提出了迫切要求。

基于资产组的项目实施过程经济性控制，以最佳现场施工日建议为例，展现了会计在电力公司日常经营发挥的辅助决策职能。项目最佳施工日的目标是从经济性和指标角度出发，将项目实施对电量的影响降至最低。施工会带来停电，停电意味着电量收入损失。基于资产组的投资中控制通过对比最近几年该设备的电流贡献情况，选择用电量较少的时候进行施工，从而减少施工带来的潜在损失。本报告以两个台区维修项目为例，参见附录5–2。

10.2.3.3 投资后：是否达到预期目标

作为投资的收尾环节，投资后评价判断项目产生效益是否偏离投资规划预期目标，多大程度偏离。一方面可以判断投资的科学性，考核相关责任人，另一方面也可以帮助了解资产组运行情况，为下一步运营、管理改进提供信息。以海门电力公司2013年新增台区项目财务后评价为例。

资本性项目后评价与成本性项目不同，成本性项目主要体现修理费用投入后对供电可靠性（收入增加）、运行稳定性（后续投资减少）的影响趋势分析，而资本性项目投入后资产和售电量均增加，且售电量是从无到有，简单分析影响趋势无法反映资产投资的效果。因为资本性项目影响到整体的资产和电量，故选择单位资产售电量指标来进行评价，评价资产性项目投运后对整体单位资产售电量指标的影响。

考虑单个农网资本性项目并不是一个完整体，仅仅包括台区新建，要整体分析项目投入的单位资产售电量指标影响趋势，还应将台区对应的配变一并考虑，故将农网资本项目和配网的新增配变项目合并放在低压线路资产组中进行评价。

从资金来源上考虑，新增台区项目包括自有资金投资（农村公变）和用

户投资（居配），且光看变压器造价，小区箱变与农村的杆上配变造价差异较大，造价不同对单位资产售电量指标的影响因素也大不相同，故将自有农村公变投资和居配投资分开分析。具体案例见附录 5-3。

10.2.4　决策体系报告形式与对象

报告通过对企业业务的梳理，并建立报告模板，当驱动因素触发，系统生成决策报告信息化为报告的自动生成提供了方便。报告的重点是对业务的分析和模板制度的建立，通过事先与业务部门沟通，了解其所关注的焦点，协商制定合理的决策参考，这将极大提高报告的针对性和适应性。

根据决策的性质和服务对象，系统将报告定时或触发式报告给对应级别的管理者，如基于投资中的预算执行、反应和控制应及时传递给基层管理者，帮助其确定合适的施工时间。此外，还要根据报告的对象对报告的模板做适应性调整，高层工作繁忙，时间有限，报告应该做到言简意赅，切中要害，基层更多是操作层面，需要报告提供更多细节，供比对参照。

10.3　资产组的价值能力管控体系（Control）

10.3.1　价值能力管控体系的形成

反映是控制的基础，反映功能改善将带来控制效率的提升。通过建立定期报告和专项报告制度，使管理者及时了解各级资产组现在的状况，及时进行管理调整。不同分类维度的资产组和上下级资产组之间的勾稽关系为战略落地、目标管控提供落地的平台，这有利于企业持续改进，不断创造价值。

企业的日常经营中资产组信息平台的建立为从整体上持续提升公司价值创造的过程提供了保障——资产组报告体系。传统会计财务报告主要以财务数字的汇总，对于非财务信息一般在附注中进行简单的定性说明，并且本报告以资产组的价值贡献表形式来反映电网高质量安全运行以及企业业务行为对财务的影响，大大地扩大了财务报告的范围，具体可分为供电可靠性的价值贡献、供电稳定性损益、线损率损益、经营管理损益和资产售电量损益五个部分。这些报告，既可以报告公司整体，也可以报告各个资产组。报告体系的建立，使整个公司有了一个全面的动态反映机制，有力地保障了资源配置优化目标。

定期报告制度包括"日—周—月—年"四个时间维度，不同时间维度的报告侧重不同。总的来说，周期越短，报告的对象级别越低，非财务指标越多，更偏向操作性信息；周期越长，报告的对象级别越高，财务指标越多，更偏向宏观性信息。同时，四层级报告体系如同金字塔，年度指标位于塔尖，日报告位于塔底，下级指标支撑上级指标，上级指标反映下级指标。在系统建设初期，南通电力公司报告的内容相对简单，随着项目的推进，内容将会更加充实完善。

此外，作为一套嵌入工作实践之中的管理应用体系，包括了从最初的监测报告、研究分析与决策实施三个阶段。三个阶段依次嵌套，互为因果，循环往复实现企业管理的持续改进与提升。

10.3.2 价值能力管控体系的功能定位

第一，拓展会计报告空间，与业务全面接轨。

价值持续创造报告体系首次将供电可靠性损益、供电稳定性损益和线损率损益纳入报告的范畴，拓展了会计报告空间，这是财务报告制度的一大进步。业财融合、三流合一的大背景下，如何提高会计的反映能力事关会计的生死存亡。对于电网企业，停电、电压和线损直接电力企业服务质量的直接体现，会计的充分反映无疑帮助提升服务质量。

第二，贴合考评体系，保障电网公司目标实现。

作为管理循环的一部分，报告反映企业的运行效率和状态，通过与标准或标杆的对比，为下一步调整提供依据。电网公司的目标是一强三优，包含价值创造和可持续发展两方面因素，报告体系涵盖财务和业务损益，有力地保障了电网公司目标的实现。

第三，持续报告体系，为管控提供参考依据。

根据价值贡献报告的目的和对象不同，报告分为日报告、周报告、月报告和年报告，动态的报告体系帮助管理者及时了解企业的运行情况和潜在风险，从而及时采取应对措施。持续的报告体系为管控的起点和终点，提供了本期管控的依据，又传递本期管控的结果，闭环的结构有助于企业管控目标的实现。

10.3.3 价值能力管控体系的构成

10.3.3.1 日报告

日报是管控体系的基础，作为企业价值创造基本因素的动态观察窗口，需要在尽量短的周期内为管理者提供最为紧要的信息。对于电力企业来说，为用户提供放心电是根本的使命，因此，日报告需要对影响价值创造的资产安全状况的考量。

资产安全的保障是价值创造的可靠性。根据内部控制的披露原理，风险是价值创造的减项；同理，通过风险的排查能够起到价值创造的效果。因此，日报告以价值创造可靠性指标为目标，具体以故障停电风险值为替代指标，汇总以往引发停电因素，依次对适用资产组作可靠性测试。若难以完全通过，则认定为风险，以停电损失作为风险值。这样日报可以为企业提供价值稳定性管理的动态保障。

按停电的性质来分，停电一般分成故障停电和预安排停电。由于预安排停电（维修停电）属于计划内作业，已经通过审核并有了一定的避险措施，所以会对价值创造（售电量）产生较大影响的是故障停电。

由于存在故障发生，但是并不会导致停电的现象。故障（failure）的分析可分为两种，即故障分析与故障引起的停电分析。

此外，故障停电风险一般可以分为内部原因导致的停电风险和外部原因导致的停电风险。内部故障停电是指凡属本企业管辖范围以内的电网或设施等故障引起的停电事故风险，如线路故障导致的跳闸，变压器老化失效的故障停电等（本级资产组）；外部故障是指凡属本企业管辖范围以外的电网或设施等故障引起的停电，如输电线路故障导致的区域性大停电以及由于施工或设备维修进行的计划停电（上级资产组）。

具体步骤：（1）搜集资产组相关数据，做风险因素（可靠性）识别：根据停电发生因素的审核，确定故障发生的可能性；（2）建立停电损失模型，对于那些无法通过可靠性测试的资产组，进行停电概率和停电损失估算。

实际中的故障停电情况其实也是对现有的资产状况一个即时的反馈。一旦发生故障停电情况，并且造成较为严重后果的故障事件。故障事件最终会引起一系列的损失，包括经济损失、社会损失和环境损失等。由于危险事故形成的过程及发生概率和导致的损失多是不确定的，这种不确定性就是广义上的风险。对于这种风险的出现，企业要做的就是优化现有的资源配置，降低这种风险的大小。在现有的资源配置下，如果出现了故障停电情况，说明该区域的资产组中资源配置不到位，没有达到应有的标准与水平。这种资源配置的衡量标准可以向上追溯到该资产组成本性项目实施情况的考察。该资产组的成本性项目实施到位并且运转良好，就不应该出现故障停电的情况。反之，出现了故障停电的情况，说明该资产组的成本性项目实施情况出现了问题，从成本支出和资产运作效率的视角看故障停电的问题。

然而，不仅仅要从资本使用效率来看故障停电的问题，继续向上追溯，从成本支出问题可以看出该资产组的管理方面存在漏洞。如果资产组的成本性项目实施情况出现了问题，那么其实施环节究竟哪里出现了问题，哪个流程没有做到位，具体是由谁负责任，这些问题都可以通过资产组来向上追溯细细查询。从成本支出和资产运作效率可以看出管理能力存在漏洞。综上，从故障停电情况可以透视资源配置的缺陷，进而看出成本性项目实施情况的问题，最后向上追溯到管理能力指数。

日报告为报告周期最短的报告，日报告的内容主要是反映价值驱动因素的作用状况，企业的战略依靠日常经营落地，而每一天的价值驱动因素的作用状况构成了企业经营的主要内容。应根据重要性、可控性选择合适的价值驱动因素内容。供电可靠性的价值贡献反映电网公司的供电保障，是发挥作用的前提，供电稳定性损益反映供电质量，是电力企业产品的质量等级、线损率损益反映线损对企业的影响，督促线损管理的改进。这三种报告为企业的日常经营运营状况，需要每天推送，有利于管理者及时调整，加强管控，改善企业的日常基础性管理。

（1）供电可靠性的价值贡献。

供电可靠性的价值贡献指由于停电带来的价值损益。本次报告以停电带来的潜在电价收入衡量停电带来的损失，具体做法为损失电量与平均电价的成绩，损失电量由前几日同一时间的电量平均数确定。

电网公司的职能在于以尽量小的代价保障安全供电，停电对居民、商业、工业生产以及社会影响较大，对电网公司来说是重大事故。因此，建立每日停电损失报告制度，有助于督促各级管理部门严格管理运营流程，积极应对停电事故，从而提高电网公司的经济效益和社会效益。停电包括故障停电和检修停电，前者为设备故障，被动停电，后者为因设备检修，防止系统崩溃而进行的主动停电，与之对应，日报告主要分为两个部分，故障停电损失和检修停电损失。二者性质不同，需区别对待。通过损失收入来反映供电可靠性，使停电在会计上得到反映，为追究责任损失，权衡停电机会成本提供了信息依据。

日报告的停电从主动的检修与被动的故障两方面分析了价值创造的核心资源作用状况与效果，资产的价值在于使用价值，在发挥作用的过程中发挥价值。对主动停电和被动停电要进行分别考虑，一方面，被动的故障停电意味着资产暂停使用，代表价值的损失；另一方面，主动的停电检修是防止系统突然崩溃，是风险的管控，为电力企业所必要的。具体故障损失和检修停电损失分析见附录6-1。

（2）供电稳定性损益。

供电稳定性损益反映电压稳定性带来的收益和成本，很多工业生产对电压的要求是较高的，这对电网的电压管理提出了更高的要求。但是，良好的服务是需要成本的，需要对二者作出权衡。

供电稳定性损益要考虑到主流需求和特殊需求的权衡，对于居民用电、商业用电和大多数工业用电来说，电压在一定的范围里波动是可以接受的，不会给正常的生产生活带来影响，而对少数对电压稳定要求较高的企业来说则对波动范围有严格的技术要求。对此，应该在成本节约的情况下，将电压波动控制在大部分用电消费者需求容忍的范围内，对于特殊需求用户，通过建立专门设备，达到目的。此外，按照谁受益，谁承担的原则，应要求此类用户给予更多的价格。而供电稳定性损益便能度量此类损益，为进行差别定价提供依据。

（3）故障分析。

故障及检修停电损失分析月报告是在日报告的基础上进行汇总，进而反映本月因为停电而带来的损失，有利于管理者以月度为单位宏观把握停电情况。此块内容与日报告归于故障分析的内容大致相同，这里不做赘述。

1999年风险评估理论和模型被美国电力可靠性研究合作组织首次引入到电网系统的风险评估中，随后我国也开始展开了一系列的电网可靠性与风险的研究。本书中的配电网故障停电风险评估，是为了评估故障停电的可能性及其严重性，即配电网系统发生故障从而导致停电的风险程度，其中，以故障停电的概率表示故障停电的可能性，以故障停电所带来的损失衡量故障停电的严重性，那么风险值就是故障停电的概率乘以故障停电的损失。即配电网故障停电风险评估模型为：

$$R = f(\phi \times C)$$

式中，R 表示配电网的故障停电风险，f 表示故障停电风险模型函数。

对于低压台区资产组来说，φ 表示故障停电概率，假设配电网系统中包括 n 个负荷点，各个负荷点的故障为 $φ_1$，$φ_2$，$φ_3$，…，$φ_n$，则配电网系统故障停电概率 $φ = 1 - (1-φ_1)(1-φ_2)$，…，$(1-φ_n)$，各负荷点的停电概率又是由元件的故障率决定的。

对于 10kV 线路资产组来说，φ 表示故障停电概率，假设配电网系统中包括 n 个低压台区资产组，各个低压台区资产组的故障为 $φ_1$，$φ_2$，$φ_3$，…，$φ_n$，则配电网系统故障停电概率 $φ = 1 - (1-φ_1)(1-φ_2)$，…，$(1-φ_n)$，各低压台区资产组的停电概率又是由负荷点的故障率决定的。

对于 10kV 变电站资产组来说，φ 表示故障停电概率，假设配电网系统中包括 n 个 10kV 线路资产组，各个 10kV 线路资产组的故障为 $φ_1$，$φ_2$，$φ_3$，…，$φ_n$，则配电网系统故障停电概率 $φ = 1 - (1-φ_1)(1-φ_2)$，…，$(1-φ_n)$，各 10kV 线路资产组的停电概率又是由低压台区资产组的故障率决定的。

对于 35kV 线路资产组来说，φ 表示故障停电概率，假设配电网系统中包括 n 个 10kV 变电站资产组，各个 10kV 变电站资产组的故障为 $φ_1$，$φ_2$，$φ_3$，…，$φ_n$，则配电网系统故障停电概率 $φ = 1 - (1-φ_1)(1-φ_2)$，…，$(1-φ_n)$，各 10kV 变电站资产组的停电概率又是由 10kV 线路资产组的故障率决定的。

对于 35kV 变电站资产组来说，φ 表示故障停电概率，假设配电网系统中包括 n 个 35kV 线路资产组，各个 35kV 线路资产组的故障为 $φ_1$，$φ_2$，$φ_3$，…，$φ_n$，则配电网系统故障停电概率 $φ = 1 - (1-φ_1)(1-φ_2)$，…，$(1-φ_n)$，各 35kV 线路资产组的停电概率又是由 10kV 变电站资产组的故障率决定的。

对于 110kV 线路资产组来说，φ 表示故障停电概率，假设配电网系统中包括 n 个 35kV 变电站资产组，各个 35kV 变电站资产组的故障为 $φ_1$，$φ_2$，$φ_3$，…，$φ_n$，则配电网系统故障停电概率 $φ = 1 - (1-φ_1)(1-φ_2)$，…，$(1-φ_n)$，各 35kV 变电站资产组的停电概率又是由 35kV 线路资产组的故障率决定的。

C 表示故障停电损失，故障停电损失由用户停电损失 C_1 和供电企业停电损失 C_2 两部分构成。供电企业的停电损失容易计量主要是故障停电导致的电费收入损失和对设备的检修和更换费用之和，用户的停电损失主要用故障停电持续时间和故障停电缺供电量和故障停电次数来衡量。

10.3.3.2　周报告

相对每日报告较短时间周期，周报告减弱了每日发生额的偶然性，更能判断资产创造价值的能力。安全供电是供电公司发挥作用的基础，故在周报告也要报告其情况。除此之外，电网公司收入是根据宏观经济形势所决定，电网公司只能控制投资和费用的支出，这也是电网公司财务工作的重点。预算作为企业投资和费用的主要支出形式，要在月报告中反映其作用状况。周报告主要内容是经营管理损益，此外还有日报告数据的汇总，如供电可靠性的价值贡献。经营管理损益衡量企业日常的管理行为所带来的潜在或现实财务影响，反映企业基础的管理活动效率。

因此，周报告是对公司价值创造保障措施作用状况，即通过成本性项目的实施状况来确保资源的优化配置。

南通公司从2013年开始每周线下编制预算执行周报，发送至市县公司领导、预算部门负责人及相关专职，有效地推动了南通公司预算执行质量和效率。现基于资产组管理平台预想中大量预算执行过程数据的集成，研究开发系统自动生成的项目预算执行月报，一是大量减轻财务人员线下编报负担，二是通过基于资产组的财务、营销、生产数据集成，从原先的财务视角拓展至多业务视角深入控制分析项目预算的执行情况，提升预算过程管控精度。

南通市供电公司将预算执行情况分为六层，第一图层为全省项目执行情况一览，省公司掌握全省执行进度，市公司主要领导直观了解本单位在全省排名；第二图层，为南通公司全年资本、成本项目预算总盘子展示；第三图层，点击营销基建口可直接查看具体每一类项目全省排名情况；第四图层，点击某一类项目可查看全年每月执行进度，以及市县公司的具体执行进度；第五图层，县公司明细项目预算执行情况；第六图层，点击查看某一具体项目，通过将采用系统中的本年至今及上年全年日售电量曲线、项目预算执行曲线、现场施工停电日期进行集成，一是通过日售电量曲线分析现场施工时点的选择是否合理（是否选择用电量低谷期停电施工），二是通过预算执行曲线与现场施工时点分析，判断项目是否存在虚假结算、结算不及时等情况。值得一提的是，在月报告的基础上，南通市电力公司将预算执行的报告单位精确到周，实现了每周报告，但一般来说，出于考虑管理干涉频率的需要，仍将其归类到周报告。具体案例见附录6-3。

10.3.3.3　月报告

月报告是对公司价值创造动态进展与能力发挥状况的反映。相对于周报告价值创造的驱动因素状况的监测来说，月报告的反映时间更长，从而能观测价值创造的进度。对成本费用的掌控只是月报告的一个方面，月报告更多地是站在更高的层面对企业整体的管控。管控的直观抓手就是资产价值指数与资产管理能力指数。

月报是执行进度的考核，对整体价值创造发挥状况的考核使用指数。

（1）价值指数。

月报告主要反映资产售电量损益，这是由于电网企业来说，电量意味着收入，将资产与收入结合，评价资产组的核心贡献能力。单位资产售电量，既是"一流电网"的唯一财务口径指标，又作为同业对标关键的业绩类评价指标，该指标可以反映设备的利用情况和投资效率。南通市现有的报告主要有低效资产组分析。

低效资产组分析通过对所有的资产组进行五分法分析，刻画每个资产组创造价值能力的相对地位。一般来说，排名处于后 1/5 的资产组被认定为低效资产组，需要加以关注。值得一提的是，作为一种相对分类方法，海门县和南通市的资产组划分绝对标准并不同，一个资产组在海门为低效资产组，在南通市却不被认为是低效资产组，因此，将来资产组概念推广，需要在全省范围内建立统一标准，有利于在更大范围内展开比较。将各单位低效资产组放在一起对比，可以直观地比较各单位资产组的盈利能力和资产管理能力，明确了资产组的创造价值能力相对高低也有利于采取改进措施，为下一步投资、费用的发生提供参考。

一般情况下，单位资产售电量被认为是不可控的刚性指标，这在一定情况下才能成立。该指标的所谓刚性，只是体现的在一定的会计期间内、单一维度条件下的特点，但从更长的一个期间，多维度分析，"单位资产售电量"指标则是可控的；并且在以单个指标评价绩效的基础上，还可与成本投入强度、户均容量、户均电量等进行双重或多重组合分析，达到对效益评判的目的。

（2）管理能力指数。

如前所述，费用能够反映企业的成本和预算控制水平，进而反映管理能力的大小。单位售电量费用关注费用与售电量两个核心要素，一方面，费用以月作为报告周期与管理保持一致，数据获得，管理干预更具有可行性；另一方面，费用与售电量的比值作为相对指标，更具有可比性，从而方便评价考核。

10.3.3.4　年报告

年报是价值创造的总体水平。年报告作为定期报告中最具综合性的报告，是在综合"日—周—月"报信息后，对企业在一年里的管理效果和表现的综合输出，是对资产组创造价值能力的综合考评。基于资产组的报告体系能够拓展会计核算空间、量化管理行为，因此，年报告将比普通的财务报表具有更大的信息含量。

年、月、周、日报告四级报告体系构成了一个金字塔结构（见表10-2）。其中，日报告最为基础，反映企业的驱动因素的发挥情况；日汇聚成周，周报告反映企业的驱动因素保障状况；周汇聚成月，月报告反映价值创造的进度；月汇成年，年报告可以反映企业价值创造能力。反之，更长时间周期的指标反映较短时间周期的指标。

表10-2　　　　某电力公司价值贡献损益表　　××电力公司
20××年××月××日

供电可靠性损益	
故障停电损失	
检修停电损失	
供电稳定性损益	
保证电压稳定新增成本	
本日合计	日报
经营损益	
预算执行损益	
本周合计	周报
价值指数和管理能力损益	
单位资产售电量	
单位资产费用	
本月合计	月报
综合经营损益	
本年月报告汇总数	
本年合计	年报

10.4 资产组的业财融合体系（Convergence）

信息化条件为促进业财融合，业务财务一体化提供了有利契机，信息化绝不是简单网上再现企业的经营过程，而是根据信息化的功能特点与流程管控要求对企业的业务进行梳理、优化。资产组，尤其是分级分层后的资产组为业务流程改造提供了良好的框架。资产组是人财物的集合，也是战略、流程、组织的集合。

10.4.1 动态反映体系的形成

根据资产的功能和服务对象，对南通市所有的资产归类，电网核心资产和辅助资产组成资产组，按照组织维度和技术维度对资产组分析，如此将原来数量种类众多、结构关系错综复杂的资产组大盘子整理为具有内在联系的逻辑化资产组体系，这是对传统资产管理的一个飞跃。在逻辑化的资产组体系中，管理者可以快捷方便定位某一资产或资产组的使用情况、服务范围、与相关资产或资产组的联系，如此为管理决策提供一个合理的分析框架，这是传统资产管理所不能胜任的。

传统会计受限于流程设置和风险管控的需要，业务发生与业务记录总是有一定较长的时间差，再加上业务处理、加工、报告所需的时间，及时性较差。信息化时代数据的传送几乎可以达到实时，计算机的处理速度极大缩短了业务处理加工时间，信息媒介提高了数据传输的效率，这些都极大提高了会计的及时性。此外，基于资产组的管理会计按照业务特点和管控的需要对企业的流程进行再造，通过节点的设置使会计内嵌于财务，业务事件的发生驱动财务的确认、计量、记录和报告。如此，一个基于业务的触发式会计系统保障业务财务一体化，提高了会计的反映能力。业财融合具体体现在以下几个方面：

第一，理念上。会计财务人员工作思维是以财务报表为主线，这对企业的日常管理很难发挥直接而有建设性的作用。业财融合体系使财务与业务你中有我，我中有你，这将会倒逼财务会计人员思想理念上的与时俱进，积极地服务于业务经营管理。

第二，信息平台方面。基于资产组的信息平台集合财务数据与非财务数据，贯穿财务指标和技术指标，因此将不再仅仅是财务的信息平台。其报告的多样性、站在公司整体层面的考核指标体系决定了技术部门也可以共享资产组的信息平台，这将打破传统技术平台和财务信息平台的壁垒，更好地促进公司的成长发展。

第三，工作自动化。很多传统上的手工处理，将借计算机自动化，实现财务在线上自主完成，从监控、评价、稽查到核算的一体化，信息技术的引进不仅将会大大简化财务人员核算工作量，而且其模式化的运行将在企业形成良好的运行机制，持续地促进管理改善。

第四，以财务指标导向容易忽略公司的长期发展，造成短视效应，以技术为导向缺乏财务上的量化，决策缺乏足够合理性。技术导向与经济导向的统一要求电力企业既要保证电网的安全运行，也要在经济上合理发展贡献，努力做到长期利益与短期利益结合，促进企业价值的可持续创造。

10.4.2 动态反映体系的功能定位

基于资产组业财融合的动态反映体系改善了会计对业务反映能力，提高了会计的相关性，是会计在信息化大背景下创新提升的有益探索。更全面准确的基础信息为会计辅助管理提供支持，推动企业的精细化管理。具体来说，动态反映体系主要在以下几个方面促进管理的提升。

第一，提高会计的反映能力。

借助于信息化的优势，业财融合的动态反映体系极大提高了会计的自动化水平，提高了会计信息的及时性。资产组的建立和使用使资产的管理分类明晰化，为后续的确认计量提供了逻辑框架。

第二，促进业务流程优化。

基于资产组的管理平台建立的过程也是业务梳理、流程优化的过程。以动态反映体系的建立为契机，对企业的业务、流程展开分析，消除不必要流程，合并同类流程，分解复杂流程，理顺企业组织。反映体系逻辑上的清晰直接推动业务体系的合理化。

第三，为管理决策服务。

反映是控制的基础，动态反映体系的建立为企业管理实践提供全过程、多角度的量化分析支持。应对日益竞争的外部竞争局面，管理者要充分调动企的内部资源，而这都依赖于对企业清醒准确的认知。

10.5 资产组的推动组织转型体系（Change）

10.5.1 推动组织转型的变革定位

在国有企业改革的大背景下，如何提高企业的核心竞争力，更好地服务保障安全供电是电力企业新时期的所密切关注的。企业组织是经济社会环境与企业业务管理现实结合的结果，是一个不断调整的动态过程，随着外在环境变化，原来科学合理的组织架构亦需要与时俱进，追求转变。资产组推动组织的变革，具体表现在以下三个方面。

首先，资产组的建立使企业的管理业务活动日益透明化，基于资产组的管理会计体系使企业的流程持续优化，这亦为企业的组织转型提供动力与支持。透明机制使原有的粗糙式管理做法得到披露，企业管理者在外在压力的作用下，将会积极主动寻求变革。基于资产组的管理会计体系为决策提供量化的分析支持，通过提供丰富的管理会计工具箱和方法论，为组织变革提供有效的方法和手段。

其次，传统的企业组织建立在职能或业务的基础之上，更多的是一种责任组织的概念。基于责任的组织结构体系容易形成部门隔阂，各个部门之间容易形成保护主义，不利于企业整体效能的发挥。基于资产组的管理会计体系以价值创造的标准重塑企业的组织体系，站在整个企业的视野去分析决策的最优性，以价值的角度关注强调企业管理行为的效果贡献。

资产组的建立亦重塑企业对人力资源的看法。资产组是人、财、物的结合，人发挥着至关重要的作用。传统会计将人更多地视为成本概念，这不利于人的价值的充分发挥，财、物发挥价值只有通过人的作用才能实现。明确这一点，人机结合才能找到现实意义，人将会回归到核心资源的位置。此外，在资产组的框架内去分析、考察人力资源的贡献，通过资产组之间的横向对比，为考核提供依据。

最后，资产组的建立也为财务转型提供了契机。第一，资产组建立以后重塑传统的财务组织架构和工作重点。以南通市电力公司为例，财务部门抽调财务骨干负责保障资产组的运行，这必然涉及到对财务组织架构的重组、优化。

尤其是对于县级财务组织的优化。此外，市财务共享中心的建立亦为组织架构重组提供了重要契机。第二，资产组的建立也对财务人员提出了更高的要求，集中具体表现在两点，一是对信息化知识的了解，资产组最终要依靠信息系统落地；二是对业务的熟悉，资产组是财务业务的融合，财务为业务提供决策服务前提财务人员对业务的理解。第三，资产组的建立对财务管理的基本手段和方法变革提出了要求。传统财务管理模式以报告体系为轴心，尤其以杜邦财务分析为代表，财务管控很难直接落实到业务。基于资产组的价值贡献体系反映企业业务行为的财务影响，拓展了会计的反映范围，更适应公司的管理需要和发展要求。

10.5.2 推动组织变革方向

组织是企业内部调整适应市场竞争的表现，外部的压力与内部资源的整合要求组织能够协调权责利，既要保证资源的合理分配，又要照顾各方面的合理诉求。具体来说，组织转型应服务于以下三个方面。

第一，组织转型应积极地保障战略目标。组织紧随战略，战略决定组织。企业确定战略以后，企业组织设计者就应该着手机构的设置定位、岗位分工，积极推动战略落地。当企业的战略发生变化调整时，组织亦应该及时跟进。

第二，组织转型应积极推进业务、流程、岗位。业务、流程、岗位是企业经营的主要表现形式和控制节点，流程是业务的梳理，岗位是流程的落地，这三者都在组织的框架内发挥作用。一个好的组织应着力于促进业务开展，方便流程推进，保证岗位匹配。

第三，业财融合，相辅相成。三流合一，业财一体化的大背景下，组织转型亦应积极推进企业的透明反映机制。通过合理的组织架构和财务与业务工作职能设计，使财务内嵌于业务，愿景是在业务发生的同时，其财务影响便可以及时确认、计量和报告。

总之，外在环境和内在管理要求企业对组织不断变革，保障企业战略目标的实现，资产组作为一个创举能够适应企业组织转型的新要求，这既体现了财务为企业组织转型所作出的独特贡献，也符合会计新时期发展的趋势。

10.6 拓展与展望

基于资产组的管理体系是对传统观念的一次飞跃，随着财务创新的深入，可以将资产组的概念应用于战略落地模块、风险管控模块和预算控制模块,从而不断提高会计的反映和控制能力。

10.6.1 基于资产组的战略落地研究

资产组的分层分级缩小管理颗粒,利用资产组的内在逻辑关系,将企业的战略目标落实到每一个小的资产组单元,使企业的战略与企业的日常管理联系起来。具体来说,资产组主要在以下几个方面促进战略落地。

首先,有利于促进战略目标分解。企业战略制定出来以后,需要对战略目标进行分解,战略目标分解沿着时间和组织两个维度,时间维度将总体战略目标分解为各年年度战略目标,然后各年再将年度战略目标分解为季度目标、月度目标;组织维度将企业战略目标分解为各级资产组战略目标。通过对每个资产组设置KPI,并确定标准参考值,在每个考察周期结束,对KPI进行统计、差异分析,并提出改善措施,如此,战略得到很好的保障。

其次,为战略落地提供了组织结构保证。根据资产组定义,其是资产联合发挥作用的集合,且能独立产生现金流,因此,管理者可以对资产组按照企业的考评方式对其进行预算、执行、控制、考评。战略的落地需要平台能够执行、控制,这恰恰是资产组在企业应发挥的作用。企业整体可以看成一个资产组,因此企业的战略目标便是最大资产组的目标,沿着分级的资产组,将最大资产组的目标分解,企业的战略目标得到了很好的分配。因此,各级资产组的人、财、物变成了企业战略落地的保障。

最后,为战略落地提供了反馈机制。按组织维度和技术维度分级的资产组存在着内在的对应关系,表现为横向和纵向两个方面,横向按组织维度分级的资产组和按技术维度分级的资产组存在着对应关系,通常是若干技术维度资产组为一组织维度资产组服务;纵向上高低层级资产组存在着包含关系。利用这些内在的关系,为战略的落地提供了反馈机制,最低资产组直接面向市场服务,亦最先感受到市场行情的变化和企业管理的结果,当信息产生后,沿着资产组层级向上反映,有利于对战略及时修订或者改变战略的执行方式。

10.6.2 基于资产组的风险管控研究

资产组的概念与企业的实际运行状况更为接近,资产组框架内,管理者对企业的资产有更良好的把握，更丰富结构化的信息让管理者及时关注资产的运行状态，施加管理干预，减少企业的经营风险。具体分析，资产组给企业风险管控可能带来如下提升：

首先，更有效地识别风险。资产组提供一个崭新的逻辑分析框架体系，各级管理者可站在资产组框架内，分析管理决策、外部因素所带来的潜在风险可能性及大小。分层分级的各级资产组更是提供了多维度的风险分析框架，这是对原来企业整体或者具体业务为风险分析对象的超越。

其次，有利于实现精细化管控。资产组的识别、确认归根到底是根据管理的需要，多维度、多层级的资产组划分为决策分析提供了多种视角。定量化的信息让管控有更充分的理由，为管控提供有效的信息支持。

最后，有利于扩大管控的范围和维度。控制的前提是反映，基于资产组的管理会计体系提供了更多更全面的基础性信息，会计核算范围的扩展自然带来控制的延伸，这扩大了管控的范围。组织则为控制施加干预的条件，资产组建立后带来的组织变化扩大了管控的维度。

总之，资产组的建立为管控带来新的载体，管控是企业基业长青的保障，组织的变化也要求管控的及时跟进。

10.6.3　基于资产组的预算控制研究

预算作为现代企业内部资源的主要分配方式，已成为企业财务管理和控制的主要手段之一，世界五百强企业几乎都建立预算管理机制。资产组的建立和发展改变了传统的企业组织方式和业务核算方式，也必然对预算控制产生影响，可能在以下几个方面推动企业预算控制的发展。

首先，资产组的创新应用提高了会计的信息产出，更详细的结构化信息使得预算编制的效率和精度大为增加。电网公司传统的预算模式为项目审核制，按照一定的技术指标作为参考依据，结合专业人士多年从业经验，决定项目是否立项，虽具有一定的合理性，但不能在财务上给予量化。资产组的框架内，各种会计基础资料信息更为全面，可以利用定量模型辅助决策，这提高了预算的精度。此外，定量化的数据还有一个很重要的功能：更具有说服力，传统的预算编制现场是资源抢夺战的现场，财务拿出定量化的信息无疑会缓和冲突，加快预算的进度。值得一提的是，定量化的结果虽然数字看似无比准确可靠，其结果的得出是建立在一系列假设和中间变量的基础之上，还要结合企业具体实际做定性的分析，而不是单纯的数字游戏。这样，借助于资产组的框架，预算才能够更好地完成战略落地、沟通协商、资源分配等职能。

其次，改变以往以传统管理模式下的单体企业或核算主体为预算单元的做法，以价值创造单元（资产组）为对象，提高管理颗粒度。管理是分层级的，对应的预算亦应该按层级划分。以一个为主体进行预算，不利于调动各级资产组参与预算管理的积极性。基于各级资产组的预算管理，有利于调动各级资产组参与预算管理的积极性，更能真正反映各级资产组的预算要求，提高管理的颗粒度。

最后，资产组的使用为预算管理提供了沟通平台。预算编制方面，自上而下的预算编制方式和自下而上的预算编制方式都存在不足，前者权力过于集中，而后者又集权不够，两种方法相结合的形式使预算成为上下级相互沟通、协调的过程。从下级资产组向上级资产组报出预算开始，然后，经过若干环节之后，借助于反馈报告又回到下级资产组那里。预算控制方面，基于资产组的预算报告反映下级预算执行情况，为上级资产组了解和控制下级单位经营活动提供了一个强有力的手段，也是分析各部门预算差异和责任并相应的成本奖惩的依据。

附录1

南通电力公司资产分类表

表1

资产种类	电网核心资产			电网辅助资产			待摊资产
	10kV	35kV	110kV	10kV	35kV	110kV	
变电设备—变压器		√	√				
变电设备—电力电缆		√	√				
变电设备—电气一般设备—电气交流一次设备		√	√				
变电设备—换流设备—二次设备		√	√				
变电设备—换流设备—辅助设备		√	√				
变电设备—直流设备——次设备		√	√				
房屋—辅助生产用房屋				√	√	√	
房屋—简易房							√
房屋—生产及管理用房屋				√	√	√	√
辅助生产用设备及器具				√	√	√	√
建筑物—其他生产用建筑物				√	√	√	√
建筑物—辅助生产用建筑物				√	√	√	
配电线路及设备—电动汽车充换电设备	√						

续表

资产种类	电网核心资产			电网辅助资产			待摊资产
	10kV	35kV	110kV	10kV	35kV	110kV	
配电线路及设备—配电设备	√						
配电线路及设备—配电线路	√						
生产管理用工器具				√	√	√	√
输电线路—电缆输电线路		√	√				
输电线路—架空输电线路		√	√				
通信线路及设备—通信设备—电视电话会议设备				√	√	√	√
通信线路及设备—通信设备—光纤通信设备				√	√	√	√
通信线路及设备—通信设备—交换机系统				√	√	√	√
通信线路及设备—通信设备—其他通信设备				√	√	√	√
通信线路及设备—通信设备—数据网设备				√	√	√	√
通信线路及设备—通信设备—通信电源				√	√	√	√
通信线路及设备—通信设备—通信配线设备				√	√	√	√
通信线路及设备—通信设备—同步时钟设备							√
通信线路及设备—通信设备—网管及监控系统				√	√	√	√

续表

资产种类	电网核心资产			电网辅助资产			待摊资产
	10kV	35kV	110kV	10kV	35kV	110kV	
通信线路及设备—通信设备—卫星通信设备							√
通信线路及设备—通信设备—微波通信设备				√	√	√	√
通信线路及设备—通信设备—应急通信系统							√
通信线路及设备—通信设备—终端复用设备				√	√	√	
通信线路及设备—通信设备—终端通信接入网							√
通信线路及设备—通信线路				√	√	√	√
用电设备—计量设备—电能计量装置	√						
用电设备—用电信息采集设备—用电信息采集	√						
运输设备—汽车运输设备—特种车辆				√	√	√	
运输设备—汽车运输设备—载货汽车				√	√	√	√
运输设备—汽车运输设备—载客汽车							√
制造及检修维护设备—材料试验设备				√	√	√	

续表

资产种类	电网核心资产			电网辅助资产			待摊资产
	10kV	35kV	110kV	10kV	35kV	110kV	
制造及检修维护设备—电镀及热处理设备				√	√	√	
制造及检修维护设备—锻压设备				√	√	√	
制造及检修维护设备—焊接设备				√	√	√	
制造及检修维护设备—机床设备				√	√	√	
制造及检修维护设备—其他检修维护设备				√	√	√	
制造及检修维护设备—起重设备				√	√	√	
制造及检修维护设备—水工维护设备				√	√	√	
制造及检修维护设备—土木建筑设备				√	√	√	
自动化控制设备、信息设备及仪器仪表—其他							√
自动化控制设备、信息设备及仪器仪表—继电				√	√	√	
自动化控制设备、信息设备及仪器仪表—信息							√
自动化控制设备、信息设备及仪器仪表—仪器				√	√	√	
自动化控制设备、信息设备及仪器仪表—自动				√	√	√	

附录2
指标的时间属性说明

由于公司现阶段信息系统仍处于开发与完善阶段，指标数据的可得性方面仍然存在无法达到其要求的时间频度的状况。具体地，按照年、季、月、周、日（实时）[①]对指标进行监测发现，含日（实时）指标7项、月指标5项、季指标3项、半年指标3项、年指标1项。其中涉及日（实时）指标的部门主要是财务部和运检部。

表2

指数	指标编号	指标名称	时间属性	负责部门
资产组资产价值指数评价指标体系	GH000014 CW000274	单位资产售电量	季	财务部
	JX000574 ZH000847	电压合格率	季	运检部
	CW000190	单位资产营业收入	季	财务部
	DD001285	重载率	半年	发展部、运检部
	DD001286	轻载率	半年	发展部、运检部
	CW000278	户均容量	年	财务部
	GH000001	容载比	年	发展部
	RZ001162	户均售电量	年	人资部
	GH000015	分项线损率	日	营销部
	CW000302	固定资产增收电量	半年	发展部
	CW000246	资产综合折旧率	月	财务部
	GH000015	综合线损率	日	营销部

---

① 目前，日报是能够达到的最短报告周期，并且技术上也能实现实时报告，故对日与实时不做特别区分。

续表

指数	指标编号	指标名称	时间属性	负责部门
资产组资产管理能力指数指标体系	CW000208 CW000209 CW000274	单位资产费用	月	财务部
	YX000745	抄表准确准时率	月	运检部
	YX000746	电量统计准确准时率	月	运检部
	CW000209 CW000210 RZ001165	员工人均费用	日	财务部、人资部
	CW000263 CW000274	变电单位资产检修费用	日	运检部
	JX000408	变电可靠率	日	安质部、运检部
	GH000026	项目储备金额	月	发展部
	JX000406	输变电可靠率	日	安质部、运检部
	GH000047	投资三年内容载比达标率	月	发展部
	RZ001153	全员劳动生产率	日	财务部、人资部
	JS000951 JS000952	输/变电工程单位长度造价	年	基建部

　　从实际工作来说，从价值量角度反映整个公司的运营状况，需要各维度指标进行监控。目前的指标体系按照传统的财务工作中的核算和报告管理，以报表生成期限（月度）为主要的指标统计口径，月度指标较多，而实时性指标较少，反映综合绩效的年度综合指标也较少（但其也可能以月度指标的形式反映了）。因此，结合当前信息化条件下实时监控的要求，应该更多增加实时性指标。

附录3

企业探索：前沿公司案例

3-1 SDG&E 的资产分析法

SDG&E 是北美一家负责输电和配电的公用事业公司。过去 10 年中，现代资产管理办法已帮助公用事业企业减缓了基础设施建设面临的资金挑战，同时推动了电网的健康运行和可靠收益。然而，时至今日，公用事业企业依然难以轻松获得并充分利用所需的各种信息，并通过数据分析做出基于事实的正确决策。

资产分析法的应用是大势所趋：

- 复杂曲线向上移动：世界各地的公用事业都在面临日益增加的规模和更高的业务复杂性，以至推动这一趋势；
- 数据的爆炸性增长：智能电网的发展使公司需要处理的数据量急剧增加，而如何诠释这些数据以获得有用的信息是企业发展的关键；
- 外部数据及其性质的变化：外部数据的变化可能呈现非结构化、视觉化、语音化、地理信息化等趋势，是一个具有竞争力、市场和商业洞察力的关键信息来源；
- 从单功能到多功能：从深度功能分析向根据因果关系链进行跨功能分析过渡，以实现更精准的预测；
- 业绩优异的公司在分析上投资：世界各地很多事业公司都在实施成熟的分析解决方案；
- 决策速度：尤其是由于（智能）电网呈现出日益复杂化的趋势，在组织中的关键点上做出决策的速度至关重要；

● 分析即服务：改变分析行业运营和购买的方式；

● 透明度：监管部门要求增加运营的透明度，而分析被认为是实现这一目标的正确路线。

SDG&E 使用基于资产的关键风险分析法，推动关键信息的分析，即如何评估资产，以及资产的运行和预测情况，开发资产管理解决方案，使员工能够评估资产历史，计算资产健康指标，基于资产状况、危险程度、地域特征、经济性、绩效和使用情况来预测未来的资产状况。这种解决方案向资产管理、工程和规划人员提供特定的个性化资产分析法，通过类似飞机驾驶舱的控制台和仪表盘，使之可视化，从而快速便捷地获取关键性的企业资产信息。通过使用这些分析方法以及仪表盘、绘图和分析工具，公用事业企业员工能够审视风险，分析风险如何变化，确定优化资产投资的方法，并降低风险。

电网公司从先进的资产分析方法和可视化解决方案中获得了很多收益，如表 3 所示。

表 3　　　　　　　　　　先进的资产分析方法

做法	好处
实时监督设备运行情况	降低设备维护成本和工作量
数据自动化提取、分析、筛选和整合	改变人工收集和分析信息的做法，减少支持成本
转移资产管理人员的工作重心——从低价值的信息收集和组合转为高价值的分析和执行	提高了财务工作的效率和工作重要性
延长资产使用寿命、改善项目计划和优先评估	延伸资本项目的收益期
整合多渠道资产数据和运用先进的可视化方法，针对每个用户的特定需求从不同角度来提供数据	提高高层管理者和不同业务单元的洞察力和决策能力
减少电力工作人员对老化资产的维护工作	提高安全性

随着技术的不断进步，目前，公用事业运营商已具备了对自身系统和数据整体性的"新观点"，获得了更多洞见，并以此改善在资产绩效管理、资产战

略和资产投资规划方面的决策（见表4）。

表4　　　　　　　　　　　　　问题与决策

清除不良资产	提高资本和运营维护效率
优化新资产的预期使用年限	节省成本，提高资本效率
向监管机构提供精确、可审查的信息	更容易地获批基础设施投资资金

启示：资产提供了一个很好的视角来观察、评价、考核企业的业务活动，要想更好地发挥作用，还要依赖其他管理工具共同配合。电网公司输配变资产众多，联系错综复杂，参照资产分析法的资产组分析将更好地服务于项目审批、预算管理和绩效考核等管理实践。

3-2　万豪集团的数据分析竞争法

万豪国际酒店集团作为一家全球性酒店企业，注重事实的决策方式以及对数据分析方法的关注深深地根植于企业的文化之中。在过去的20年中，万豪集团改进收益管理的方法来确定客房的最优价格，并将收益管理的方法延伸到其餐饮、住宿服务，以及会务设施等各个领域。成功的收益管理系统已经帮助万豪集团稳步地实现了良好的财务业绩。万豪在整个企业中采用被称为"一收益"（one yield）的收益管理系统。在公司2600个业务部门当中的1700多家中，这个系统已经使与收益优化相关的业务流程实现了自动化。

万豪这里使用的收益管理法就是数据分析法。数据分析法指的是广泛地使用数据、统计及定量分析方法，利用解释与预测的模型，以及注重事实的管理方法来制订决策和行动方案。相比于其他商业智能，数据分析法能够回答的往往是那些价值更高和前瞻性更强的问题。

正如管理有好坏，不同企业对数据分析法应用熟练、广泛性也有差异。通过对应用数据分析法优秀的企业案例进行整理，它们拥有四个共有的关键特征：(1) 数据分析法支持着企业的战略性差异化能力；(2) 数据分析法的方法及其管理是遍及整个企业的；(3) 高层管理者倡导使用数据分析法；(4) 企业把重要的战略赌注押在基于数据分析法的竞争手段上。当然这四个因素不是孤立存在的。如果企业里有高管人员的倡导，并围绕着数据分析法所引发的差异化能力来制定战略，那么这个企业很有可能采取一种遍及整个企业的方法，而且数据分析法实现的结果将有可能反映企业的战略导向，因此，可以将它们视作为支撑数据分析平台的四根柱子。如果任何一根柱子倒了，那么其他几根都难以支撑下去（见图1）。

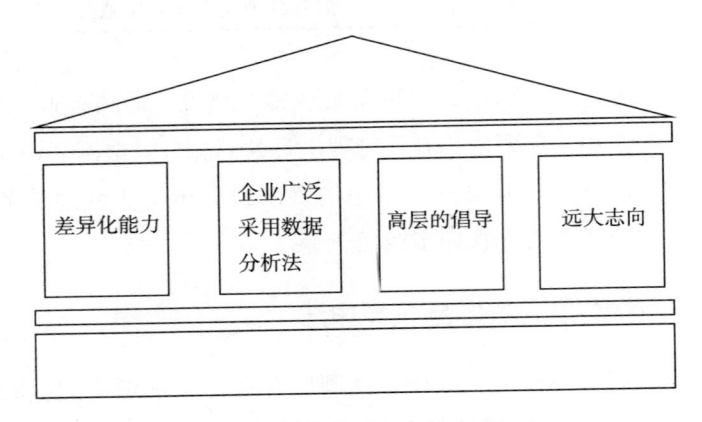

图1　数据分析竞争法的四根支柱

明确了数据分析的四个支柱，就可以按照企业拥有这些因素的程度进行评价。但为了方便评价起见，仿照软件开发中采用的"能力成熟度模型"，将数据分析竞争确定五个阶段，这五个阶段可以标示出一个企业从没有实质的数据分析能力成长为正式的分析竞争型企业所走过的道路，如表5所示。

表5　　　　　　　　　　评价分析法竞争的阶段模型

阶段	差异化能力/远见水平	问题	目标	方法/措施/价值
1. 数据分析法薄弱阶段	微不足道	我们的企业发生了什么问题？	获得足够多的数据改善经营状况	没有
2. 有限采用数据分析法阶段	局部的和机会主义的能力，可能不支持企业的差异化能力	我们可以做些什么来改进这种活动？我们怎样才能更好地理解我们的业务？	利用数据分析法改进一种或多种职能工作	具体应用项目的投资收益

续表

阶段	差异化能力/远见水平	问题	目标	方法/措施/价值
3. 拥有数据分析意愿阶段	开始致力于取得整合得更好的数据,以进行数据分析	现在正在发生什么?我们从当下的趋势中推论什么?	利用数据分析法来提高差异化能力	未来的业绩和市场价值
4. 分析型企业阶段	从整个企业的角度来看,能够利用数据分析法实现单点优势,知道前进需要怎么做	我们怎么样才能利用数据分析法来创新,实现差异化?	建立广泛的数据分析能力——利用数据分析法实现差异化	数据分析法是业绩和价值的重要驱动因素
5 分析竞争型企业阶段	整个企业,效果明显,可持续的优势	下一步应该怎么做?存在怎样的可能性?我们如何保持领先地位	数据分析大师——全面地凭借数据分析法开展竞争	数据分析法是业绩和价值的首要驱动因素

启示:建立在事实基础上的决策过程对于实现良好的业绩至关重要。吉姆·柯林斯(Jim Colins)在其著作《从优秀到卓越》(*Good to Great*)中写道:"突破性的结果源于制定出一系列的正确决策,并认真地执行,而且日积月累……从优秀变成卓越的企业所制定的正确决策远远多于糟糕的决策,而且它们也远比竞争对手能制定出更多的正确决策……它们将大量事实融入整个决策过程……如果不直接面对真实的事实,你绝对不可能制定出一系列正确的决策。"

3-3 西南能矿集团的 EPM 战略

西南能矿集团是我国中型采矿企业的代表,近年来发展势头强劲。在大多数矿企受到宏观经济波动、金融危机频发、中国需求下降、中东政治动荡,以及亚洲和其他地区的诸多自然灾害等事件影响自顾不暇时,西南能矿集团综合运用 EPM 战略,以帮助企业减少波动性、不确定性和复杂性。EPM 充分利用各种相关能力和工具，全面了解财务和运营信息，并用信息来预测变化、了解其对企业绩效的潜在影响、推进旨在提高股东回报的行动，如图 2 所示。

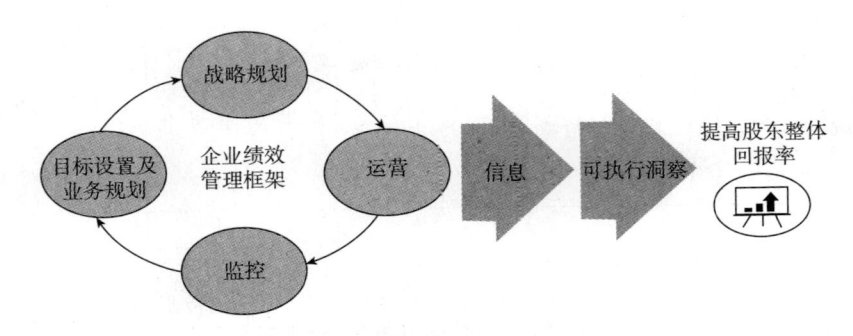

图 2　应用 ERP 能力，实现股东价值

采矿企业通常会参考过去的工作绩效、战略计划和外部市场预测，以此指导年度规划和预算编制过程。然而在这一过程中，财务规划或销售预测中使用的商业信息往往与采矿运营信息脱钩，因此，需对两者进行人为调节方能保持一致。而提高企业绩效管理（EPM）的能力可以帮助矿企实现规划与报告工作的转型——从基于会计核算的被动方式转变为着眼于长期、健康发展目标的前瞻性活动。

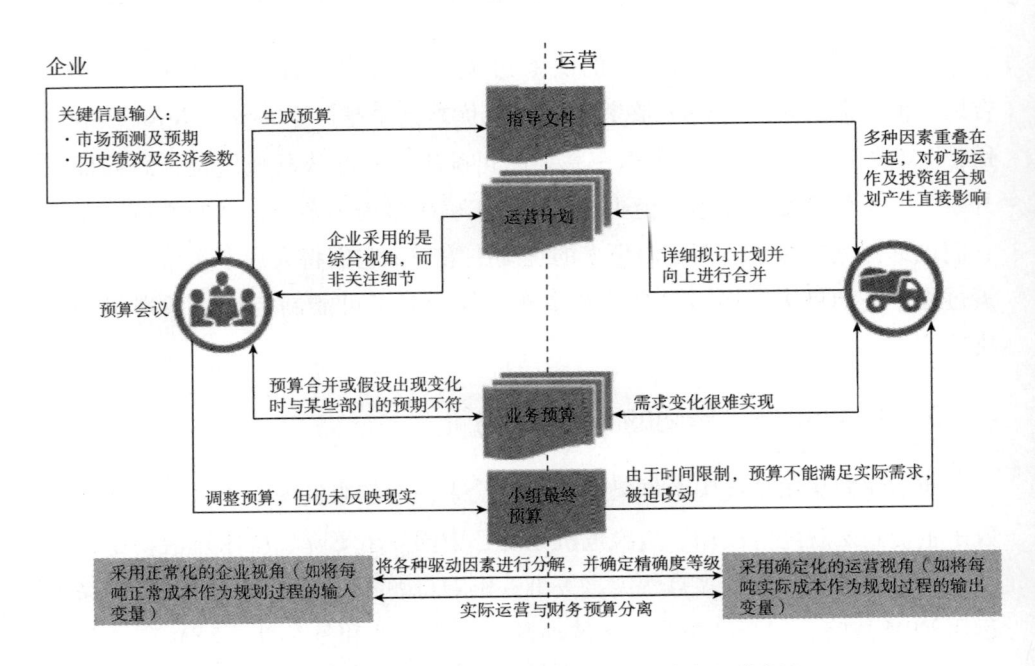

图 3　年度规划及预算编制过程：企业视角与运营视角

西南能矿通过具备一系列关键能力,从而有效执行 EPM 流程。这些能力主要分为以下三大类:企业全局观;充满活力、灵活且积极响应的规划;妥善的资源配置。这三项能力共同推动企业为决策者提供最新的准确信息,以及关于提升绩效的洞见。表 6 对这三项能力分别进行了探讨。

表 6　　　　　　　　　　EPM 成功运行关键能力

所需能力类别	细分	说明
企业全局观	均衡的战略规划	战略规划的如期实施一方面有助于在剧烈波动时期减少外界的怀疑和担忧,同时还可帮助采矿企业对短期经济波动做出适当响应
	财务灵活性	不仅关注企业的短期运营现金流,也要考虑到长远的战略投资
	在规划中切实与投资者进行沟通	帮助企业获取关于市场增长潜力的洞见,推动企业将规划作为一种工具,进行绩效预期管理
充满活力、灵活且积极响应的规划	专注差异化因素	将重点放在能产生真正价值的环节,并随着形势的变化对重点工作进行调整
	采用情境规划来管理不确定性	情境规划可帮助企业未雨绸缪,针对各种可能发生的情况做好准备——无论是自然还是人为情况
	通过事件驱动型预测来反映市场	建立一个结构化的流程,充分利用动态预测对工作进行有效调整,对预测的时间表进行重新评估,从而确保获取最佳的洞见和效率
妥善的资源配置	先进的数据收集手段及分析法	通过使用高质量数据资源更好地进行资源配置决策、优化投资组合、管理风险
	掌握资本的规划与管理	将资本规划与长期规划和目标设定进行整合,运用结构化的资金配置框架优化资源配置
	在生产一线进行规划	发挥一线运作在计划和预测制定与更新中的带头作用,财务部门作为合作者支持运营部门的工作,从而实现财务规划与运营规划的紧密配合

这种方法有利于矿企一方面管理好当前绩效，另一方面更清楚地把握未来发展的投资和资源配置重心。最终，EPM 将帮助采矿企业大幅提升组织、整合和分析能力，全面利用各种财务、运营、竞争及市场信息，推动可持续卓越绩效的实现。

启示：西南能矿集团通过创建覆盖所有业务部门的综合 EPM 流程，着眼于将业务部门与运营部门紧密联系起来，在整个价值链上进行无缝化的规划、预算、预测、数据提取、分析和报告。将财务与运营数据相整合的做法，能够大大提升预测准确性，值得推荐。

3-4 优化资本管理，追求盈利性增长——澳洲联邦银行案例

自 2008 年以来，面对着严峻的市场形势，澳洲联邦银行不得不做出调整，以适应增长乏力的新环境。今后，该地区的主要市场都将会加大对资本的约束，因此能力就将成为其把握机会、实现未来增长的关键差异化因素。澳洲联邦银行实行了平衡增长与资本约束的框架。该基准工具对亚太地区不同的银行业市场进行了比较，从而在分析资本使用现状的基础上，凸显出整个地区的增长潜力。知晓在何处寻找增长机遇、明确如何把握机遇——这就像是一枚硬币的两面，缺一不可。

背景
亚太地区银行业新格局

整个亚太地区的银行业都呈现出利润缩水的局面。这主要由风险和资本约束增加所导致。虽然自 2009 年以来，亚太地区的银行将越来越多的精力投入到恢复净资产收益率（ROE）之上，但提升的效果并不明显，而且预计未来三年，净资产收益率仍有继续下滑的趋势。尽管亚太地区银行所面临的风险较低且基础稳健，但它们恢复的速度依然将非常迟缓。

边际收益压缩、增长迟缓，并且竞争加剧

过去，强劲的信贷需求、优惠的利率环境以及众多的扩张机会合力推动了亚太地区银行业的快速发展。但今天，它们却受制于边际收益压缩、增长迟

缓，并且竞争加剧的弱势市场环境中。这些发展趋势意味着该地区银行已步入一个缓慢、稳固增长的时期。

随着亚太地区银行业对于优质存贷款客户的竞争日益激烈，它们的利润边际也将进一步受到挤压，特别是在那些银行服务已极为普及的发展中市场上，这种情况会更为显著。此外，在诸如中国和印度这样的新兴市场，不断加剧的通胀压力将导致监管部门实行货币紧缩政策。短期来看，这些市场高企的利率对银行信贷质量构成了一定风险。

对银行资本的约束

目前阶段，欧洲的银行仍然面临着增长乏力和高额应偿还债务的压力，处于漫长的不断去杠杆化进程中。国际货币基金组织表示，这将导致欧盟银行合并资产负债表出现有史以来最大规模的缩水，预计将达到2.6万亿美元，相当于总资产的7%。预计绝大多数的去杠杆化将通过出售证券及非核心资产的方式得以实施，其规模约等于整个欧元区信贷增长的1.7%。

这些发展趋势对亚太地区产生了深远影响，导致面向银行及其相关衍生品市场的大规模融资急剧减少，此外，波动的资本市场也因客户信任的下降而对手续费和佣金构成了压力。

日益严格的监管，特别是有关《巴塞尔协议Ⅲ》的合规要求，进一步降低了银行间拆借的吸引力，进而抑制了银行获得流动性的机会。而巴塞尔协议的有关规则对交易资产、融资、自营交易和衍生工具等却提出了更高的资本要求。这些都将导致银行成本增加、利润率降低，即使是部分低资本密集领域也会同样受到波及。

平衡资本、效率和增长

通过对银行的零售、商业、理财及投资等业务进行近距离观察，仔细分析其中增长和资本的关系，便可以发现盈利增长之道。从根本上讲，就是要了解银行获取资本的能力（资本是融资方法和业务模式组合的结果）与增长潜力的关系（增长则是某一特定市场发展潜力和该行发展能力共同作用的产物）。通过对其运营模式加以深入分析，银行能够获得所需洞察，由此实现更为准确的定位，开辟全新增长路径，并建立平衡增长与资本约束的框架。该基准工具对亚太地区不同的银行业市场进行了比较，并且在分析资本使用现状的基础上，凸显出整个地区的增长潜力；同时帮助银行评测自身的资本使用水平，以及在各自运营市场中的发展机遇。这一工具明确了在资本约束环境中推动银行增长的各种杠杆组合。

平衡增长与资本约束的框架

澳洲联邦银行对其资本使用现状和增长潜力进行了分析，在此基础上进行评分。通过对比亚太银行现有状况，从而发现自身优势和不足，确定合适的战略。首先是"增长"得分，旨在对某一国家和银行的整体增长前景进行衡量；其次是"资本"得分，在充分考虑其业务模式和融资模式的基础上，衡量银行的资本约束程度。

资本约束性的评估主要针对两个核心要素：（1）资本渠道（融资模式）；（2）资本密集度（业务模式）。增长潜力时主要考察两种并存的潜力，即：（1）市场增长潜力；（2）银行增长潜力。

了解资本使用现状和业务增长潜力对银行实现可持续增长至关重要。资本渠道（融资模式）这一部分主要分析了银行资产负债表的结构（包括存贷款比例）、杠杆比率以及这些金融资源的成本，从而对亚太地区银行的融资稳定性和资本资源成本进行横向比较。部分亚洲发达和发展中市场中的银行所面临的资本约束主要来自它们对大规模融资和高杠杆率的依赖。而对于亚洲新兴市场来说，由于存在大量的低成本零售存款，因此对大规模融资的依赖度较低。相比，在澳大利亚和韩国，银行零售存款业务的增长空间已所剩无几。此外，亚太地区银行的杠杆率可谓大相径庭。例如，日本银行巨头利用高杠杆率在疲软市场中提升回报率；而传统上较为保守的新加坡和中国香港两地银行保持着很低的杠杆率，因此有机会通过加大杠杆来提高净资产收益率。亚太银行业用以平衡发展和资本需求的框架如图4所示。

应对增长和资本配置挑战"亚太地区银行业资本/增长格局"中的四组银行分别面临着一系列不同的挑战（见图5）。各银行选择解决这些挑战、提高净资产收益率和推动增长的方式，最终将对其未来竞争力产生决定性的影响。

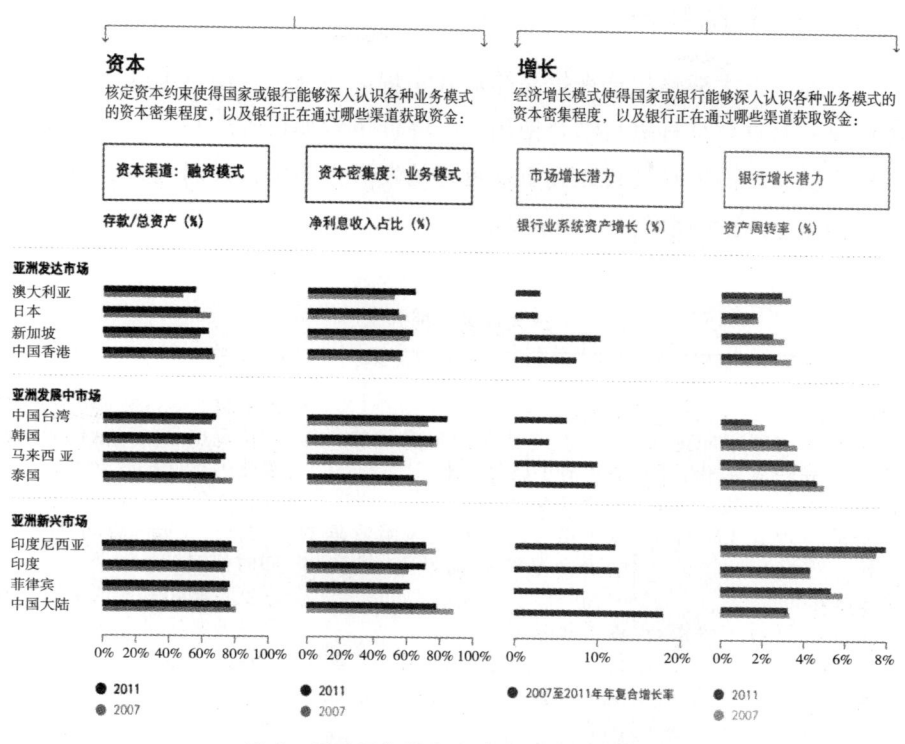

资本
核定资本约束使得国家或银行能够深入认识各种业务模式的资本密集程度,以及银行正在通过哪些渠道获取资金:

增长
经济增长模式使得国家或银行能够深入认识各种业务模式的资本密集程度,以及银行正在通过哪些渠道获取资金:

资本渠道:融资模式	资本密集度:业务模式	市场增长潜力	银行增长潜力
存款/总资产(%)	净利息收入占比(%)	银行业系统资产增长(%)	资产周转率(%)

亚洲发达市场
澳大利亚
日本
新加坡
中国香港

亚洲发展中市场
中国台湾
韩国
马来西亚
泰国

亚洲新兴市场
印度尼西亚
印度
菲律宾
中国大陆

横轴:0%–100% / 0%–100% / 0%–20% / 0%–8%

● 2011
● 2007

2007至2011年年复合增长率

图4 用以平衡发展和资本需求的框架图

高度资本约束
高增长潜力
该象限中的银行非常依赖以信贷为基础的收入,且业务和产品组合有限。这使得它们的增长潜力尤其受到可用资本的约束。由于需要为贷款提取更多准备金,以及一级资本要求对净资产收益率的负面影响,因此信贷质量问题如今更为业界所关注。随着存款者不断转向更为复杂的投资产品,银行都加大了对持续获得廉价零售资金的重视。

低度资本约束
高增长潜力
该象限中的银行拥有大量的市场机会和优越的融资地位,也就是说,尽管竞争在不断加剧(例如新加坡的银行在东盟地区进行扩张),但仍有强大的增长机会。目前,这些市场的很多银行都在全力以赴,保持增长势头,以便持续通过累积资本获得回报。但由于贷款准备金提取比例的增加,以及一级资本要求不断压缩净资产收益率,这些银行也面临着保持高信贷质量的问题。

高度资本约束
低增长潜力
该象限中的银行难以通过累积资本收入来获得增长,同时由于机构和投资银行业务的压缩,费用收入也比较低。定价和收益均面临压力,而且业已饱和的市场和激烈的竞争意味着现有业务的资产周转率提升空间有限。不过,较低的资本约束可以切实带来产品和服务多样化的机会。

低度资本约束
低增长潜力
该象限中的银行在定价和收益方面面临一定压力,业已饱和的市场和激烈的竞争导致现有业务的资产周转率较低。创纪录的存款和高成本的大规模融资更在一定程度上削弱了增长潜力。

图5 亚太地区银行业引导模型的四个象限

实现增长的战略杠杆

可以通过三大战略杠杆来提高绩效并实现盈利增长。银行可以根据自身的具体情况，对这些杠杆进行结合使用，以降低风险加权资产和大规模融资的风险敞口，将富余的流动性投入到更加可行的发展机遇中，并通过高价值客户群和/或核心产业化实现增长（见表7）。

表7　　　　　　　　　　三大战略杠杆分析

多样化	差异化	产业化
战略重点是实现不同地区和业务细分的多样化，同时减少对资本密集度、基于信贷的"现金牛"业务的依赖。 **客户多样化** 改变批发银行与零售银行业务的比例。 **产品多样化** 充分利用现有的第三方产品销售来提供不同产品，如理财和资产管理，并且促进交叉销售和追加销售。 **地域多样化和扩张** 进入具有不同储蓄习惯和信贷需求的市场。 **服务多样化** 通过提高交易频率增加资产周转率；通过咨询服务提高客户份额	战略重点是利用自身优势，与竞争对手区分开来。 **价值链专业化** 基于强大的财务与风险管理的能力，保持流动性和/或资本平衡。 **能力差异化** 加大对能力建设和/或技术驱动模型的投入，以打造长期成本优势。 **技术创新** 创建独特的价值主张，提升客户参与度、效率和生产率（例如，通过移动服务和/或基于云的软件即服务部署）。 **重新打造客户关系** 提高客户参与度（例如，利用社交媒体战略）。 **产品差异化** 开发独特的产品服务（例如，产品捆绑），提高收入和利润率。 **商业网络协作** 利用海外客户群和/或优化平台，提高资产周转率	战略重点是向灵活的且可规模化的运营模式转变，共享基础设施，并通过重复利用银行资产/能力驱动价值。 **即时处理** 高度自动化和实时处理可以实现业务定位的及时更新和出色的客户体验，同时减少异常情况发生和后台部门的重复劳动。 **简化** 促进流程精简的横向应用（如信贷、产品工厂和抵押管理），支持不同产品和业务线、统一的用户界面，以及基于相同技术原则来无缝整合所有应用。 **规模化** 以流程来推动不同业务部门、实体和地区之间的系统整合

澳洲联邦银行具体应对措施

相对市场同行，澳洲联邦银行（CBA）保持利润的方法是通过实时处理零售银行业务实现差异化，并采取多样化方法进军极具增长潜力的商业和私人银行业务。

差异化

该银行利用技术作为业务推动手段和差异化因素。通过人工和自助渠道，其核心银行业务为零售和中小企业客户提供了便捷的实时体验。其他的技术创新包括针对数字资产的在线金库服务"NetBank"，以及零售银行业务移动应用"CommBankKaching"。在企业银行业务方面，"CommBiz"服务被用来处理每日结算和外汇业务。通过上述努力，该银行取得了两大重要成果：其一是2011财年吸收了29个首次与银行建立业务的机构交易客户，另一个则是客户满意度从2006年的65%上升到了2012年的78%。

产业化

过去4年，该银行对技术和生产率的投资超过了10亿澳元（约合10亿多美元），同时在整个企业范围内精简了工作流程，包括后台办公流程整合和精益流程工程学设计。取得的主要成果有：4年中零售银行业务的成本收入比降低了8%（2011财年成本收入比为38.3%），同时投资产出率提高达53%。

展望未来：以多样化促增长

今后，澳洲联邦银行可以充分利用销售渠道、分析工具和品牌定位，将单位客户销售额（约2.6）提升至全球同行水平（大于3.0），从而进一步扩大其理财业务规模。同时，该行还可以通过向一线员工放权和瞄准特定行业的做法，扩大贷款规模、提高边际收益，进一步增加企业银行业务领域的市场份额。除此以外，通过建立全球联网的虚拟/实时银行业务系统等技术手段也能够有效地提高收益。

启示：澳洲联邦银行通过宏观经济分析和微观消费者需求分析，确定企业未来发展着力点，与竞争者的对比使企业的战略更加明确，从而选择合适的战略杠杆。优化资本管理，提高资本的投资回报率是管理者孜孜以求的目标，澳洲联邦银行的案例分析框架为管理者确定、落实企业的战略提供了很好的思路。电力公司虽不是以营利为目的，但其经济效益的追求也是毋庸置疑的，本案例也为帮助电力公司管理者提高电网资产使用效率提供了有益借鉴。

附录4 信息系统的建设

资产组概念真正要发挥作用还需要信息系统平台作为支持,利用计算机自动采集、储存、加工、报告数据,减轻财务人员的工作压力。新的系统上线要考虑数据的可得性、与其他系统的联系、功能菜单、后续改进和后期维护等诸多要素,要在项目进行前有一个良好的规划。总体来说,从资产组概念的提出到系统的良好运行,经历了以下7个阶段:

4-1 资产组框架体系建立

本部分主要由南京大学资产组项目组完成,从理论上构建资产组框架,具体包括:资产组的形成、分级、评价体系和报告体系。

4-2 需求功能分析

本部分主要由南通市电力公司完成,根据资产组的概念,发掘资产组在企业运用中的价值,设计未来信息系统的功能模块等等,这一块牵涉到资产组的落地,直接关系到资产组作用的发挥,为保证后续项目的开展,要求功能分析具有前瞻性。

4-3 可行性分析

本部分主要由南通市电力公司完成,主要包括技术可行性和经济可行性,技术可行性论证资产组落地限制性因素、数据可得性、合作公司实力等;经济可行性主要包括项目资金保证情况、资产组潜在使用价值分析等。

4-4 数据整理阶段

（1）落实"管理会计平台建设"实施小组具体分工，补充完善"财务管理会计体系建设"工作实施方案（含总体实施时间计划、工作组织及要求、管理会计系统设计、建设方案等）。

（2）利用现有海门公司、南通公司静态数据，组合低压台区、中压线路、变电所等各级资产组，并与电量进行对应。

（3）分析海门公司、南通公司历史成本对应的资产组数据，编制2013~2014年成本对应资产操作手册，并建立切实可行的分摊规则，梳理现有项目储备系统及FI完善建议及需求。

（4）根据基于资产组的自动报告体系预想，分析完善自动报告推送的模块及展示界面。

（5）分析公司2013~2015年的农、配网成本项目，基于资产组分析投资的规范性，形成专题报告。

（6）从项目实施排序、最佳实施月、是否带电作业、预算执行最佳曲线分析基于资产组的成本项目控制。

（7）对公司资产组及2013~2015年下达农网成本、资本项目进行"投向""投速""投量"等维度分析。

（8）对公司2013年、2014年两年农配网项目投资配比（协调性）、经济性进行分析。

4-5 项目前期阶段

（1）从资产组结构（结构说明、当前存在的问题）、数据获取（数据来源及颗粒度、数据关联、数据层级汇总、当前存在的问题）、业务应用等对南通公司资产组前期情况进行初步调研。

（2）与南京量为石信息科技有限公司当面沟通，基于2014年底海门公司资产组的静态数据，提出价值地图的开发需求和愿景。

（3）对资产组的评价指标与地图模拟展示进行理论探索。

①基于《配电设施建设与改造综合单价》及基础材料价格变化情况，对海门公司低压台区及中压线路资产（组）的单位资产造价与价值进行还原，

并计算偏差率。

②基于 2014 年底海门公司资产组的静态数据，以单位资产售电量为核心指标，使用资产新旧程度（已使用年限）、近两年收入增长率、配置系数、户均容量、单位容量售电量、单位容量造价、供电半径、线损等指标与其对应，并通过 GIS 地图模拟展示指标叠加后的项目评价效果。

③南通公司召集第二轮前期与可研论证人员，对营销系统、用采系统、配电 PMS、输电 PMS、GIS、ERP（PM、AM、PS）、业务预算全过程及项目储备系统进行第二轮的前期与可研论证。具体验证讨论：资产组结构的形成及同步、相关系统数据抽取、PMS2.0 上线后相关调整、业务应用可实现性等。根据可研论证情况，形成专项的项目可行性报告及技术实现方案。将专项的项目可行性报告及技术实现方案，汇报省公司财务部及科信部门，由省公司进行项目立项。

④南通公司继续与省公司及南大沟通，初步确定切合实际的基于资产组的价值指数和管理能力指数指标体系，为资产组管理会计平台深化设计及系统开发做好理论基础。

⑤设计计算增加基于资产组的营业收入增长率（%）、固定资产创收能力增长率（%）、新增固定资产贡献毛益（元/万元）、在用资产经济增加值率（%）、EBITDA 利润率（%）等同业对标类指标，并按五分位法进行排名。

⑥对确定的指标区分储备审核与项目评价两大类进行归集。

4-6　一期项目深化设计和具体数据验证阶段

管理会计平台建设采取分批落地实施的原则，经研究一期建设项目为：

（1）搭建资产组平台构架，并形成低压台区、中压线路、各级变电所资产组；

（2）（成本、资本性）预算周分析自动评价模板，预期目标是每周能自动生成基于资产组的预算周分析，形成的结论应有详尽的对资产组的评价。

根据基于资产组的自动报告体系预想及前期工作成果，重新讨论分析完善自动报告推送的模块及展示界面。

Ⅰ明确需要达到的功能与具体内容，按照层级依次可分为：（目标）、模块、模型、指标、数据项目。需求的设计需要以需求文档的形式，形成若干稿，快速迭代和更新，从粗到细、从少到多。

Ⅱ相关系统数据抽取（数据来源及颗粒度、数据关联、数据层级汇总、当前存在的问题）。

Ⅲ相关系统数据验证：根据设计方案开展测试，利用海门资产组及其他相关数据，对测试结果进行分析验证，包括：对各模块业务逻辑验证、对数据质量的评价、对测试发现异动的核查以及原因的分析。

Ⅳ展示界面设计。

（3）基于资产组及 GIS 的财务价值地图的开发与应用（项目储备审核、项目评价）

（4）预算有序预测曲线与实际执行周曲线分析、预警与纠偏系统，该系统应涉及从资产组的不同维度进行预测与控制（低压台区、专变台区、中压线路资产组、变电所资产组），并能按周自动生成对比曲线，并进行预警与纠偏。

4-7 持续改进和完善提升阶段

全面总结一期系统模块业务开展实效性，持续拓展系统的广度、深度和有效度，并进行二期模块的开发（如：收入预测模型、资产组减值模型、基于现场的项目储备与驱动审核等），持续发挥"基于资产组的管理会计平台"作用与价值。系统的开发不是一蹴而就的，基于资产组的管理会计平台提供了一次很好的契机使电力公司整合国内外最新管理会计技术、方法，结合电网工作实际，构建具有电网鲜明特色的管理会计体系。

从发展的角度来说，问题来源于实践，通过一期系统试运行，许多问题与不足也会因此暴露，更多的需求也将会被提出，总结经验与教训，项目组团队和支持团队将会不断改进完善系统，让管理会计在企业发挥更大的作用。

附录5
资产组价值贡献体系案例

5-1 投资前期分析：海门电力公司 10kV 线路修理储备项目案例

以海门电力公司 10kV 线路修理储备项目为例，2015 年海门公司未下达的 10kV 线路修理储备项目共计 199 项，可研金额 12 046.13 万元。共对应 93 个 10kV 线路资产组。

一、监测报告

规范性审核：93 个 10kV 线路资产组中可研金额超过线路原值 50% 的 49 条；超过线路资产组原值 50% 的 14 条，对应项目 37 个。合理性审核：79 个 10kV 线路资产组中投运 3 年以内的线路 11 条，对应项目 25 个，共计投入 1077 万元。68 个 10kV 线路资产组中连续 2013 年、2014 年两年均投资，且投资强度均为 A 段的资产组 4 个，对应项目 11 个。64 个 10kV 线路资产组中 26 个资产组当年仅储备配网项目，未储备对应农网项目。经济性审核：64 个 10kV 线路资产组中 2014 年末单位资产售电量为 E 段的 3 个，其中两个资产组两年电量增长率为 A 段，另一资产组两年电量增长率为 E 段。

超过线路资产组原值 50% 的 14 条，对应项目 37 个。该 37 个项目请运检部根据项目轻重缓急分年实施。3 年以内的线路 11 条，对于投运 3 年以内的项目修理，请运检部说明，暂缓审核。2013、2014 年连续两年均有投资，且投资强度均为 A 段的项目，请运检部说明解释持续保持高强度维修的原因，暂缓审核。未储备对应农网项目，提示运检部、农电部确认农、配网项目的协调性。资产组两年电量增长率为 A 段，分别达到 275.15% 和 111.11%，整体售电量增长呈上升趋势，具备经济性；另一资产组两年电量增长率为 E 段，已经出现负增长,请运检部再次审核项目投入的必要性,暂缓审核。

二、决策实施

初审投资分布如表 8 所示。

表 8　　　　　　　　　　初审投资分布表

单位资产售电量段位	10kV 线路资产组个数	本次储备涉及资产组个数	占比情况	可研投资	占比情况
A 段	35	5	14.29%	564.29	7.69%
B 段	47	14	29.79%	1 280.56	17.45%
C 段	59	24	40.68%	2 415.38	32.92%
D 段	47	18	38.30%	2 861.23	39.00%
E 段	35	2	5.71%	215.23	2.93%
	223	63	28.25%	7 336.69	100.00%

通过初审的 10kV 线路修理项目对应低压台区资产组的单位资产售电量分布情况如表 8 所示,C/D 段资产组修理范围基本达到 4 成,投资比例达到 70% 以上。提示请关注 A/B 段高效资产组的运营状况,优先保障高效资产组的供电可靠性。

5-2　投资前期分析:最佳现场施工日选择

一、监测报告

以三星镇镇南村 28 号台片维修项目和悦来镇启文村 10 号台片维修项目为例,图 6、图 7 为台区全年售电量曲线图。

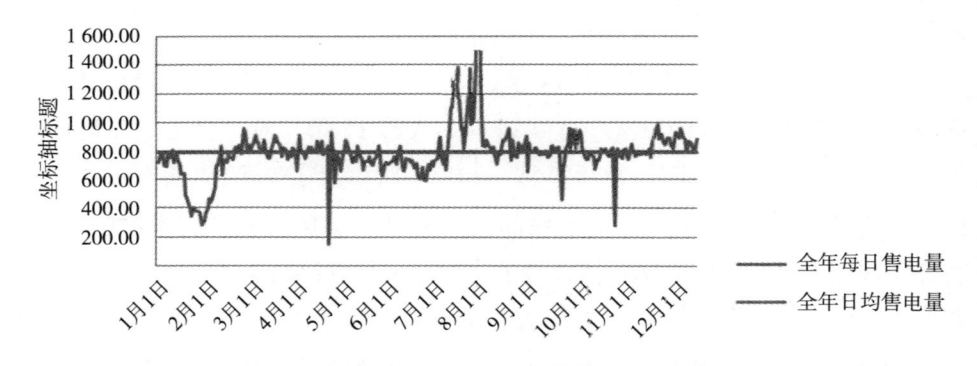

图 6　2013～2014 年三星镇镇南村 28 号台片全年平均日售电量

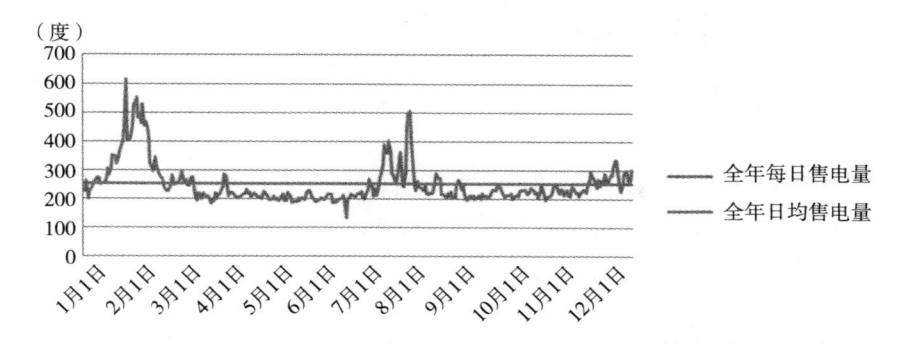

图7 2013~2014年悦来镇启文村10号台片全年平均日售电量曲线

二、研究分析

从图7看，该台区全年高峰出现在7、8月份，全年低谷出现在1月下旬3月上旬（过年期间），与地区经济发展有关（家纺制造聚集地，作坊企业较多，平时流动人员较多，过年时期间电量为全年低谷），通过计算全年日均售电量为784.27kW·h，全年低于日均水平的共181天。

悦来镇启义村10号与三星镇镇南村28号台片全年售电量分布特征不同，一是整体售电量低；二是过年期间售电量与镇南村28号台片呈反方向运动，为全年售电量高峰。分析其原因海门悦来地区经济发达程度不高，外出务工人员较多，故过年期间返乡呈用电高峰态势。

三、决策实施

三星镇从全年曲线看最佳施工日期为过年期间，但受项目立项下达的时间限制，则施工日期在日均线以下的时间实施则对售电量影响最小（夏季高峰期到来前的小低谷）。如因特殊原因需在日均线以上时点进行施工，将对采用带电作业的经济性进行分析。

悦来镇全年项目施工应当在过年高峰期之前，避开过年期间。通过计算全年日均售电量为251.91kW·h（红线），全年低于日均水平的共247天，则施工日期在日均线以下时选择售电量较低的日期实施影响最小。

以上为台区资产组项目投资的最佳现场施工日选择方法，低压线路资产组分析方法相同，仅需将线路上所有公变、专变全年每日电量汇总后形成10kV线路资产组日售电量曲线。

5-3 投资后期分析：海门新投台区效能分析

一、监测分析

2013年海门公司共投运台区392个，共计形成资产9 767.49万元，对应98个低压线路资产组，其中：农村公变198个，形成资产3 896.53万元，居配投资194个，形成资产5 870.96万元。

对应98个低压线路资产组2014年单位资产售电量为1.32kW·h/元，通过还原（将392个新建台区配变原值和售电量剔除后），计算不含2013年新投台区的单位资产售电量为1.42kW·h/元，可见392个新投台区将整体售电量拉低了0.1kW·h/元。

二、研究分析

1. 农村公变

农村公变台区198个共对应到69个低压线路资产组，以还原后的单位资产售电量为基准，将198个农村公变台区2014年资产原值及售电量加入后，9个低压线路资产组单位资产售电量指标呈上升趋势，即9个低压线路资产组对应的33个新增台区项目拉升了整体单位资产售电量指标，其余165个新增台区项目拉低了单位资产售电量指标。198个项目整体拉低单位资产售电量指标0.06kW·h/元。

再对拉低单位资产售电量指标的165个新增台区项目2015年第一季度售电量增长情况进行分析，其中41个新增台区第一季度电量为负增长，最大降幅为-68.33%。该41个新增台区既拉低了整体单位资产售电量指标，且短期内电量增长又呈下降趋势，需海门公司分析项目立项的合理性，并通过调换低容量变压器等方式减少未来资本性投资，弥补对单位资产售电量指标的影响。

2. 居配项目

居配项目194个共对应41个低压线路资产组，以还原后的单位资产售电量为基准，将194个居配台区2014年资产原值及售电量加入后，10个低压线路资产组单位资产售电量指标呈上升趋势，即10个低压线路资产组对应的72个新增台区项目拉升了整体单位资产售电量指标，其余122个新增台区项目拉低了整体单位资产售电量指标。194个项目整体拉低单位资产售电量 0.17kW·h/元。

再对拉低单位资产售电量指标的 122 个新增台区项目 2015 年第一季度售电量增长情况进行分析，其中 11 个新增台区第一季度电量为负增长，最大降幅为 -72.14%。理论上新建居配项目随着入住率的提升售电量应当不断增长，需海门公司对 11 个电量负增长的居配小区核实原因。

三、决策实施

2013 年海门公司新投的 392 个台区整体拉低 2014 年单位资产售电量指标 0.1kW·h/元。共 105 个项目投运后拉升了整体单位资产售电量指标，占比 26.79%。其余 287 个项目在 2015 年末再次进行后评价，41 个拉低单位资产售电量指标且电量负增长的台区直接定义为低效资产组，请海门公司分析原因，并提出补救措施。

附录6
价值持续创造体系案例

6-1 日报告：故障停电和检修停电损失日分析

一、故障停电

展示当日各单位停电损失收入情况，同时对比本年累计停电损失对应10kV线路的上年成本投资强度，分析成本投资与故障停电的关系，判定各单位成本投资解决电网问题的能力（见图8、见图9）。

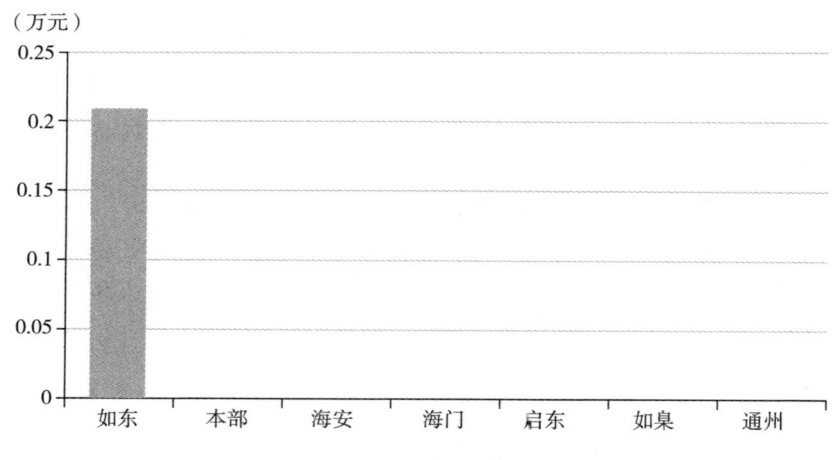

图8 当日各单位故障停电损失收入

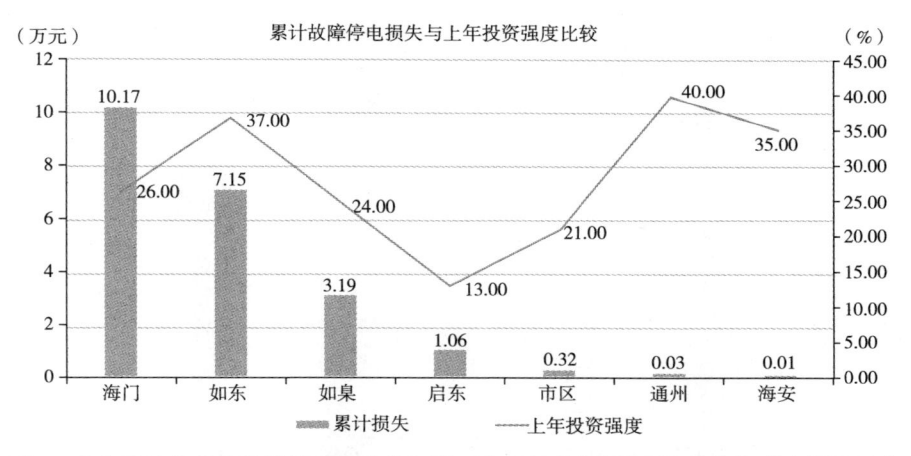

图 9　本年累计各单位故障停电损失收入及对应 10kV 线路资产组的上年成本投资强度

点击穿透可查看某一单位全年累计故障停电明细，今后将每日对停电损失情况从资产新旧程度、历年成本投入、故障发生原因等多个角度深入分析，形成报告，推动提升成本资金的使用效率。

二、检修停电

展示当日各单位检修损失收入情况，同时分析本年累计停电损失与检修工作量的比重分析，待大量数据积累及系统应用集成（解决 10kV 线路每次检修停电线段通过联络线转移负荷后，最终影响的用户数量信息）后，从停电损失收入、带电作业增加成本及带电作业提升内外部效益角度研究建立带电作业经济模型。

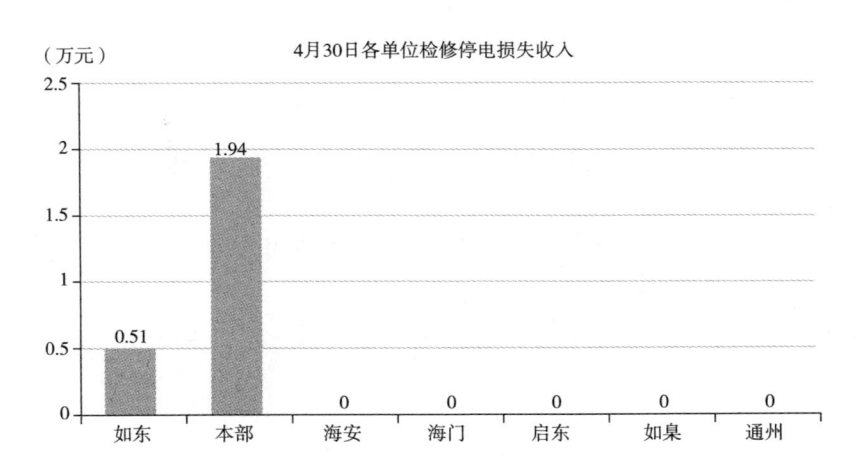

三、当日各单位检修停电损失收入

各单位累计检修停电损失占检修工作量比重

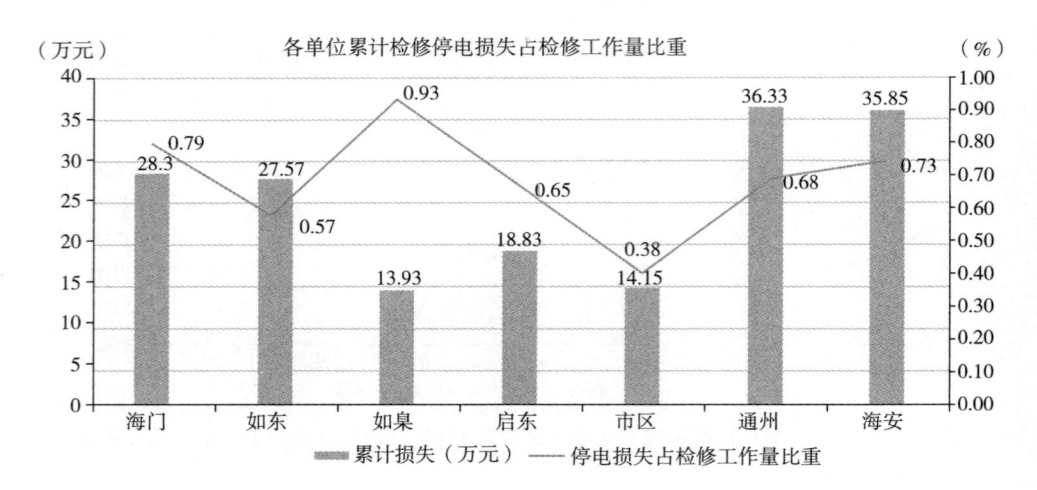

（万元）｜海门 28.3｜如东 27.57｜如皋 13.93｜启东 18.83｜市区 14.15｜通州 36.33｜海安 35.85

停电损失占检修工作量比重（%）：海门 0.79；如东 0.57；如皋 0.93；启东 0.65；市区 0.38；通州 0.68；海安 0.73

图10　本年累计各单位检修停电损失收入与检修工作量比重

6-2　月报告：故障停电和检修停电损失月分析

通过对停电与投资的匹配，判断投资的效率。理论上，最近几年投资的设备在短时间内应该运行良好，若出现问题则要查明缘由，追根溯源。

一、监测报告

2013年全年海门公司故障停电共计220条次，停电影响电量129.66万千瓦时，按2013年全年海门不含税含农维费的平均电价0.62538元/千瓦时计算，共计影响收入81.09万元。

二、研究分析

从表9看：

（一）2013年故障停电2014年有成本投入：

2013年海门公司220条次故障停电对应到91条线路，其中62条线路2014年发生成本投入：

1.62条线路中19条2015年一季度发生故障停电，2014年投入1 113.78万元，2015年故障停电损失7.07万元；

2.62条线路中43条2015年一季度未发生故障停电，2014年投入3 512.45万元。

表9　　　　　　　　　　　　　　　　　　　　　　　　　　　　　　　　　　　单位：万元，万千瓦时

序号	2013年故障停电	2014年成本投入	2015年故障停电	2013年故障停电情况			2014年成本	2015年故障停电情况			
				涉及线路	故障停电条次	损失电量	损失收入	投入金额	涉及线路	故障停电条次	损失电量	损失收入
1	√	√	√	19	56	43.37	27.12	1113.78	19	28	11.52	7.07
2	√	√		43	104	63.19	39.52	3512.45	43	0	0	0
3	√		√	3	13	8.27	5.17	0	3	4	0.018	0.01
4	√			26	47	14.84	9.28	0	26	0	0	0
5		√	√					329.87	8	9	0.67	0.41
6			√						4	4	0.1	0.06
合计				91	220	129.67	81.09	4956.1	103	45	12.308	7.55

（二）2013 年故障停电 2014 年无成本投入：

2013 年海门公司 220 条次故障停电对应到 91 条线路，其中 29 条 2014 年未发生成本投入：

1. 29 条线路中 3 条 2015 年一季度发生故障停电，2015 年故障停电损失 0.01 万元；

2. 29 条线路中 26 条 2015 年一季度未发生故障停电。

（三）2013 年未发生故障停电、2015 年一季度发生故障停电。

2013 年未发生故障停电但 2015 年一季度发生的共 12 条。

1. 12 条中 8 条 2014 年发生成本投入，2014 年投入 329.87 万元，2015 年故障停电损失 0.41 万元；

2. 12 条中 4 条 2014 年未发生成本投入，2015 年故障停电损失 0.06 万元。

三、决策实施

重点分析 2013 年有故障、2014 年有投入、2015 年一季度又有故障的 19 条线路在 2014 年的成本投入建设理由，发现 19 条线路的建设理由均为"线路老旧维修"，实际分析已使用年限发现：投运 5 年以内的 2 条；投运 5~10 年的 2 条；投运 10~15 年的 10 条；投运 15 年以上的 5 条。对于两条投运刚 3 年的线路明显建设理由不符。向有关部门询问原因，并对以后年度项目投资进行控制。

6-3 周报告：预算执行情况分析

以 2015 年第 19 周（5 月 4 日~5 月 10 日）为例，第一图层为全省项目执行情况一览，省公司掌握全省执行进度，市公司主要领导可以直观了解本单位在全省的排名（见图 11）。

第二图层，为南通公司全年资本、成本项目预算总盘子展示，外圈为各类项目全年下达情况，内圈根据分管领导的专业范围进行划分（南通分为基建营销口、发策调度生产口和后勤服务口，各单位分管领导的分管专业不同，在推广阶段可根据利润中心建立配置表自行匹配），方便分管领导直观了解分管专业全年项目预算执行情况（见图 12~见图 16）。

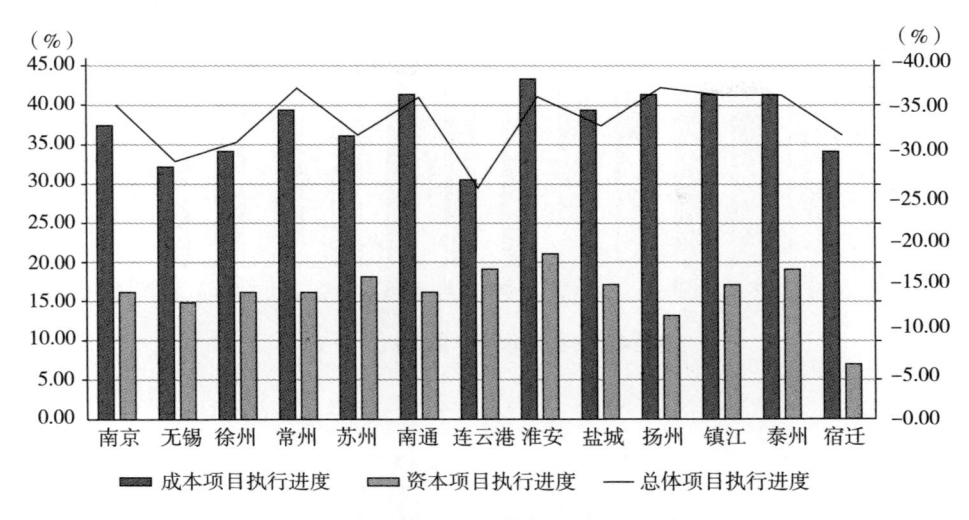

图 11　第 19 周全省项目预算累计执行进度

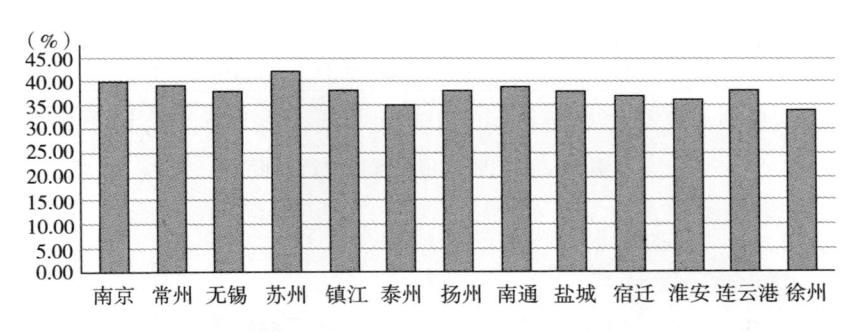

图 12　大中型基建项目累计执行进度

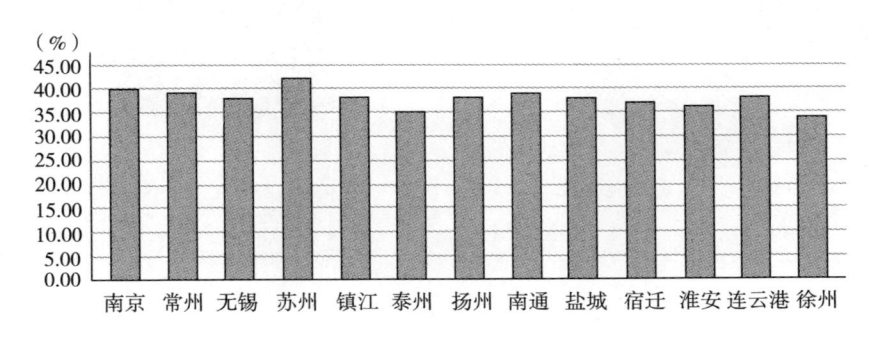

图 13　营销成本项目累计执行进度

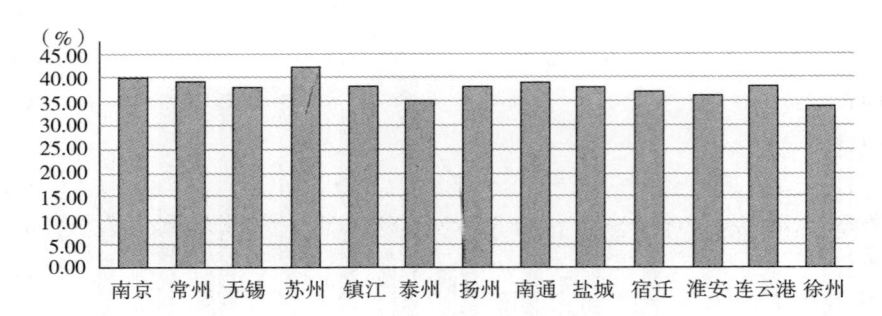

图 14　营销资本项目累计执行进度

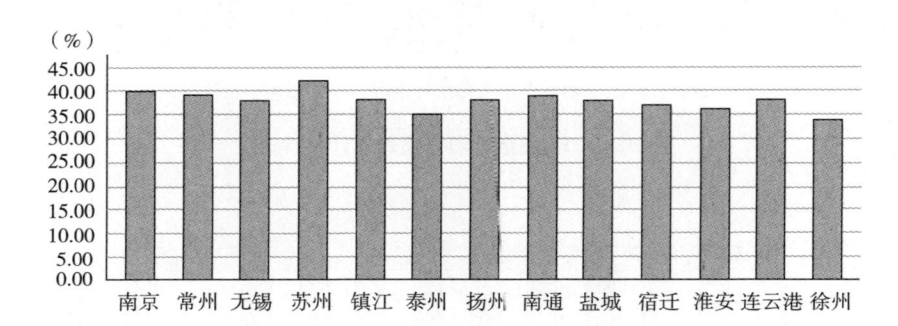

图 15　农电资本项目累计执行进度

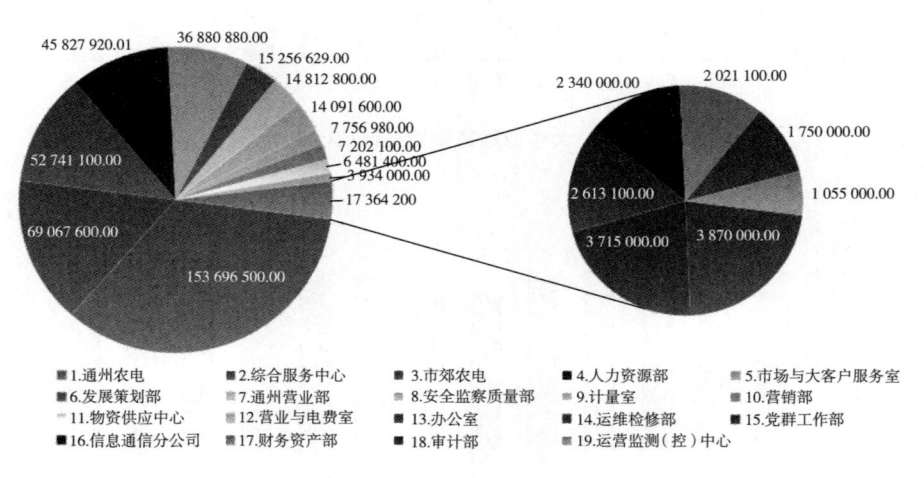

■ 1.通州农电　　■ 2.综合服务中心　　■ 3.市郊农电　　■ 4.人力资源部　　■ 5.市场与大客户服务室
■ 6.发展策划部　■ 7.通州营业部　　　■ 8.安全监察质量部　■ 9.计量室　　　■ 10.营销部
■ 11.物资供应中心　■ 12.营业与电费室　■ 13.办公室　　　■ 14.运维检修部　■ 15.党群工作部
■ 16.信息通信分公司　■ 17.财务资产部　■ 18.审计部　　　■ 19.运营监测（控）中心

图 16

第三图层，点击营销基建口可直接查看具体每一类项目全省排名情况。

第四图层，点击某一类项目可查看全年每周执行进度，以及市县公司的具体执行进度。查看是否存在月末、季末突击入账的情况，同时对全省进度排名靠后的项目类型进行深入分析。

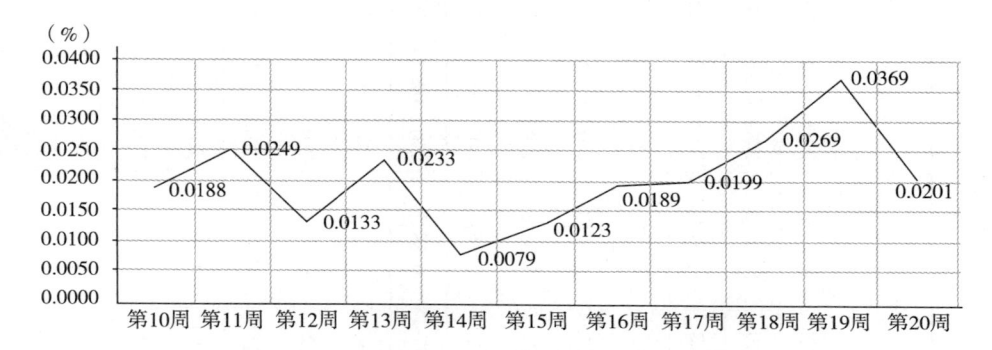

图17 农村电网维修（农维修）每周执行进度

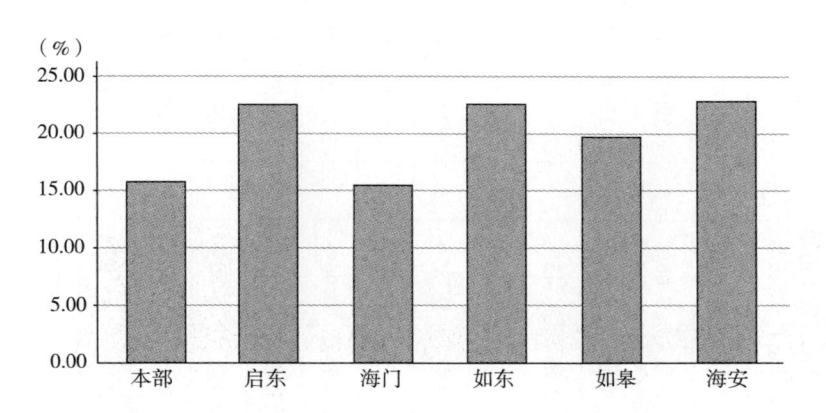

图18 各单位农村电网维修（农维修）累计执行进度

第五图层，发现海门公司进度缓慢，可点击海门，查看海门明细项目预算执行情况，便于项目主管部门负责人及相关专职人员查找发现问题（见表10）。

表10

序号	10kV 线路资产组名称	单位资产售电量	五分位法段位	两年电量增长率	项目个数	概算数	累计执行	执行进度	开工日期	完工日期	现场是否完工
1	10kV 标牌线	5.18	A 段	0.63%	1	892 865.00	78 810.40	8.83%	2015.03.27	2015.05.24	未完工
2	10kV 钢绳线	10.26	A 段	7.65%	2	1 390 863.00	200 298.19	14.40%	2015.03.26	2015.05.14	未完工
3	10kV 龙发线	13.89	A 段	273.15%	6	4 225 819.00	758 063.12	17.94%	2015.01.22	2015.05.29	未完工
4	10kV 青化线	18.67	A 段	6.42%	2	1 748 247.00	45 338.85	2.59%	2015.02.23	2015.05.24	未完工
5	10kV 斯德线	10.46	A 段	14.92%	1	280 513.00	67 016.73	23.89%	2015.02.12	2015.04.27	未完工
6	10kV 八桥线	2.22	B 段	16.89%	1	870 279.00	37 746.13	4.34%	2015.01.19	2015.04.26	未完工
7	10kV 布厂线	2.16	B 段	33.03%	1	82 986.00	19 000.47	22.90%	2015.03.25	2015.04.16	未完工
8	10kV 常乐线	2.64	B 段	0.96%	3	2 139 924.00	19 000.47	0.89%	2015.02.14	2015.05.17	未完工
9	10kV 春华线	3.43	B 段	-3.65%	2	289 379.00	12 582.04	4.35%	2015.01.16	2015.04.19	未完工
10	10kV 东风线	2.78	B 段	5.80%	1	224 292.00	20 889.52	9.31%	2015.02.21	2015.04.13	未完工
11	10kV 公园线	4.16	B 段	6.36%	1	464 727.00	69 564.82	14.97%	2015.03.17	2015.05.21	未完工
12	10kV 冠东线	2.44	B 段	-5.95%	2	463 836.00	23 026.80	4.96%	2015.01.28	2015.05.18	未完工
13	10kV 海景线	2.90	B 段	15.22%	1	76 194.00	12 582.04	16.51%	2015.03.24	2015.04.28	未完工
14	10kV 海西线	3.04	B 段	8.32%	1	1 122 786.00	287 378.25	25.60%	2015.02.26	2015.05.15	未完工

续表

序号	10kV 线路资产组名称	单位资产售电量	五分位法段位	两年电量增长率	项目个数	概算数	累计执行	执行进度	开工日期	完工日期	现场是否完工
15	10kV 洪桥线	3.50	B段	-6.37%	3	3 792 520.00	0.00	0.00%	2015.03.14	2015.05.14	未完工
16	10kV 滨北线	1.36	C段	48.90%	3	2 688 887.00	38 006.47	1.41%	2015.01.12	2015.04.15	未完工
17	10kV 滨中线	1.98	C段	36.92%	1	868 745.00	41 779.06	4.81%	2015.02.22	2015.04.15	未完工
18	10kV 江海线	1.17	C段	-14.72%	5	5 202 272.00	984 819.47	18.93%	2015.01.18	2015.05.23	未完工
19	10kV 西郊线	1.40	C段	22.02%	2	950 100.00	255 567.26	26.90%	2015.01.28	2015.05.25	未完工
20	10kV 绣品线	2.05	C段	43.85%	3	3 211 779.00	104 907.90	3.27%	2015.01.17	2015.04.18	未完工
21	10kV 永顺线	1.16	C段	64.49%	6	6 365 697.00	48 085.32	0.76%	2015.01.19	2015.05.24	未完工
22	10kV 镇南线	2.04	C段	4.73%	1	470 791.00	110 995.42	23.58%	2015.01.19	2015.05.24	未完工
23	10kV 城中线	0.65	D段	35.86%	1	968 584.00	53 053.43	5.48%	2015.03.29	2015.05.22	未完工
24	10kV 东南线	0.59	D段	28.76%	1	1 644 134.00	178 449.81	10.85%	2015.01.23	2015.05.29	未完工
25	10kV 名人苑线	0.68	D段	17.66%	1	941 000.00	246 568.97	26.20%	2015.03.11	2015.05.13	未完工
26	10kV 富江线	0.24	E段	87.98%	1	367 388.00	48 451.23	13.19%	2015.03.29	2015.05.27	未完工
	合计				53	41 744 607.00	3 761 982.17	9.01%			

第六图层，点击查看某一具体项目，通过将用采系统中的本年至今及上年全年日售电量曲线、项目预算执行曲线、现场施工停电日期进行集成，一是通过日售电量曲线分析现场施工时点的选择是否合理（是否选择用电量低谷期停电施工），二是通过预算执行曲线与现场施工时点分析，判断项目是否存在虚假结算、结算不及时等情况（见图19）。

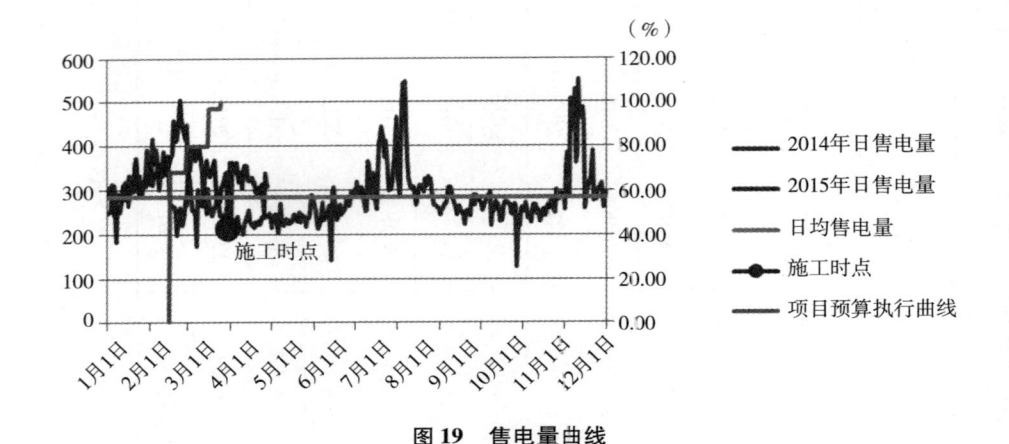

图19 售电量曲线

6-4 年报告：资产组单位资产售电量分析

首先，为便于展开前期分析，满足资产价值数据的类比要求，我们对目前的资产价值信息按一定的方法进行了还原。主要采取的方法是：结合配电类资产的特点，根据配电设施建设与改造的苏中地区的2011年综合单价，并按铜、铁等主要金属的每年期货价格进行时间维度区分，按期末财务分类资产总额进行测算分摊。

其次，鉴于在南通局部区域先行分析的要求，我们借鉴了同业对标的"五分位"的统计方法，将全部同类资产组按指标值的高低、大小等进行A、B、C、D、E的分组，用以进行指标水平的评判或组合分析。

海门区域的台区资产组，按"单位资产售电量"五分后，A段（高效）的台区资产组分布情况，说明在城镇区、家纺工业、新兴工业集中的区域，高效资产组呈集中分布，共911个（按海门样本分类）。

如图20所示，南通区域的高效台区资产组，共2960个，其中海门944个（暂按南通+海门样本分类）。

如图21所示，E段（低效）的台区资产组在全区域内呈普遍广泛分布情况。共有911个（按海门样本分类）。

如图 22 显示，南通区域的低效台区资产组，共 2 960 个，其中海门 363 个（暂按南通 + 海门样本分类）。

——按不同样本分类的标准评判，海门区域的高效资产组增加 33 个、低效资产组减少 548 个。说明"高效或低效"的评判是一个相对的概念。为最终实现在全省范围的有效评价实践，由省公司最终明确一个对不同类别资产组的全省适用的专业评判标准极为必要（目前研究阶段，可暂按研究样本的五分法替代，并展开分析）。

为解决效益短板，我们重点关注低效资产组。主要有两个维度：（1）新增资产的控制；（2）存量资产的优化。

低效台区资产组的成因：

例如，从资产形成的时间维度（低效资产组 + 投运时间）：

从图 23 中看出：（1）长期低效的台区资产组，多分布在除城区以外的农村地区，如电量呈下降趋势，则容量余度应作调剂使用，对下一步的城农网资金的投资具有指导作用。（2）同时，从长期来看，城镇的居配类资产对我们进行低效资产的分析研究影响不大。当然，低效资产组的成因，还可从资产的设备选型、造价控制、供电半径等维度分别分析。

从图 24 中看出：

（1）户均容量低的，且户均电量也低，会得出没有必要置换大容量配变。

（2）"户均容量高、户均电量低"与"户均容量低、户均电量高"的可采取配变对换。如：经南通公司运检部 4 月份最新分析统计，2015 年南通公司涉及"卡脖子"的配变共 3 791 台，经分析研究，通过配变互换完成了 979 台，按 5 万元/台估算，节约投资近 5 000 万元。实践成效显见。

如图 25 所示，用户投资资产（如专变）电量对线路资产组的效益影响明显。因此，要实现线路资产组效益的提升，鼓励用户进行专变投资是十分重要的途径。同时会同步带动"营业收入增长率""每万元资产供电成本"等与资产、收入相关的同业对标指标的改善。

同时，可进一步延伸分析用户投资资产对线路资产组的影响程度，我们结合目前专变报装的相关规定，对海门区域户均容量高、且户均电量高的 135 个户均容量 >50kVA 的台区资产组，会同业务部门核实：

A. 城郊接合部的轻载配变，负荷应进行转移或切割等存量资产的优化。

（海门轻载配变附近 500 米台区新富线 1#公变（315kVA，实际容量 21kVA））

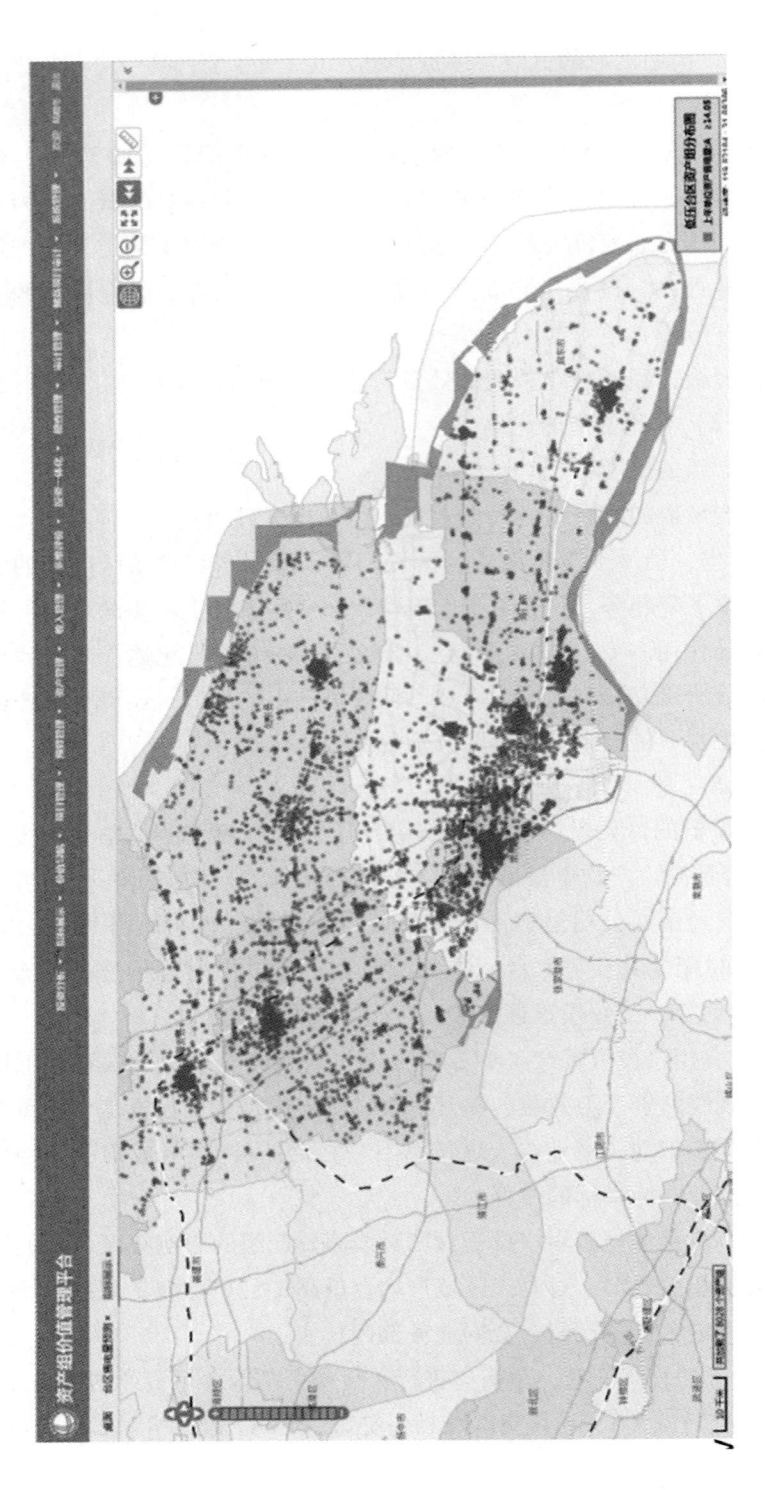

图 20 南通台区资产组图—高效

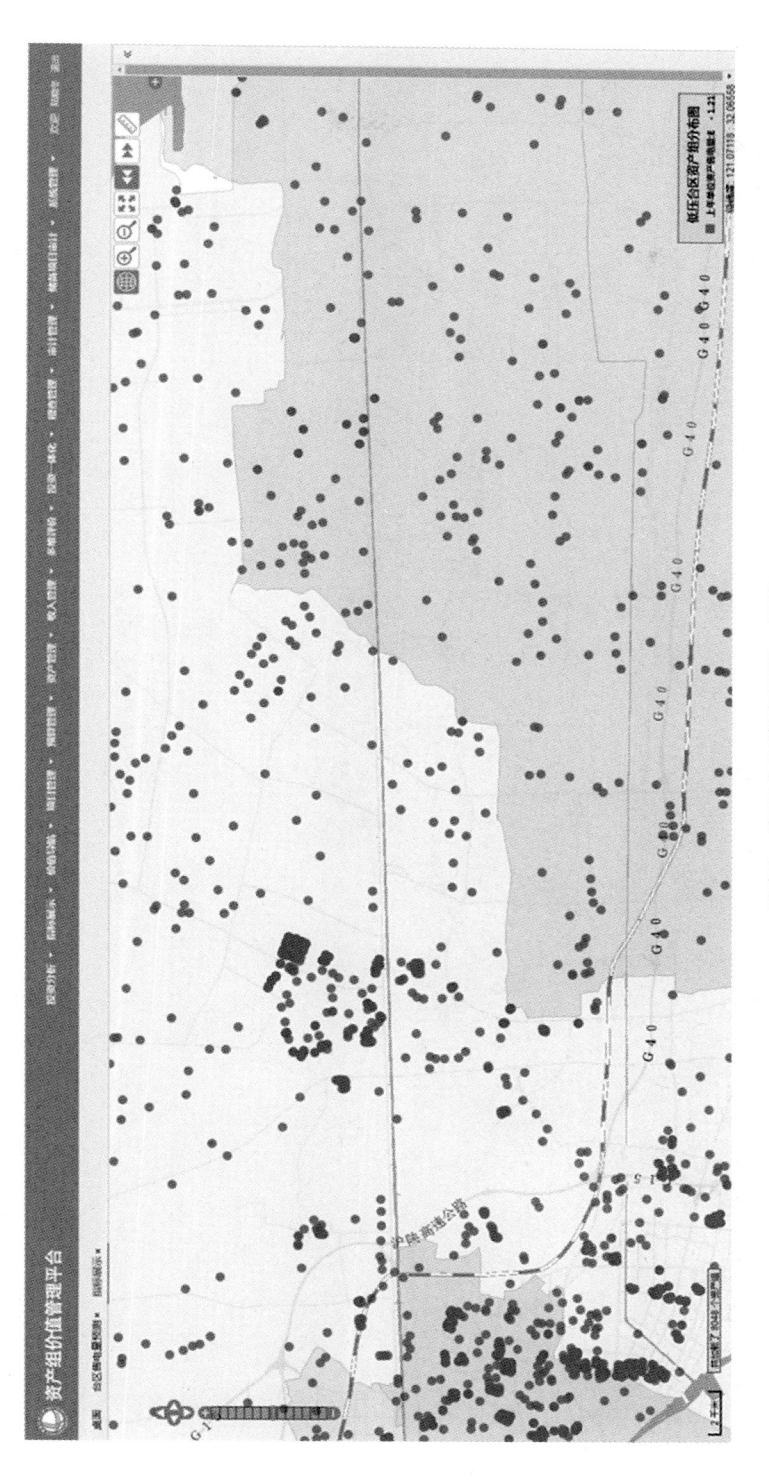

图 21 海门台区资产组图—低效

附录6 价值持续创造体系案例

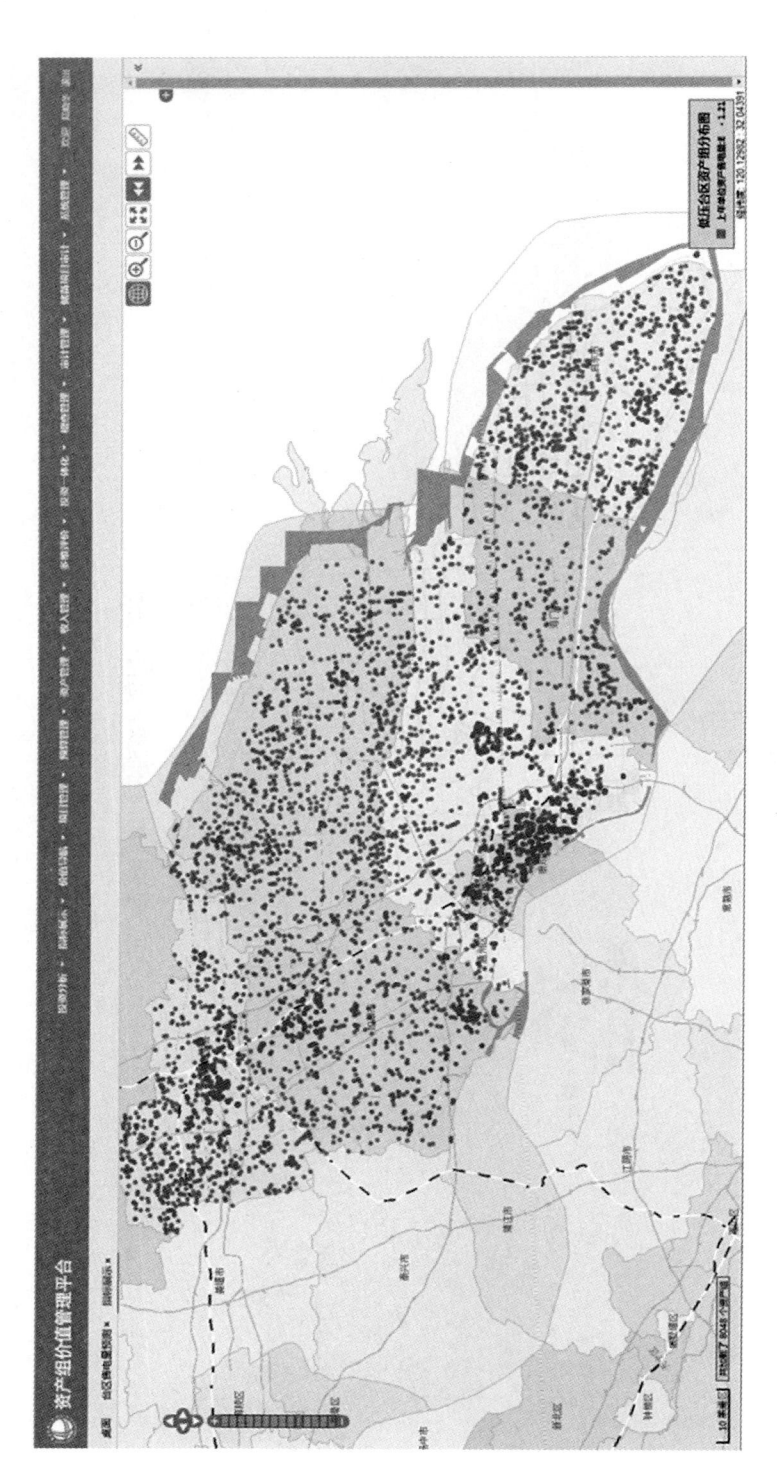

图 22 南通台区资产组图—低效

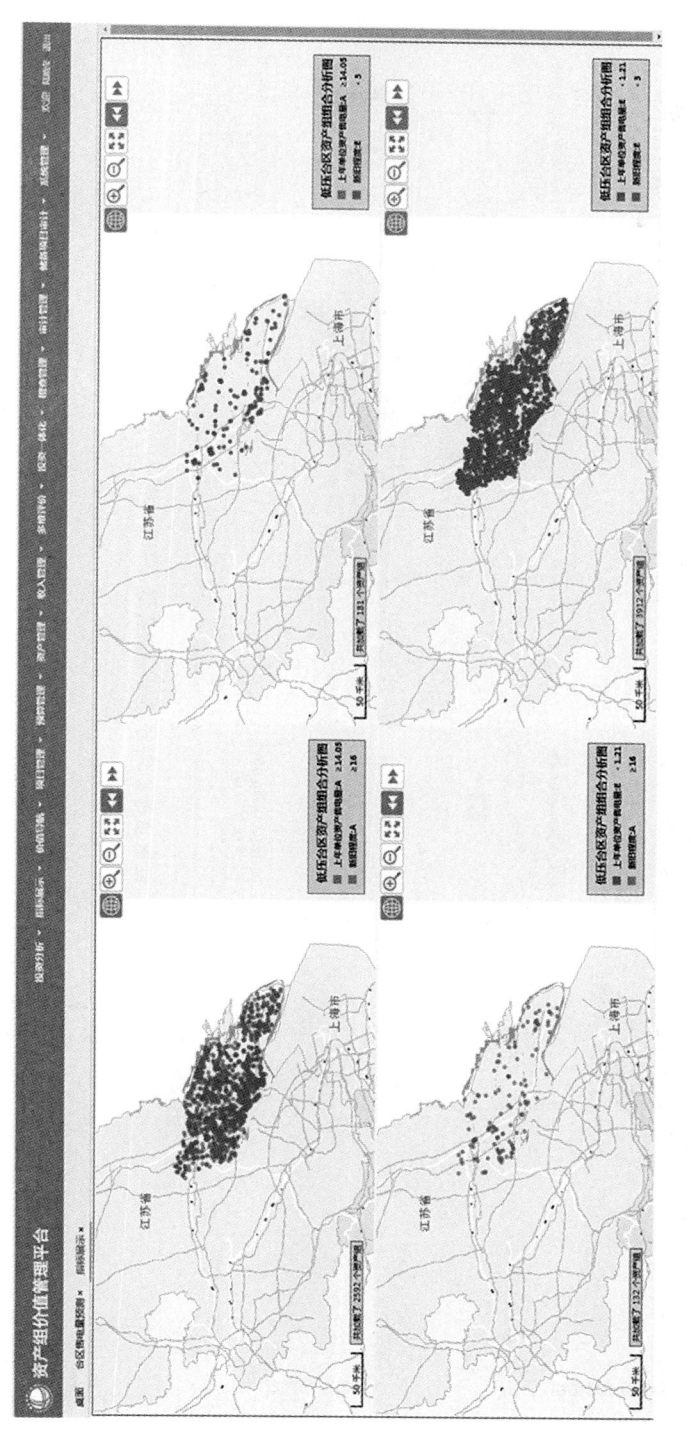

图 23 长期低效的台区资产组图

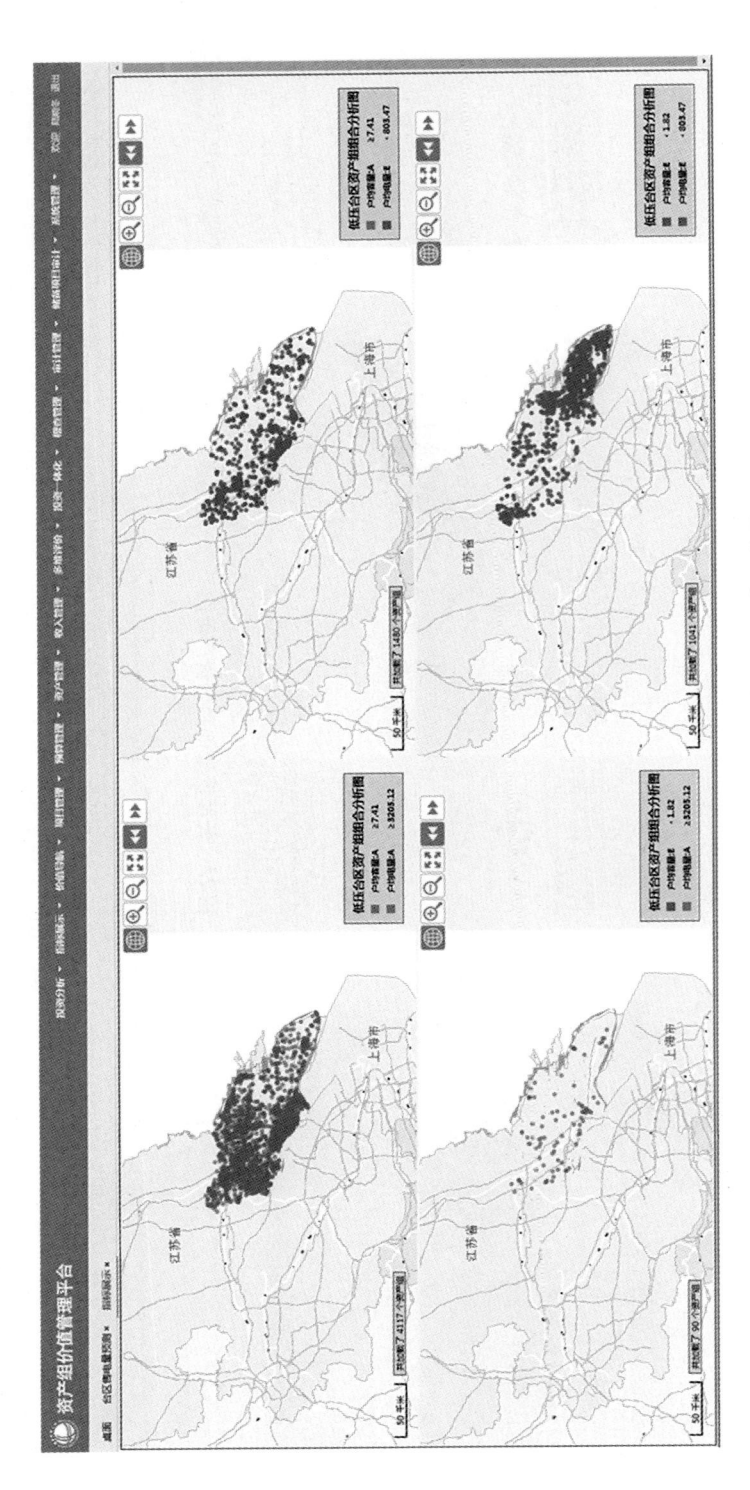

图 24　台区资产组四分屏—户均容量、户均电量

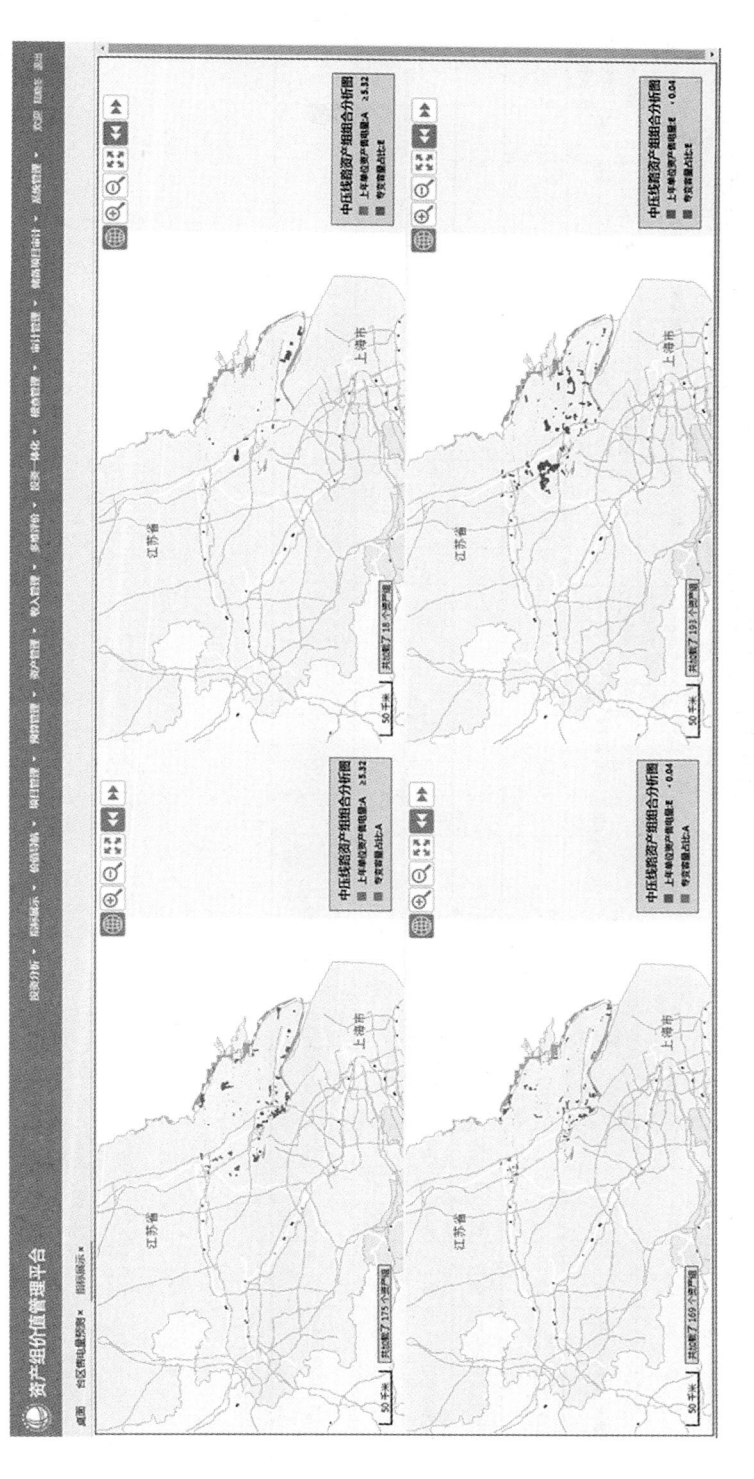

图 25 线路资产组四分屏

表11 海门部分城区户均容量>50kVA 的台区资产组分析表

基本信息									单位资产变动变化				电费收入变化含收入累计				减少规划成本等投入+每万减产资电成本					
台区供电所名称	台区资产组编号	台区总容量	台区户数	户均容量	户均容量本单位	投运年份	原因分析	备注	2014年用户售电量	预测户均售电量	合区计均售电率	公共年均电量增加	备注	本结构性项目投入	其他类业务费用（千卫以下）明细	其他电费收入(以下10千伏)	2014年电费收入变化	备注	合区综合单位容量成本投入(年末不含折旧)	合区综合单位容量成本投入(年末不停电，含折旧)	书均置换成本投入（含户、年，不含折旧）	书均置换成本投入人工（户、年，不含折旧）	合计户资成本	备注
38#公变	06901000024517	315	6	52.50	A	2004	309kW用户敏少但用电容量较大,其中夏全其实行2014年全年用电376795	使用多部门进一步联系	376 758.00	100.00	0.85	3 229.90	变电出用户改造,计量柜扩容改,台区反复压器,提高电表精度	书均置换,存置变化大,资料松成	0.882	2 851.05	公共专用,重置物加户个别日录电价尾段减	99.43	185.00	9 943.34	3 715.95	13 659.28	区委会问及续建膜用下降,租范的率仍保持积极大场,下降参考资源或化,配置时调整
海洋花苑公变	06901000025777	200	3	66.67	A	2002	海阳花园,2014年全年用电量125140末位取	提高各部门进一步联系	125 149.00	100.00	2.26	2 907.64	提高电量精度,资本重置提升	公积变化及资产流失	0.882	-634.69	量下电费数入成有变化	99.43	185.00	9 943.34	3 715.95	13 659.28	
10kV花苑1#公变	06901000027537	500	1	500.00	A	2008	配变接点本点,层和接入主线,展示设备	(为山站、长远部口电器加点1次,展示小用户,容置缺少,部门,存配优化																
中南世纪蝶2#公变	06901000079091	500	2	250.00	A	2013	340kW电梯部用电客置足容置	展现小区,用户较少																
中南世纪蝶10#变	30901001561446	800	1	800.00	A	2014	户变关系不清楚																	
理安城3#公变	06901000028059	800	14	57.14	A	2013	1510kW电梯部用电客置足容置	展现小区,用户较少																
新管新村公变	06901000025679	315	2	157.50	A	2002	21kW配变,规模的容器,居民乘江东,黄海路口部城情4座缓冲地站第个用户	(乘江东、黄海路口)部城情(合部,使用设备,前详置优化																

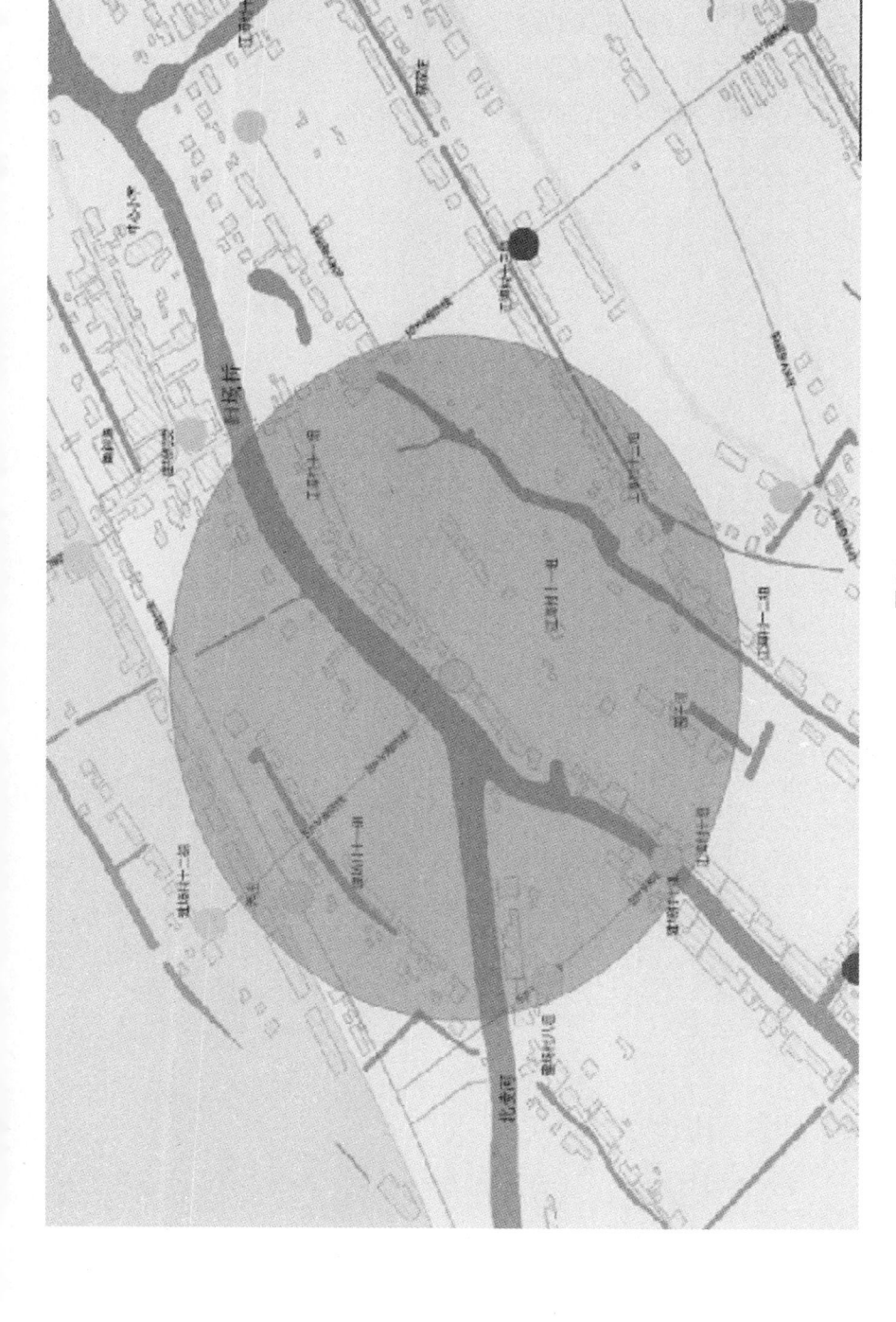

图 26

附录6 价值持续创造体系案例

B. 符合目前专变报装条件的，提请业务部门进一步核实并按规定办理。

C. 特别关注短期效益不高的居配类资产的变动情况。

D. 下一步随着专变报装不再按容量设置条件，台区电网投资，用户可选择"高供低计"方式接入，则可进一步进行单位资产收入的分析，来评判资产组效益问题；同时更加促进我们进行存量资产优化。

附录7

公开发表的研究成果

价值具象化：信息革命赋予价值管理及其管理会计新框架[①]

杨雄胜　陈启忠　陈丽花　葛玉洁　周畅　徐昕

【内容摘要】 信息化背景，为会计改进反映与控制价值创造能力取得实质性进步创造了有利条件。现行会计理论与实务以日益成熟的工业化为前提，适应了工业社会企业职能型组织结构和财务业绩主导的管理模式，但已严重不适应信息时代网络型组织、自助式经营、智能化管理对信息内容、结构、频率、时态等的基本要求。为此，本文从企业会计整体角度探讨信息化背景下会计理论与制度创新问题，提出了具有广泛适用价值的 VCU 理论与 VCPS 理论。作者以信息化提供了具象化价值创造完整图景为契机，认为：确认企业价值创造基本单元 VCU，揭示了企业价值创造的细胞化结构，从而赋予企业价值创造的生物性生命特征。通过对 VCU 的实时监测报告完善管理会计制度，建立具有普遍推广意义的价值创造导航系统即 VCPS，可以促进企业价值的持续增长。

【关键词】 信息化会计　会计创新　价值创造　工业时代会计特征

一、引言

从工业社会到信息社会，人类基本思维方式与认识客观世界的基本框架将

[①] 杨雄胜，等. 价值具象化：信息革命赋予价值管理及其管理会计新框架［J］. 会计研究，2016（11）：6–13.

发生颠覆性的变化。在人类社会整体性大变局背景下，会计如何与时俱进、着眼基本理论与技术方法做出深刻反思以寻求并引领社会发展变革之道，成为目前会计学术研究的主要目标。现代会计理论与实务要实现这样的根本性转变，首先要抓住理论突破口。我们认为，对会计反映经济价值能力的反思与实质性改善，立足信息化的崭新社会技术环境进行深入研讨，应该成为当今会计学术研究的主攻方向。

综观现代会计，无论是对外报告的财务会计，还是服务于内部组织与管理的管理会计，其根本目的都是为了保障并促进经济资源宏观与微观层面的配置与运作效率和效益，简言之是实现价值最大化。因此，价值概念是理解会计，特别是现代会计理论实务的关键。会计反映与控制的对象可以定义为价值运动，其基本目标可概括成"为实现经济乃至社会价值最大化提供基础性保障"。适应并满足工业社会运行发展需要的会计，以资产、成本、资本与利润为核心概念，抓住了价值概念在工业社会具体存在并发挥职能作用的主要方式，从而规范了定义会计要素的恰当基础和具体框架。毫不夸张，一部现代会计发展史，是伴随着以科技和金融为基础的现代工业快速发展，而不断丰富理论方法从而形成完整体系的过程。可见，在现代会计理论方法形成完整体系的过程中，信息服务支撑功能的设计与实践对价值概念的认知和管控能力起着决定性作用。时至今日，虽然价值理论在社会与经济乃至人文科学各领域均有着广泛运用，但只有通过会计制度的积极作用和会计信息的广泛传播，价值理论才为人们普遍接受从而深入人心。然而，由于价值概念在会计实务中的具体表达形式以及相应内容的多重性和复杂性，而人们又往往简单地把会计信息中某一个具体价值存在之一的形式当作价值概念存在的全部。久而久之，人们往往把某几个反映着价值存在的部分形式的会计信息，当作了价值存在的全部，而价值管理、创造价值、价值最大化，这些概念在现代虽早已耳熟能详，但只是一个概念和一个口头禅而已。在会计信息对价值具体存在方式以及相应的内容反映能力比较强的前提下，善于利用会计信息也就间接抓住了价值管理主体。但是，如果会计信息反映价值的能力严重不足，则满足于利用会计信息可能不足以真正实现价值最大化目标。人类社会从工业化转向信息化的大背景，已决定了以工业化为基本背景的现行会计理论与实务，在反映价值能力上难免每况愈下。

本文试图直面价值研究的困惑，借助信息化带给价值理论创新契机，按照托马斯·科恩科学范式转变必然带来科学革命的理论，立足经济管理新的时空观，对价值存在崭新的实体图景及其理论意义作出探索性研究，以期有助于人类走出价值理论的迷宫。

二、研究背景

有关价值的概念与理论实务，在现有的学科中几乎跟人文社会的所有学科相关。大的方面看，心理价值、经济价值、社会价值、人生价值，这已成为学术探索和既成知识中常用的名词，而客观价值与主观价值的说法也是经常出现在我们理论与实务的各种场合。但是，价值究竟为何物，如此令人们常挂于口头而不知所云地说教？本文赞成目前大家较认同的说法，所有的存在必须要有确定的定义并得到可验证的计量才有实在意义，并在现实中有可能予以管理。由此而论，从既有的价值计量系统入手，发掘其形成的具体背景和内在缺陷，可以为价值管理理论创新找到有效的突破口。

在现有制度内，会计无疑是作为基本而较有公信力的价值计量系统存在的。那么，现有会计系统是不是真正地体现并实现了计量价值的功能作用？有关这方面的研究可谓汗牛充栋，较为一致的看法是，尽管目前会计对价值计量的有效性并不令人满意甚至有点让人失望，但它还是迄今为止人类在价值计量领域最具权威性的计量手段与制度。如此看来，我们现在不能简单否定现行会计，必须在冷静分析并面对目前会计制度在计量价值过程中所存在的致命缺陷基础上，立足信息化的崭新背景，寻找会计计量价值的新路径。

为节省篇幅并提高学术效率，本文不想就会计信息质量问题作过多的文献回顾，只选取彼得·德鲁克这位对当代管理具有独特且无可替代影响力的大师对会计理论与实务的评价，作为我们研究会计发展变革坦途的起点。

《21世纪的管理挑战》是德鲁克留给我们重要的管理学著作，其中有句话特别有意义："与19世纪的技术不同，现在的技术不再互不相干。它们经常你中有我，我中有你。某种业内人士几乎没有听说过的技术却给这个行业及其技术带来根本性的变革。"这句话用来提醒会计界对信息化影响自己行业的认识特别中肯。关于信息技术对会计的影响，会计学术界一直有着特别强烈的认识，但这样的认识无论从基本面还是具体业务层面，现在看来已发生了严重偏差。从我们会计电算化到会计信息化以至于 XBRL，主题无非是解决现有会计信息提供的效率、与质量以及标准化等技术性为主的问题，而对会计信息结构本身是否需要重塑则考虑不多。德鲁克在上述论著中的以下观点，对我们反思现有会计研究的根本性不足，进而探索信息化背景下会计信息结构与功能重塑问题具有重要启发价值。

德鲁克有一个非常明确的概念，财务手段即货币计量衡量的回报，不是价值上的回报。如此，会计计量的过程与结果，不能简单等同于价值计量。不过，德鲁克还是认为，信息社会的来临，首先要求基本概念上的革命，会计人员将成为这场革命的领导者。德鲁克作为旁观者，对当代会计发展存在问题的认识和评论可谓一针见血："传统的会计信息系统提供的信息都不能满足最高管理层的任务需要。实际上，这些任务与传统会计模式提出的假设完全格格不入。新兴的、基于计算机的信息技术别无选择，只能依赖于会计系统的数据。它也没有其他选择。它收集、组织、处理、分析和呈现的都是这些数据。信息技术面临的这种窘境在很大程度上却促使它对使用成本会计数据的经营活动产生了巨大的影响。但是，这种窘境也说明信息技术对企业管理本身的影响近乎于零。""最高管理层对信息技术迄今为止能提供的这些数据表示出非常失望的情绪，正是这种情绪使得新兴的和下一场信息革命一触即发。信息技术人员，特别是企业中的首席信息官，很快意识到会计数据并不是管理层所需要的，这也是 MIS 和 IT 人员轻视会计学和会计人员的主要原因。但是，他们照例也没认识到，管理层需要的不是更多的数据、更高的技术或更快的速度。管理层需要的是对信息的界定，是新的概念。""他们现在已经开始要求传统的信息提供者，即会计人员，提出他们所需的信息概念。""真正的信息革命即将到来，领导这场革命的不是 IT 人员，而是会计和出版商。到那时，企业和个人都将需要了解他们需要什么样的信息和如何获得这些信息。他们必须学会组织信息，使信息成为他们重要的资源。"德鲁克以上论述，说明：（1）目前的会计系统令企业最高领导层十分失望，其提供的信息根本满足不了管理的基本需要。计算机技术广泛应用，还是立足于现行会计系统而导致其效果不彰；（2）尽管现在会计不济，但还是把"定义新的信息需要概念——引发并领导信息革命的基本任务"指望会计界完成，而且只有会计行业才胜任这样的重大任务。如此而言，现行会计系统不可以再安于现状，必须尽快改革。问题在于，现行会计系统的致命不足是什么？往什么方向改？这正是值得会计界大家深思的问题，也是本文拟专题研讨的话题。

依我们的认知，现行会计最致命不足就是会计信息不能真正反映企业价值的创造与实现。会计改革的基本方向，是在信息化的全新背景下，立足企业价值的新图景重新认识定义会计反映控制的对象，为企业实现价值最大化提供充分的信息引导和保障。

三、问题分析

现行会计理论与实务，建立的前提有两个：（1）要素空间分隔，"人、财、物"作为工业时代经营基本三要素各自拥有相对独立的信息系统，这样的信息系统从原始至形成稳定框架以人工处理为主，且信息反映与其要素活动或行为之间形成明显的时滞关系，从而使反映要素行为过程与结果的相关信息对已经发生的要素活动产生了有效的证明作用，也使传统信息系统具备了"可验证或可检验"的本质特征；（2）货币计量是企业价值的综合表现，企业价值的所有因素过程与结果，最终都会通过货币计量表现出来。

要素空间分隔，是工业社会经济日趋成熟成形的必然。工业化时代，尤其是机器大工业和标准化、专业化、规模化、集团化，产生了企业，形成了规模巨大、资本雄厚、结构复杂的现代公司。典型的现代企业中，"人、财、物"这些基本经营要素在空间上是分别存在的。虽然所有要素共同服务于企业目标，但在实际经济活动中，各要素是分别存在、各自作用。这也是传统管理与组织成为专门学问的一大背景。这些要素在各自活动中，分别建立了反映各自活动对企业总目标贡献的信息系统，这些手工信息系统为各要素管理提供了基本保障。但是，这些信息相对其反映的要素活动而言都具有明显的滞后特征，"要素活动——信息反映——改进要素活动"成了目前管理的通用模式。工业组织与生产伴随着大批量与标准化基本特征的形成，使以上管理模式得以成功运行。前后经营与技术行为的重复性，使反映要素行为的信息，即使是已经过去的状况，但对其后尤其是再下一期的要素行为，具有指导改进的意义。会计信息定期报告制度的必然性和重要性，就在于满足了工业时代生产经营管理和整个资源配置有效性持续改进对信息的基本需求。无论是财务会计还是管理会计，其发展完善只能从这样的背景中得以圆满解释。具有全球巨大学术影响的钱德勒经典著作《看得见的手——美国企业的管理革命》一书，某种意义上正是这样思维框架的充分体现。此书对二百多年美国工商业波澜壮阔发展轨迹的清晰描述，论证了会计尤其是管理会计实务创新对现代企业成长及其管理发展的奠基性保障作用内容。书中从以兵工厂为代表的传统生产企业开始，到运输、通信革命揭开现代企业发展的盖头，铁路、邮电企业贡献了人类史上首次满足现代工商业管理需要的管理会计制度，从而催生了摆脱传统簿记系统的自成一体的独立的会计学科。随着工业进程的深度推进，企业规模与范围面临着前所未有的严峻挑战。由此以并购重组为主要手段的企业纵向与横向一体化，有效满足了社会、市场和企业层面经济资源优化配置的基本要求。这一过程中，食品、烟草、石油、橡胶、化工、汽车制造、造纸、玻璃、钢铁与金属加工等行业，尤其是机器制造业，通过日益完善的组织与控制和嵌入性管理会计制度的有效作用，有力推进并保障了企业纵向与横向一体化进程，实现了管理有形之手替代市场无形之手，从而明显降低了企业交易成本与信息成本，最终体现为低单位成本和快速现金流转的美国铁路公司，出现了以通用汽车、通用电气、杜邦化学、标准石油、美国橡胶为代表的一批对市场、政府、国家和整个国际经济发展产生巨大影响的巨型公司。这些巨型公司之所以能有效经营控制并正确决策，关键在于首先建立了以杜邦财务体系为标准框架的上下一体化业绩管控系统，维持并保证这样的业绩管控系统有效运行的正是现代企业管理会计制度。这就是钱德勒所称的"管理革命"的核心内容。

而斯隆的《我在通用汽车的岁月》一书，更充分证明了会计特别是管理会计，对成为现代工业企业管理典范的通用汽车而言，不啻是简单的计量报告和业绩激励管理问题，更关键的是解决了工业管理组织经营价值观的确立与有效嵌入公司各层级、领域、环节、岗位成员行为中，这一现代工业企业规范化管理模式与机制的核心问题。总之，在工业时代，"人、财、物"三要素在自然物理空间中自然的分离性，与在企业经济活动中必然的协调性形成了内在矛盾。现代会计制度和实务恰恰有效地直接缓解了这种矛盾性。这种缓解矛盾的实际效果，在工业社会进入以"福特制"生产和"泰罗制"管理为标准化模式与机制时期，给人留下了深刻印象，从而使基于"数据与事实决策管理"成了主流管理思想，财务即资本保值增值毫无例外地成为工业化背景下所有企业的核心目标，以提供财务信息为基本任务的会计理所当然成为企业管理的中枢神经。

就第二个前提而言，由于货币一般等价物的地位，货币计量就成了产品价值的最恰当的衡量尺度。在企业管理中，财务即资本成为价值创造的首要要素。某种意义上，典型的公司是以资本为起点，又以资本清算为终点。于是，借助于货币计量反映的财务过程与结果，成了企业价值管理的直接对象，其一系列信息成为反映企业价值的综合指标。上文所说的基于数据和事实的国际经典企业管理模式，其基本特征就是以财务管理为核心，集中表现为以杜邦财务分析体系为企业标准业绩管控框架。在杜邦财务体系诞生的同时，奥地利经济学派代表人物路德维希·冯·米塞斯在《人类行为经济学分析》（也译为《人的行为》）一书中，对货币计量及其会计的极端重要性作出了很深入的理论分析。他在该书第三篇"经济计算"中认为，以货币作为经济计算的制度，只能在分工且生产手段私有制的条件下运作。它用以稽考那些为自己的利益而活动于自由企业社会的个人们的私有财产和所得以及私有的利润与损失。货币计算在资本账上完满到了极点，资本价格变化可与那些其他要素活动引起的变化相对照，这种对照显示了发生于行为人方面的变动和那些变动的幅度，它的成功与失败以及利润和亏损成为可确定的。现代西方的文明和以货币为唯一计量手段的经济计算密不可分，一旦放弃这种手段，西方文明就会消失。米塞斯把货币计价看作西方资本主义和市场经济文明的基本特征。然而现在看来，工业文明有极大丰富人类物质财富的贡献，也有过度放纵人类物质占有欲望的致命不足。

套用托马斯·科恩的科学革命假设，现代会计正是在工业化背景下以上述两大前提确立了权威性的理论与实践"范式"。21世纪人类社会无可选择地进入了信息时代。相比于工业化，信息化对人类社会的影响不只是手段与工具的革命，更重要的是思维框架和方法的革命。其天翻地覆的变化，根本在于把人类社会原来单一的实体世界，变成了实体世界与其映照的信息世界同步存在并一体化的二元复合世界。这样的二元复合，与工业化的单一实体世界最大区别就在于，二元复合存在本质性或契约性联系而在实体世界自然分隔的要素活动，在信息世界获得了具象化的一体化存在形式，从而首次直观地把要素关系及其活动真实完整地展现在人类面前，为人类从整体上全面正确地感知、认识进而管理客观经济过程提供了极大的便利。信息化带给人类的这种崭新而更接近现实真面目和内在结构的认知对象,彻底打破了现代会计理论与实务赖以建立的两大基本前提,根本上颠覆了现行会计理论范式,从而对会计学术界提出了如何与时俱进实现会计理论革命的迫切要求。虽然,对现行会计理论实务进行变革的要求在学术界由来已久,无论是会计记账方法改善的"三式簿记"探索、卡普兰与约翰逊的管理会计信息相关性消失了的急救呼叫,还是美国注册会计师协会竭力改进财务报告的努力,以至于美国 SEC 关于会计原则、准则、目标结果孰为实务导向的辩论,都试图让工业社会的会计更加满足日益复杂的工业组织与管理需要。然而,对人类从工业社会进入信息社会,会计理论与实践如何审时度势,职业界只是简单地以"职能转型与角色转变"分析问题,至今还没有从会计理论范式革命的角度,来对信息时代会计作出顶层设计方面的战略性思考。会计学术的这种战略性缺失应引起我们高度重视。本文作者正是本着这种理念,怀着试错的精神,立足信息化崭新背景,面对公司价值具象化图景,探索体现并直接促进和实现公司价值最大化的会计。

  直观看,信息化严重挑战了形成现行会计的以上两个前提。首先,现代企业前后经济活动重合性已越来越差,因此,时滞的信息对现实经济越来越缺乏改善的指导意义。其次,货币计量对公司价值的综合表达能力日益下降。随着货币无力计量的"人之精神"和"物之无形"方面对公司价值越来越起到决定性的作用,现行会计信息对公司价值的代表能力江河日下。普华永道在上世纪末,曾就会计信息满足社会有关方面经济决策需要的问题作了一系列调研,其调研范围包括了美国、欧洲与亚洲共 14 个国家的机构投资者和卖方分析师。调查结果发现,盈余、现金流、成本、资本支出、研发投资、分部业绩、战略目标陈述、新产品开发、市场份额 9 个指标在决策中最重要,财务性指标尚有 2/3。但在与信息化环境较对口的高科技行业中,决策中 10 个高度重要指标,只有 3 个是财务性的;在中度重要的 14 个指标中,只有 7 个是财务性的;而在低度重要(不重要)的 13 个指标中,绝大多数(9 个)是财务性的[①]。由此可见,工业化背景下,财务性指标对决策

---

① 罗伯特·伊克利斯等:《价值报告革命》,中国财政经济出版社 2004 年版,第 166~187 页。

的支持作用比较明显；但在信息化背景下，财务性指标对决策的支持力度比较弱，不少指标无用或用处不大。因此，现行会计系统若不能适应信息化要求而彻底变革，必将面临边缘化甚至为其他工作取代的风险。而信息化带给会计变革的现实动力，集中体现在对公司创造价值活动反映能力的实质性改善上。

四、价值具象化与会计反映对象内在结构的新场景

（一）价值管理赢得了明确的新内涵

价值创造，按通行说法，是组织"人、财、物"按一定目标提供商品与劳务并满足消费需要的过程。工业社会对此呈现给我们的现实过程，是人、财、物三要素分别存在于组织中，虽然三者服从共同的创造价值目标，但却具有各自的行为轨迹，相应形成了反映各自行为轨迹的信息流。这些不同要素的存量与流量及其变动即增减量，形成相对成型的管理对象，决定了现代企业以此为基础而建立完善相应的职能管理机构，从而形成了职能型、矩阵式的组织结构基本框架。这样的组织结构依附于公司战略，决定了一个公司价值创造的基本模型。这是钱德勒在其另一本经典名著《战略与结构》中基于美国几大公司实践经验总结出的结论，代表了工业社会企业创造价值基本模式的规律性概括。这样的价值创造过程，对立足管理需要的整体化最优目标而言，事实上存在着难以排解的内在矛盾。

首先，我们假定以财务为企业价值的综合表现领域。但现实中财务的现金流，与企业"物"领域的供产销实体流，在时间与数量上存在着经常性背离。结果造成了传统财务产生一些似是而非的理论，例如生产决定财务，技术与经济必须结合，但最终体现并在基本制度与做法上充分实现的却是白纸一张。财务分析面对与生产、科技、设备、物资、市场、质量等口径说法不一致困境时，往往只能束手无策。如此，以财务为基准来评判企业价值创造，在实践中就会产生严重损害企业创造价值能力的后果。我们只要仔细阅读美国通用汽车公司副总裁卢茨的《绩效致死》一书，就明白长期以来曾带给通用汽车辉煌并造就斯隆伟大 CEO 身份的行之有效的以财务为核心的管理模式，是怎样在面对日益严峻的信息化挑战的通用汽车公司，因死守原来屡试不败的财务中心、现实股东利益至上的原则与方式方法，陷于严重亏损而不得不寻求政府破产保护困境。因此，财务至上的管理模式，在工业化过程中确实发挥了不容置疑的重要作用，但随着工业化模式日益成熟而复杂和信息化新技术环境的形成，已显现出了严重不适的弊端。

其次，我们一贯认同人是创造价值的主体，同时认为人的创造力、积极性、责任使命感对一个企业价值创造活动的成败，有着决定性影响。但财务作为企业价值的唯一计量标准，把本来生龙活虎的一群人，冷酷地绑架在几个其实我们自己也没有底气说清楚这就是企业价值的几个财务指标上，从而借助于流程动作数量与质量的标准化，把人们在经济活动中本应充分释放其创新能力和负责精神的过程，变成了无生趣的按部就班。久而久之，企业创新能力渐趋枯竭。

不难发现，工业化背景下，"人、财、物"现实中的分立作为和相应各自信息流的时滞，必然带来企业价值整体目标在现实中被肢解而碎片化。这种碎片化，随着企业规模扩大组织复杂化，创造价值活动过程必然产生越来越严重的功能内耗，例如物资部门强调储备最大化，设备部门强调技术最先进，质量部门追求品质最好，市场部门看中销量最大化，生产部门希望产出效率最高，人事部门追求高学历，而财务部门一旦祭出占用最少、成本最低、利润最高的"撒手锏"，上述所有部门的目标都将失去必要的资源保障，从而使企业价值最大化目标事实上彻底肢解。某种意义上，工业经济在市场化条件下，微观经济的一次次无序行动的累积最终将导致整个宏观经济的起伏变化，出现越来越频繁的经济危机，正是这种微观主体的内在冲突而使价值创造基础风化的集中表现。如果我们运用这样的分析框架来看待 21 世纪开始不到 10 年全局性经济危机却爆发了两次，这么短时间内经济危机如此容易一再发生，微观主体内在矛盾冲突的日益激化可能是最深层的原因。

传统会计就是在这样的矛盾煎熬中生存着。虽然恪尽职守，但社会各方面对它的不满和抱怨始终不绝于耳。毫不夸张，会计在工业化成熟期尤其在信息化新技术环境下，已在痛苦中挣扎。信息化在带给工业社会会计很多绝望的同时，也给我们会计带来生存发展希望的曙光。我们可以把目前会计界面对信息化的各种焦虑看作黎明前的黑暗，此时也正是会计界奋发图强的厚积阶段，学术必须先行。

信息化带给会计绝处逢生的曙光，主要表现在企业价值获得了具象化的形式，即价值完整图像拥有了能为人类直接感知并认识实施整体性最优化管理的直观场景。在计算机平台上，我们可以为边界建立信息平台。在这样的组织平台上，即"线上"，企业价值创造"人、财、物"要素不再处于分割状态，而完全在一个信息空间融合一体，表现为一体化作用于价值创造，从而使企业价值创造第一次以人类可以直观感觉到的形式存在。这种计算机平台上的价值创造过程，与"线下""人、财、物"行为相比，不再是分隔活动，而是一体化行动，它使现实生活中"人、财、物"自然物理相分隔的现象不复存在。这样的计算机平台上的价值创造图景（"在线"），比"线下""人、财、物"协调行动创造价值的实际存在，更真实准确地反映了企业价值创造的内在结构和基本特征。就此而言，价值创造这种"虚拟现实（VR）"比"线下"企业经济活动"人、财、物"行为的自然存在，更真实准确地再现了企业价值创造的完整面目，从而为企业价值创造的计量报告和控制，提供了一个前所未有的真实对象。

那么，企业经济活动在计算机平台上，表现为什么样的基本场景呢？首先，企业价值创造是"人、财、物"融为一体协同驱动的过程。其次，组织主要不再表现为不同层级、领域和环节，而表现为价值创造的不同逻辑层次和物理单元，最基本的驱动力来自客户需要。再次，一个企业是一个完整的价值创造主体，一个创值主体按组织层次可分成相应的创值层次和单元。最后，企业创值单元是企业创值最小也是最基本的单位，是企业内部可作为"人、财、物"资源调配的最小单元，具有可计量和可考评特征，是企业"人、财、物"最小集合体。某种意义上，企业就是由众多创值单元有机结合的组织体。因此，创值单元就为企业价值创造力的基本细胞，增强各细胞活力，就可以有效提高企业创造价值能力。就此而言，企业价值管理，关键在于找到并有效激发这些创值单元的活力。我们把企业价值创造单元定义为 VCU（value creating unit）。企业价值管理，无非是寻找并有效激发对企业价值发挥关键和核心作用的 VCU 的活力。为此，就必须对企业价值创造系统作出系统分析，从而厘清企业价值创造在层次、功能和环节上的内在关联，设计准确反映企业价值创造内在结构的信息框架，并赋予相应的观察指标和计量口径与方法，同时明确各 VCU 计量指标的功能、计量报告频率和内在联系，从而建立起企业价值创造过程全覆盖信息系统。通过这种全覆盖信息系统的有效运行，持续发挥价管理功能作用，不断提高公司创造价值的能力。由于这样的价值管理以发现、动态计量并优化企业价值创造单元进而有效提高企业创造价值能力为主要特征，为有别于现在已被大家讲得含义不可捉摸的价值管理概念，我们把此命名为"价值创造定位导航系统"，简称VCPS（Value Creation Positioning System）。

（二）VCPS基本原理

（1）分析确定VCU。

鉴于目前企业都采用了工业化成熟、通行的组织与管理框架，故先按组织管理层次划分企业价值管理的基本层次，从而形成企业内部最大的VCU企业资源配置的基本层次。

接着按企业价值的主体流程，寻找并确定企业价值创造，按物理可大体分割的要求揭示企业具体创造价值的基本环节，从而形成创值物理功能意义上的VCU，形成企业资源内部组织优化管理的基本层次。

最后在物理性VCU基础上，依据可计量可考核的原则，把物理VCU再划分为若干可单独计算创值能力及其贡献的最小单元，从而形成企业"人、财、物"配置决策的基本单位，即创造价值细胞意义上的VCU，成为企业最基本的VCU，形成企业内部竞争资源的决定性层次，是企业价值创造的真正基础。

由此可见，企业因产业技术关系和组织管理战略的不同，上述三种含义的VCU之间，存在着不尽相同的关系。一类企业三种VCU之间是上含下的关系，形成诸如俄罗斯套娃式关系。另一类企业，也可能不需要区分这三种VCU，企业VCU之间可以是不固定的关系，只是各自对公司价值创造能力贡献具有可观察的特征，从而在企业内部"人、财、物"资源配置中形成竞争关系。

（2）VCU计量指标即信息需求基本框架与结构。

首先，明确企业价值的基本含义及主要组成。企业价值究其核心，无非是满足社会正当和健康需要的程度，集中表现在企业利益相关方对企业的满意度。就目前我们的认识而言，企业价值创造利益相关方，主要包括客户、员工、股东和供应商。

其次，确定企业价值创造利益相关方满意度的基本衡量指标。就每一个企业价值创造利益相关方满意度而言，其实都是对企业投入、付出、贡献与企业给予回报的比较，在较长时期内，这种比较本质上会形成一种较确定的数量即比值关系，从而决定其在每一期经营中的具体满意程度。

第三，均衡企业创造价值利益相关方的满意程度。企业创造价值利益相关方的满意度，不仅与其自身的经验数值比，企业价值管理还应对这些不同利益主体的满意度进行动态管理，使企业利益相关方满意度建立在企业价值的持续增长基础上。

企业创造价值主体自求平衡以增强满意度，利益主体满意度实现动态均衡，以实现企业可持续发展，这是 VCPS 的核心理念。

上述框架可概括为图 27。

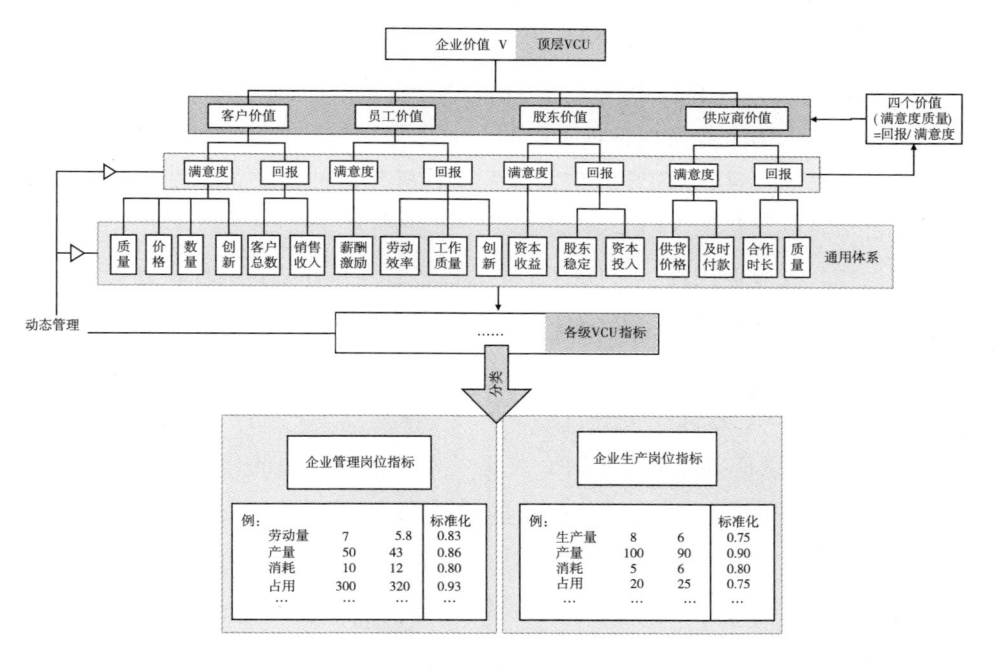

图 27

（3）确定 VCU 的基本计量指标，明确计算方法、口径、功能、记录与报告频率。

以各利益相关方满意度指标为起点，把各满意度指标通过分解落实到组织维、物理维与业务维各 VCU 身上。并确定各指标的计算口径和要点，以及具体用处和记录报告的主客体。同时，测算（当然可利用大数据技术）并明确 VCU 指标的标准值。这些指标的标准值应分年、季、月、日、小时，甚至每 10 分钟或每分钟而确定水平，以便于对企业创造价值过程进行实时反映与控制。

（4）建设基于 VCU 指标体系的计算机网络信息平台，从源信息上保证 VCU 信息的全面性、及时性和可靠性，从而形成 VCPS 信息保障系统。

（5）利用 VCPS 信息系统，对企业价值创造过程与结果进行动态监测，为企业优化"人、财、物"配置决策提供动态支撑，不断提升企业创造价值的能力。这一过程，发挥两大核心功能：①价值定位。对各 VCU 在价值创造过程中具体贡献内容、方式、目标以及贡献程度作出数量与质量方面的定义与衡量，以便企业立足整体层面对"人、财、物"要素进行统筹规划与组织管理。②价值导航。对各 VCU 行为效率与效果作出实时反映，通过信息共享克服了线下"人、财、物"要素物理空间分隔，难以协同作用进而造成价值创造合力的不足，从而为企业实现各种资源动态优化配置和价值最大化目标提供了充分的信息保障。可见，VCPS 信息系统发挥积极作用的核心，是发现并有效培育企业价值持续增长的 VCU，鞭策并淘汰低价值甚至负价值的 VCU。通过财务积极运作，充分运用资本市场的各种工具、手段和方法，实现企业资源与社会、市场资源的有效互动，使企业实现以最少的自有资源控制并影响更多的社会资源。

（三）VCPS 的意义

VCPS 从信息基本要素层面彻底改变了企业价值管理的信息基础。立足于信息化而自然呈现企业价值创造崭新的完整图景，在"人、财、物"自然融合即一体化背景下找到了企业价值创造的基本单元，从而使企业价值创造获得了生物细胞意义上的生命力，为企业价值管理在信息化环境下如何与时俱进闯出了一条新路。VCPS 的基本原理已经国家电网江苏电力公司南通供电公司近四年的实验尝试并建立专门信息板块试点运行，已使用在投资、资产、安全、工程以及预算管理诸领域，对公司价值创造起到了传统信息系统无法想像的显著的积极作用。试验表明，VCPS 原理对中国各类企业具有广泛的适用性，可以显著提高中国企业管理会计水平。放眼国际，我们认为，VCPS 具有基本理论方法上的原创性，为中国管理会计走向世界舞台而展示中国独有的风采提供了有说服力的案例。

参考文献

[1] A.C. 利特尔顿. 会计理论结构 [M]. 北京：中国商业出版社，1989.

[2] FASB. 美国财务准则委员会对美国证券交易委员会关于原则导向会计体系建议的回应 [R]. 中国注册会计师协会编译，2005.

[3] SEC. 对美国财务报告采用原则为导向的会计体系的研究 [M]. 财政部会计准则委员会编译组. 北京：中国财政经济出版社，2004.

[4] W.A. 佩顿，A.C. 利特尔顿. 公司会计准则导论 [M]. 厦门大学会计系翻译组译. 北京：中国财政经济出版社，1940.

[5] 艾哈迈德·里亚希-贝克奥伊. 会计理论 [M]. 上海：上海财经大学出版社，2004.

[6] 奥喜平. 从资产的属性和持有目的谈资产的计量 [J]. 财会月刊，2012（4）.

[7] 财政部会计司组织翻译. 国际会计准则第36号———资产减值 [J]. 会计研究，1999（5）.

[8] 陈良华等. 会计理论 [M]. 北京：科学出版社，2009.

[9] 陈柳钦. 论产业价值链 [J]. 兰州商学院学报，2007（1）.

[10] 成小云，任咏川. IASB/FASB 概念框架联合项目中的资产概念研究述评 [J]. 会计研究，2010（5）.

[11] 杜兴强，章永奎等. 财务会计理论 [M]. 厦门：厦门大学出版社，2005.

[12] 葛家澍，林志军．现代西方财务会计理论［M］．厦门：厦门大学出版社，2001.

[13] 葛家澍，杜兴强．财务会计的基本概念、基本特征与基本程序［J］．财会通讯，2004（4）．

[14] 葛家澍，杜兴强．会计理论［M］．上海：复旦大学出版社，2005.

[15] 葛家澍，刘峰．会计大典第一卷——会计理论［M］．北京：中国财政经济出版社，1998.

[16] 葛家澍，刘峰．会计理论———关于财务会计概念结构的研究［M］．北京：中国财政经济出版社．2003.

[17] 葛家澍．财务会计概念框架研究的比较与综评［J］．会计研究，2004（6）．

[18] 葛家澍．市场经济下会计基本理论与方法研究［M］．北京：中国财政经济出版社，1996.

[19] 葛家澍．资产概念的本质、定义与特征［J］．经济学动态，2005（5）．

[20] 亨德里克森．会计理论［M］．王澹如等译．上海：立信会计图书用品社，1986.

[21] 黄世忠．资产减值准则差异比较及政策建议［J］．会计研究，2005（5）．

[22] 金光华．在企业信息化环境中的会计信息化定位研究［J］．中国管理信息化，2005（2）．

[23] 李翔．信息化背景下中国企业会计职能拓展［J］．会计研究，2005（6）．

[24] 刘峰，葛家澍．会计职能·财务报告性质·财务报告体系重构［J］．会计研究，2012（3）．

[25] 刘忠玉．会计信息化：21世纪财务会计发展大趋势［J］．财经问题研究，2004（8）．

[26] 陆庆平，刘志辉．企业内部绩效评价控制系统的建立研究［J］．会计研究，2003（12）．

[27] 罗维，陈义吉．FASB、IASB联合项目下资产定义刍议［J］．财会

通讯，2011（7）.

[28] 马丁·法伊. 战略企业管理系统：21世纪的工具［M］. 北京：中国人民大学出版社，2004.

[29] 马歇尔. 经济学原理（上卷）［M］. 北京：商务印书馆，1964.

[30] 迈克尔·查特菲尔德. 会计思想史［M］. 北京：中国商业出版社，1989.

[31] 邵毅平，任坐田. 中国企业会计准则——阐述与应用［M］. 上海：立信会计出版社，2006.

[32] 孙立荣. 白云. 新环境下会计信息化的思考［J］. 现代情报，2006（12）.

[33] 汤云为，钱逢迎. 会计理论［M］. 上海：上海财经大学出版社，1997.

[34] 王振武，迟旭升. 信息化环境下会计职能的演变与发展［J］. 东北财经大学学报，2008（11）.

[35] 王振武. 会计信息系统（第三版）［M］. 大连：东北财经大学出版社，2014.

[36] 吴艳鹏. 资产计量论［M］. 北京：中国财政经济出版社，1991.

[37] 颜延. 会计准则国际差异的制度背景与解决方案——以无形资产的确认与计量为例［J］. 审计与经济研究，2004（12）.

[38] 杨周南. 从会计电算化到会计管理信息化［J］. 会计师，2004（3）.

[39] 杨周南. 价值链会计管理信息化的变革［J］. 会计研究，2005（10）.

[40] 杨周南. 论会计管理信息化的ISCA模型［J］. 会计研究，2003（10）.

[41] 尹美群. 价值链的价值剖析及其解构［J］. 科研管理，2006（1）.

[42] 于晓镭. 徐兴恩. 新企业会计准则实务指南与讲解［M］. 北京：机械工业出版社，2006.

[43] 张为国. 会计目的与会计改革［M］. 北京：中国财政经济出版社，1991.

[44] 中华人民共和国财政部. 企业会计准则 [M]. 北京: 经济科学出版社, 2006.

[45] APB. Statement No. 4. Basic Concepts and Accounting Principles Underlying Financial Statements of Business Enterprises, 1970.

[46] ASB. Statement of Principles for Financial Reporting [M]. London: CCH Publishing, 1999.

[47] FASB. SFAC No. 6 Statements of Financial Accounting Concepts, 1982.

[48] FASB. Current Technical Plan and Project Update, 2010.

[49] FASB. Frequently Asked Questions——Due Process and About the Conceptual Framework Project, 2010.

[50] FASB. Joint Meeting——IASB and FASB, 2010.

[51] FASB. SFAC No. 3: Elements of Financial Statements of Business Enterprises, 1980.

[52] FASB. SFAC No. 5: Recognition of Financial Statements of Business Enterprises, 1984.

[53] FASB. SFAC No. 6: Elements of Financial Statement, 1985.

[54] IASB. IASB Work Plan——Projected Timetable as at 3 June 2009, 2010.

[55] IASC. Framework for the Preparation and Presentation of Financial Statement, 1989.

[56] John Canning. The Economics of Accountancy, 1929.